실험의 힘

실험의 힘

—
2021년 2월 17일 초판 1쇄 발행
2021년 3월 10일 초판 2쇄 발행
—
지은이 마이클 루카, 맥스 베이저만
옮긴이 강주헌
펴낸이 이종주
—
총괄 김정수
책임편집 유형일
마케팅 배진경, 임혜솔, 송지유
—
펴낸곳 (주)로크미디어
출판등록 2003년 3월 24일
주소 서울시 마포구 성암로 330 DMC첨단산업센터 318호
전화 번호 02-3273-5135
팩스 번호 02-3273-5134
편집 070-7863-0333
홈페이지 http://rokmedia.com
이메일 rokmedia@empas.com
—
ISBN 979-11-354-9514-4 (03320)
책 값은 표지 뒷면에 있습니다.
—
• 안드로메디안은 로크미디어의 자기계발, 경제경영, 실용 도서 브랜드입니다.
• 잘못 만들어진 책은 구입하신 서점에서 교환해 드립니다.

실험의 힘

데이터 홍수의 세계 에서 현명한 결정을 내리는 법

마이클 루카,
맥스 베이저만
지음

강주헌
옮김

Andromedian

저자 **마이클 루카**Michael Luca

하버드 경영 대학원 경영학 부교수. 《애틀랜틱》, 《월스트리트 저널》, 《하버드 비즈니스 리뷰》, 《슬레이트》 등에 주기적으로 글을 기고한다.

저자 **맥스 베이저만**Max H. Bazerman

하버드 경영 대학원 경영학 석좌교수. 의사결정과 협상 분야 석학으로서 수많은 논문을 집필하며 지속적인 사회활동을 통해 세계적 명성을 얻고 있다. 조직, 국가, 사회의 의사결정력을 개선하는 데 중점을 두고 세계 굴지의 기업들과 수많은 프로젝트를 진행했으며, 여러 나라에서 컨설팅과 강연을 하고 있다. 2002년부터 2008년까지 7년 연속 〈이그제큐티브 엑설런스 Executive Excellence〉가 선정한 '경영 부문 최고의 저자, 강연자, 교수 40인'에 선정되었다. 노스웨스턴 대학교 켈로그 경영 대학원 이

그제큐티브 마스터스 프로그램에서 '올해의 교수'로 선정되기도 했다. 2008년에는 에티스피어 인스티튜트가 뽑은 '경영 윤리 부문에서 가장 영향력 있는 100인'에 이름을 올렸으며, 조지 W. 부시 대통령 재임 기간 동안 부시 행정부가 담배회사 소송 재판 과정에 관여한 정황을 폭로하여 데일리코스에서 영웅으로 선정되기도 했다. 국제갈등예방과해결연구소가 수여하는 '올해 최고의 저서상'과 미국 경영학회에서 '최고 교육자상'을 수상했다. 저서로는 《협상의 정석》, 《예측 가능한 돌발사태》, 《경영의 사결정론: 행동주의 접근》, 《협상 천재》, 《Blind Spots, 이기적 윤리》 등이 있다.

역자   **강주헌**

한국외국어대학교 프랑스어과를 졸업, 동 대학원에서 석사 및 박사학위를 받았고, 프랑스 브장송 대학에서 수학하였다. 뛰어난 영어와 불어 번역으로 2003년 '올해의 출판인 특별상'을 수상했으며, 현재 전문번역가로 활발하게 활동 중이다. 옮긴 책으로 《키스 해링 저널》, 《문명의 붕괴》, 《촘스키, 누가 무엇으로 세상을 지배하는가》, 《슬럼독 밀리어네어》, 《빌 브라이슨의 재밌는 세상》, 《촘스키처럼 생각하는 법》 등 100여 권이 있으며, 지은 책으로 《기획에는 국경도 없다》, 《강주헌의 영어번역 테크닉》 등이 있다.

서문

작년 한 해 동안 당신은 얼마나 많은 실험에 참가했다고 생각하는가? 정확히 말하면, 무작위 대조 시험randomized controlled trial에 얼마나 많이 참가했느냐는 질문이다. 무작위 대조 시험은 흔히 피험자subject라 일컬어지는 실험 참가자들에게 무작위로 다양한 조건을 부여함으로써 각 조건이 어떤 영향을 미치는지 테스트할 목적으로 시행되는 실험을 가리킨다. 예컨대 당신이 심리학 입문 강의를 들었거나 실험용 약물을 테스트한 적이 있다면, 그런 시험에 참여했을 가능성이 높다.

여하튼 당신은 그런 시험에 몇 번이나 참가했을 것이라 생각하는가? 대다수가 가볍게 생각하고는 한 번도 없다고 대답할 것이다. 그러나 인터넷에 접속되지 않는 벙커에 살지 않는 한 당신은 작년에만 해도 많은 실험에 참가했을 가능성이 크다. 페이스북에 접속해 눈에 띄는 콘텐츠와 광고를 읽는 순간, 당신은 회사에서 진행하는 다양한 실험에 부지불식간에 참여한 피험자가 된다. 구글에서 어떤 항목을 검색하거나, 넷플릭스에서 어떤 영화를 보았을 때, 또 이메일을 통한 설문 조사에 응하거나 어떤 회사의 고객 지원과에 전화를 걸었을 때도 피험자가 되는 경우가 적지 않다.

무작위 대조 시험은 소수에게 학문적 연구를 위한 도구로 쓰이던 역사적 역할에서 벗어나, 이제는 주류가 되었다. 과거에는 실험 방법들이 경영의 도구로 적합하지 않은 듯했다. 하지만 요즘에는 구글 같은 기업들도 플랫폼에서 혁신적인 변화를 과감하게 시도하기 전에, 어떤 변화가 사용자의 행동에 어떻게 영향을 미치는지 파악하기 위한 실험을 필수적으로 거친다. 신생 기업부터 다국적 기업과 정부 기관까지, 많은 조직이 기본적인 틀을 개발해 다양한 아이디어를 시험하며, 각 아이디어가 생산과 서비스에 미치는 영향을 평가하는 새로운 도구를 갖고 있다.

따라서 지금은 실험 시대의 초기라 할 수 있다. 실험은 증거를 기반으로 의사결정을 할 수 있도록 도움으로써 직관과 추측을 보완한다. 단순한 실험을 통해 이베이eBay가 연간 수백만 달러의 광고비를 낭비하고 있다는 걸 깨달았듯이, 많은 실험이 기업에 큰 이익을 안겨 주는 결과로 이어진다는 것도 확인되었다. 실험을 통해 무엇인가를 깨닫고 발견하면 나쁠 것이 없다. 실험 결과를 활용해 국민에게 더 나은 서비스를 제공할 수 있다면 정부에게 좋은 것이고, 실험 결과를 활용해 인적 자원의 운용을 개선하고 더 나은 제품을 생산할 수 있다면 기업에게 좋은 것이다. 또 실험 방식을 정교하게 설계하여 치밀하게 관찰하면, 조직원과 소비자와 국민에게도 좋은 결과를 안겨 줄 수 있다. 따라서 우리는 실험에 기초한 성공 사례들과, 그 사례들에서 끌어낼 수 있는 교훈들을 집중적으로 살펴보려 한다.

물론 불완전하게 시행되고 해석마저 잘못해 엉터리 결론을 도출하며 시간과 노력을 낭비한 실험도 상당히 많다. 가장 안정된 세계에서도 경영적 판단을 위한 실험을 설계하고 해석하기는 쉽지 않다. 예컨대 프랜차이즈 피트니스 센터, '24시간 피트니스'24 Hour Fitness가 참석률을 높이기 위한 방법을 알아낼 목적으로 이런저런 실험을 실행한 결과, 단기적으로 참석률을 높이려고 시행한 많은 대책이 장기적으로 오히려 역효과를 낳았다는 걸 알게 되었다.

실험의 설계와 해석은 까다로운 과제여서, 다양한 능력이 복합적으로 요구된다. 실험의 시대에 유능한 관리자라면 실험 결과를 바탕으로 올바른 결정을 내릴 수 있어야 할 것이고, 그 과정에 적용되는 원칙들의 필요성이 점점 커질 것이다. 따라서 이 책은 그 원칙들을 개발하고 끌어내는 데 도움을 주기 위하여 쓰였다.

실험은 고객과 정책 입안자에게 불안감을 안겨 줄 수도 있다. 실험과 그 결과에 대한 자료가 주로 기업의 데이터베이스에 축적되고, 대중에게는 공개되지 않은 채 미지의 목적에 사용되기 때문이다. 또 우리가 의식하지 못하는 사이에 실험에 주기적으로 참여하고 있다는 걸 깨닫게 되면, 실험은 온갖 곳에 은밀히 파고드는 빅브라더의 복잡한 도구로 여겨질 수도 있다. 물론 기업에서 실시하는 일부 실험은, 기업에게는 좋지만, 고객에게는 나쁠 수 있다. 뒤에서 보겠지만, 스텁허브StubHub는 다양한 실험을 실시한 끝에, 티켓 수수료를 투명하게 운영하는 것보다 마지막 순간에, 즉 구입 직전에 티켓 수수료를 인상해야 한다고 결론지었다. 이런 실험이 고객에게 미치는 가치는 불확실하지만, 기업에게 미치는 가치는 명료하다.

결국 실험은 하나의 도구이다. 구체적으로 말하면, 누가 어떤 목적에서 실험을 실행하고, 어떤 뜻에서 실험이 '효과'가 있었다고 말하느냐에 따라, 대중에게 미치는 영향이 달라질 수 있는 도구이다. 우리는 실험 방법에 내재한 위험을 알고 있지만, 그 가능성도 높이 평가한다. 그 때문에 실험에서 얻는 통찰만이 아니라 실험이 대중적 담론에 미치는 영향까지, 실험의 역할을 정확히 알려 주기 위해 이 책을 썼다. 요컨대 독자에게 실험의 가치를 올바로 평가하며 공통된 실수를 피할 수 있도록 도움을 주는 게 우리의 목적이다. 따라서 때때로 불필요하게 불안감을 조성하는 실험 방법의 신비주의를 벗겨 내고, 실험 방법을 쉽고 명료하게 설명해 보려 한다.

1부에서는 실험의 잠재성 및 실험이 급증하게 된 요인이 대략적으로 다루어진다. 그 과정에서 언급되는 실험 혁명의 흥미로운 역사에서는 최초의 실험들, 과학적 방법론의 발전, 사회과학 분야의 실험실 실험과 현장 실험, 최근 들어 급증한 기업과 정부 주도의 실험까지 살펴볼 것이다. 2부에서는 실험이 테크 분야에서 차지하는 중심적 역할이 다루어지며, 에어비앤비Airbnb부터 우버와 이베이까지 여러 기업에서 실시한 중요한 실험들로부터 모범적인 교훈과 경영 기법을 끌어내 보려 한다. 3부에서는 테크 분야가 아닌 조직들에서 시행된 행동 실험이 건강과 교육 및 재무적 의사결정에 대해 어떤 새로운 정보를 주는지 알아볼 것이다. 또한, 인간의 많은 별난 행동을 더 효과적으로 충족하는 상품의 개발로 이어지는 정보를 어떻게 제공하는지도 살펴볼 것이다.

이 책을 읽는 동안, 독자는 요즘 기업과 정부가 어떤 종류의 실험을 실행하고, 어떻게 의사를 결정하는지 자세히 들여다볼 수 있을 것이다. 또 책의 곳곳에서 실험으로부터 얻을 수 있는 통찰을 끌어내고, 실험이 언제 어디에서 가장 유용한지에 대해서도 언급할 것이다. 우리 목표는 실험이 우리 주변 세계에서 어떤 역할을 하는지 정확히 알리는 것이다. 이 책을 덮을 때쯤에는 모두가 실험의 힘을 정확히 인식하기를 바랄 뿐이다.

감사의 글

마이크가 하버드 경영 대학원의 신임 교수로 임명되고, 맥스가 버클리에서 안식년을 보내고 돌아왔을 때, 우리는 처음 만났다. 우리는 처음부터 마음이 맞아 먹을거리부터 반려견까지 모든 것에 대해 즐겁게 한담을 주고받았다. 또 팰로앨토와 버클리의 장점과 실험에 관하여, 그리고 실험이 연구와 관계의 풍경을 어떻게 바꿔 놓고 있는지에 대해서도 진지하게 대화를 나누었다. 얼마 후, 우리는 프로젝트에 기반을 둔 공동 강의, '행동과학적 통찰'Behavior Insights을 개설하기로 합의했다. 이때 수백 명의 하버드 대학원생이 런던, 파리, 네덜란드의 여러 정부 기관을 지원하여 그 기관들이 더 효율적으로 일하기 위한 실험을 개발하는 데 참여했다. 우리는 실험이 현실 세계에서 차지하는 역할에 더욱 관심을 갖게 되었고, 급기야 20명이 넘는 하버드 경영 대학원 교수들을 이끌고 샌프란시스코 베이 지역을 방문해, 테크 분야에서 진행되는 새로운 실험 세계에 대해 살펴보았다. 우리는 행동과학적 통찰에 관련된 여러 강의를 개설했고, 마침내 이 책을 쓰기로 결정했다.

그사이에 우리는 실험을 더 폭넓게 생각하고 있었다. 물론 그 분야에 대한 연구도 멈추지 않았다. 우리는 경영학 석사 프로그램을 위해 사례 연구를 개발하고 가르쳤지만, 실험 자체에 대한 논문도 꾸준히 발표했다. 이 책은 이런 아이디어를 바탕으로 하여 더욱더 발전시킨 것이다. 따라서 우리가 기왕에 발표한 논문과 사례 연구가 부분적으로 그대로 발췌되거나 다시 쓰였다.[1] 우리는 이 의제에 대해 지금도 계속 연구하고 있으며, '항구적인 행동 변화' 프로젝트 같은 것들에서 개발한 새로운 사례 연구를 이 책에도 반영했다.

우리 연구는 지난 수년 동안 동료 교수들, 멘토들과 친구들, 예컨대 수전 아시, 마이크 베일리, 네타 바라크 코렌, 에이미 번스틴, 아이리스 보넷, 리스 코스타, 제프 도네이커, 앤절라 더크워스, 레이 피스먼, 프랜시스 프라이, 던컨 길크리스트, 프란체스카 지노, 에드 글레이저, 에이비 골드파브, 조시 그린, 셰인 그린스틴, 데이비드 할펀, 카렌 후앙, 진저 진, 대니얼 카너먼, 아리엘라 크리스탈, 케이티 밀크먼, 세라 모샤리, 조나 락오프,

토드 로저스, 앨 로스, 오불 세저, 존 스미스, 스콧 스턴, 스티브 태들리스, 치아 체이, 애슐리 휠런스, 팅 창에게 많은 영향을 받았다. 이 책은 우리가 함께 연구한 학자들, 예컨대 데이지 다이, 벤 에델만, 제프 포셋, 올리버 하우저, 김현진, 디팍 맬호트라, 페트릭 루니, 마이클 샌더스, 댄 스비르스키와 공동으로 쓴 논문들도 참조했다. 자료를 조사하고, 강의 자료를 준비하는 데는 스테파니 찬, 에반 디필리피스, 티파니 팬, 마리 로런스, 패트릭 루니, 제니나 소토에게 많은 도움을 받았다.

하버드 경영 대학원의 협상·조직·마케팅부의 동료들, 존 베스히어스, 앨리슨 우드 브룩스, 케이티 코프먼, 크리스틴 엑슬리, 프란체스카 지노, 제리 그린, 브라이언 홀, 디팍 맬호트라, 캐슬린 맥긴, 케빈 모한, 매슈 라빈, 조슈 슈바츠스틴, 짐 세베니우스, 안드레이 슈라이퍼, 마리노 스몰, 구한 수브라마니안, 앤디 와신크주크, 애슐리 휠런스, 줄리언 즐라테브에게도 감사하고 싶다. 운 좋게도 우리 주변에는 친절하고 자상한 동료들이 많았다. 그들과는 책과 관련된 내용부터, 엘리베이터를 타는 것과 계단을 이용하는 것 중 어느 쪽이 더 효율적이고, 보스턴에서 가장 맛있는 케이크를 판매하는 빵집(궁금한 독자를 위해 조언한다면 플라워 베이커리와 파티 페이버스이다)이 어디인지까지 어떤 대화라도 나눌 수 있었다. 우리는 오랜 시간을 두고 동료들과 보람찬 대화를 많이 나누었고, 덕분에 실험에 대한 우리 생각과 관점을 다듬어 갈 수 있었다.

이 책을 쓰는 동안 우리는 넓은 의미에서의 하버드 경영 대학원 공동체원으로부터도 많은 도움을 받았다. 이 책을 쓰는 동안 마이크는 경영 결정에서 실험의 역할을 다루는 새로운 강의를 개설했다. 니틴 노히라 학장과 대화하던 중에 떠올린 프로젝트라 그런지 노히라 학장은 처음부터 그 강의의 개설을 적극적으로 지원해 주었다. 프랜시스 프라이, 프란체스카 지노, 셰인 그린스틴, 디팍 맬호트라, V G. 나라야난, 마이크 노턴, 잰 리브킨은 강의와 관련된 조언과 소중한 피드백을 제공해 주었다. 티파니 팬과 제프 포셋은 그 강의의 조교로 뛰어난 능력을 보여 주었고, 그들의 조언과 의견도 실험에 대한 우리 의견을 정립하는 데 큰 도움이 되었다. 그 강의에 참여한 학생들의 토론도 이 책의 아이디어를 개발하고 다듬는 데 도움을 주었다. 물론 '행동과학적 통찰' 강의에 등록한 학생들도 마찬가지였다. 그들이 실험을 통해 행동과학적 통찰을 발휘하는 것을 지켜볼 때마다 재미와 보람을 느낀다.

애덤 콜먼, 헹첸 다이, 앤디 오코넬, 토드 로저스, 앨 로스, 스티브 태들리스는 이 책의 원고를 읽고 소중한 피드백을 해 주었다. 덕분에 이 책이 훨씬 더 좋아졌다. 맥스의 오랜 조교이자 편집자이며 공동 저자인 케이티 숀크의 뛰어난 교열 능력도 더해졌다. 엘리자베스 스위니는 치밀한 교정으로 오류를 찾아내며

바로잡아야 할 것을 바로잡았다. MIT 출판국의 편집인, 에밀리 테이버는 자극적인 피드백과 소중한 조언으로 우리를 항상 긴장하게 했다.

헌정

마이크: 이 책을 내 가족 ―내 두 아이, 테디와 토비, 아내 대라, 어머니 앤― 에게 바친다.

맥스: 실험을 통해 어떻게 영향을 줄 수 있는지에 대해 지난 10년 동안 나에게 많은 것을 가르쳐 준 내 머릿속의 실험주의자 가족에게 바친다. 구체적으로 언급하면 마흐자린 바나지, 네타 바라크 코렌, 존 베스히어스, 아이리스 보넷, 유진 카루소, 돌리 추그, 루카스 코프먼, 닉 에플리, 프란체스카 지노, 조시 그린, 카렌 후앙, 대니얼 카너먼, 아리엘라 크리스탈, 디팍 맬호트라, 캐슬린 맥긴, 케이티 밀크먼, 돈 무어, 키스 머니건, 토드 로저스, 오불 세저, 리사 슈, 앤 텐브룬셀, 치아 체이, 애슐리 휠런스, 팅 창에게 이 책을 바치고 싶다.

차례

실험실을
벗어나다

실험의 힘
The Power of Experiments

영국 세무 당국, 영국 국세청Her Majesty's Revenue and Customs, HMRC은 국민이 제때 세금을 납부하게 하려고 열심히 일한다. 그럼에도 매년 수백억 파운드의 세금이 납부되지 않는다. 누군가가 세금을 납부하지 않으면 정부는 독촉 편지를 보낸다. 원칙적으로 정부에게는 다른 선택안도 있다. 체납자를 법원에 고소하거나, 월급을 압류할 수 있다. 그러나 이 방법은 쌍방 모두에게 비용이 들고 불편하기도 하다. 따라서 납세자가 밀린 세금을 하루빨리 납부하여 독촉 편지에 응답하기를 바란다.

국세청이 체납자에게 보낸 최초의 편지가 지금까지 공개된 적은 없지만, 그 편지는 대체로 다음과 같은 형식을 띠었다.[1]

세라 님께,

세라 님에게 부과된 세금 ___파운드가 아직 납부되지 않았음을 알려 드리려고 이 편지를 보냅니다. 궁금한 점이 있으면 언제라도 저희에게 연락을 주십시오.

연락처 주소 및 전화번호

영국 국세청

미납된 세금을 독촉하는 편지를 처음 작성한 관리의 신원은 시간의 안갯속에 사라졌지만, 그 업무는 프랑켄슈타인의 괴물처럼 계속되었다. 영국 국세청은 매년 똑같은 편지를 써서 모든 체납자에게 기계적으로 보냈다. 하지만 많은 사람이 여전히 정부의 독촉을 무시했다. 그래도 살아가는 데 문제가 없었기 때문이다. 기업과 정부에서 발견되는 많은 불완전한 시스템들이 그렇듯이, 누구도 열등한 시스템이 존속되는 이유를 알지 못했고, 심지어 그 시스템이 열등하다는 것도 인정하지 않았다. 그러나 체납자들이 독촉 편지를 대수롭지 않게 여겼던 이유를 알아내는 건 그다지 어렵지 않았다. 국세청 직원에게는 체납자들에게 독촉 편지를 보내는 게 치과 병원을 찾아가는 것만큼 짜증스레 느껴졌을 것이기 때문이다.

2010년 영국 정부는 8명의 사회과학자와 공무원으로 '행동과학 통찰 팀'Behavior Insights Team, BIT이란 아리송한 팀을 결성했다.

새로운 학문적 성과를 정책에 반영하던 분석가 데이비드 핼펀David Halpern과 영리하고 야심찬 공무원 오웨인 서비스Owain Service의 합작품이었다. 그 팀의 임무는 행동과학을 활용해 정부 정책의 효율을 개선하는 것이었다. 그 팀은 많은 아이디어를 제시했지만, 그들의 아이디어를 공식적으로 채택한 정부 기관은 없었다. 그러나 국세청이 행정적으로 귀찮게 생각하던 부문에서 BIT는 기회를 보았다. BIT는 정부 기관들로부터 주목받기 위해 체납자에게 하루빨리 세금을 납부하도록 동기를 부여해야 했다. 그러려면 따분하기 이를 데 없는 세금 독촉 편지를 행동과학적 관점에서 적절히 다듬는 것보다 더 나은 시작은 없다고 생각했다. 물론 "편지에 사용하는 단어의 선택이 그렇게 중요할까?"라는 의문을 제기할 사람도 있을 것이다. 핼펀의 아이디어가 기발했던 이유는 편지를 다시 써야 한다는 결정 자체가 아니라, 단어 선택이 중요하느냐 그렇지 않느냐는 의문에 매달리지 않더라도 더 나은 편지를 써 낼 수 있다고 생각한 데 있었다.

핼펀은 영국 국세청 직원들에게 편지를 다시 쓰는 데 그치지 않고, 다시 쓴 편지의 효과를 측정하는 실험을 실시해 보자고 설득하는 데 온 힘을 다했다.[2] 그 실험에는 여러 해가 걸렸다. 2007년은 BIT가 창설되기 전이었지만, 핼펀은 이와 관련된 아이디어를 이미 제시한 뒤였다. 그해, 핼펀은 로버트 치알디니Robert Cialdini라는 뛰어난 사회심리학자를 다우닝가 10번지로 초

대해, 행동과학적 통찰을 정책에 반영하는 프로젝트와 기회에 대해 상의했다. 그때부터 영국 국세청은 치알디니의 조언을 받아 가며 편지를 다시 쓰기 시작했다.

핼펀은 국세청에 실험의 자세한 내용을 알려 주며, 다시 쓴 편지의 효과를 검증하기 위한 실험이 병행되어야 하는 이유도 설명했다. 또 국세청을 설득하는 작업의 일환으로, 핼펀은 징세국이 실험을 총괄하는 통제권을 유지하고, 수집된 자료가 외부로 유출되는 걸 차단하기 위해서라도 실험을 전체적으로 책임지고 운영할 직원을 추천해 주겠다고도 제안했다. 그 직원은 마이클 할스워스Michael Hallsworth라는 공무원으로 나중에 경제학으로 박사 학위를 받았고, 세금 징수와 관련된 논문을 적잖게 발표했다.

첫 단계에서, 실험자들은 편지를 보낼 체납자들을 일정한 기준에 따라 선택했다. 그러고는 무작위로 두 집단으로 분류한 후에 한쪽에는 원래의 편지, 다른 쪽에는 약간 수정한 편지를 보냈다. 새 편지에는 앞에서 인용한 원래의 편지에 "지금 선생님이 거주하는 도시에서 10명 중 9명이 세금을 완납하셨습니다."라는 한 문장이 더해졌을 뿐이었다. 그 결과는 놀라웠다. 체납된 세금을 납부한 사람의 비율이 35.8퍼센트에서 37.8퍼센트로 증가했다. 대단치 않게 들릴 수 있겠지만, 총 체납액을 고려하면 수백만 파운드를 징수한 것이 된다.

할스워스와 BIT는 세금을 독촉하는 편지를 다양하게 다시 쓰며 실험을 계속했다. 한 실험에서는 다음과 같이 다섯 종류의 문장, 즉 지독히 따분해서 첫 데이트에서 결코 입에 담아서는 안 될 문장을 추가한 편지를 보냈다.

기본 규범	10명 중 9명이 세금을 제때 납부합니다.	
국가 규범	영국에서는 10명 중 9명이 세금을 제때 납부합니다.	
소수자 규범	영국에서는 10명 중 9명이 세금을 제때 납부합니다. 선생님은 아직 세금을 납부하지 않는 극소수에 속해 있습니다.	
공익 획득 규범	선생님이 세금을 납부한 덕분에 우리 모두가 국민 의료 보험, 도로, 학교 같은 중요한 공공 서비스를 제공받을 수 있습니다.	
공익 상실 규범	선생님이 세금을 납부하지 않으면 우리 모두가 국민 의료 보험, 도로, 학교 같은 중요한 공공 서비스를 제공받을 기회를 잃게 됩니다.	

이런 편지들이 잉글랜드와 웨일스, 북아일랜드의 약 17,000명의 체납자에게 보내졌다. 각 문장이 어떤 결과를 낳았는지 살펴보기 전에, 당신 생각에는 어떤 문장이 최상의 결과를 얻었을지 짐작해 보라.

위의 다섯 문장에서 '소수자 규범'이 가장 효과가 좋았지만, 다른 규범들도 기본 규범보다는 효과적이었다. 영국 국세청은 소수자 규범을 덧붙인 독촉 편지를 보내 190만 파운드를 추가로 거두었다. 따라서 실험 대상에 포함된 모든 체납자에게 이 규범을 사용했다면 1,130만 파운드를 추가로 징수할 수 있었을 것이다. 이 독촉 편지 덕분에 체납 세금이 더 많이, 더 일찍 징수되었다. 그 후로도 계속된 실험에 따르면, '철수 님'처럼 성보다 이름으로 체납자를 호칭하거나 "선생님이 거주하는 지역의 주민들은 대부분 세금을 제때 납부합니다.", "선생님처럼 체납하신 분들도 이제 대부분 납부하셨습니다."라는 문장을 덧붙일 때도 효과가 상당히 컸다는 게 입증되었다.

할스워스는 영국 국세청에서 다양한 유형의 편지를 쓰고 시험하며 상당한 시간을 보냈다.[3] 그는 짧은 편지와 긴 편지를 비교했고(짧은 편지의 효과가 더 컸다), 정중한 편지와 위협적인 편지도 비교했다(위협적인 편지는 효과가 좋을 수 있지만, 국민적 항의를 불러일으킬 수 있다). 이런 시험은 꾸준히 계속되었다. 우리가 할스워스에게 물어 확인하지는 않았지만, 그가 여기에서 얻은 통찰을 삶의 다른 분야에도 당연히 적용했을 것이라 생각한다. 예컨대 "아내를 사랑한다는 남편의 90퍼센트보다 더욱 당신을 사랑하오……."라는 식으로 아내에게 사랑의 편지를 짤막하게 보내지 않았을까 싶다.

그로써 영국 국세청이 보낸 첫 편지가 효율적이지 않아 연간 수천만 파운드의 세금이 더 체납되었다는 게 분명해졌다. 오랫동안 방치되던 편지에 작은 비틀기를 시도한 덕분에 그 돈이 서서히 국고로 반환되고 있다. 이런 초기 실험이 있은 후, 국세청은 실험적 방법론에 크게 고무되어 세세한 부분에도 깊은 관심을 기울이기 시작했다. 이제 영국 국세청은 자체로 행동과학 팀을 두고 다양한 시험을 실시하고 있다. 그 과정에서 그들은 무엇이 효과가 있고, 무엇이 효과가 없으며, 또 무엇이 역효과를 낳는지에 대해서도 많은 것을 배웠다. 영국 국세청은 지금도 실험을 거듭하며, 체납된 세금을 잘못 설계된 편지로 방치해 두지 않으려는 노력을 계속하고 있다.

그사이에 BIT는 정부 내에서 화제의 주인공이 되었다. BIT는 다른 정책 영역에서도 행동과학적 실험을 사용해 정부의 가장 고질적인 문제들을 해결하도록 도왔다. 5년이 지나지 않아 BIT는 학교까지 진출해 중퇴율을 낮추기 위한 실험을 실시했고, 고용 센터에서는 실직자들이 적절한 일자리를 구할 수 있도록 지원했으며, 병원에서는 환자가 진료를 약속한 시간에 늦지 않게 도착하도록 유도하는 실험을 실시했다. 2018년까지 BIT는 500건 이상의 무작위 대조 시험을 실시했고, 그들의 방법론이 세계 전역에 전해졌다. 우리 둘은 영국 '행동과학 통찰 팀'의 학계 자문위원으로 일하며, 그 팀이 거둔 성과와 세계 전역에

확산된 실험의 유용성에 큰 자부심을 느꼈다.

이렇게 세간의 주목을 받은 사례 연구가 있은 후, 행동과학적 통찰을 사용해 정부 운영의 효율성을 개선하려는 목적에서 유사한 팀이 세계 전역에 연이어 세워졌다. 지금은 BIT처럼 정부 내에서 거의 실시간으로 실험을 실시하는 팀이 수십 곳에 이른다. 이에 대해서는 뒤에서 계속 살펴보기로 하자.

BIT의 세금 독촉 편지에서 입증되듯이, 실험에 전혀 문외한인 조직에서나 지극히 단순한 실험에서나 실험적인 사고방식 experimental mindset은 중요하다. 세금 독촉 편지는 이미 보내고 있던 편지에서 한 문장을 바꾸었을 뿐이다. 하지만 지금은 실험 시대의 초기에 불과하다. 이 단순한 실험이 성공하며 기본적인 모델을 제시해 주었지만, 아직도 대다수의 징세 기관이 세금 징수를 위해 다양한 접근법을 시험하는 실험을 실시하지 않고 있다.

BIT의 입장에서 가장 중요한 성과라면, 그 실험을 통해 BIT의 존재에 회의적이던 이해 당사자들에게 그 팀의 가치를 입증한 것이었다. 다른 나라에서도 우후죽순처럼 생겨난 많은 행동과학 통찰 팀이 세금과 관련된 실험을 실행하며, 그들이 무엇을 해낼 수 있는지 자랑스레 떠벌린 것은 조금도 놀랍지 않다. 이런 현상은 실험이 해낼 수 있는 또 하나의 중요한 역할을 가리킨다. 새로운 상품이나 새로운 서비스의 가치를 입증하는 역할이다! 실제로 요즘에는 실험을 통해 핵심 상품을 평가받아, 이해 당사자들에게 자신의 가치(혹은 새로운 가치를 창출하지는 못하더라도 진로를 바꾸고 있다는 것)를 보여 주려는 비영리 조직과 신생 기업이 증가하는 추세이다.

잠깐만: 실험의 해부

이 책의 곳곳에서 조직이 실험을 실시하는 이유와 더불어, 어떻게 하면 실험 결과를 최대한 활용할 수 있는지에 대해 설명하는 다양한 사례를 소개할 것이다. 실험의 통계적 결과에 대해서는 자세히 언급하지 않으려 한다. 그 자료를 다룬 교과서가 이미 적잖게 발간되었기 때문이다. 그러나 이야기를 더 진행하기 전에, 이 책의 곳곳에서 불쑥불쑥 나타나는 실험에 관련된 기본적인 개념들을 정의하고, 세금 독촉 편지에서 어떻게 사용되었는지 설명해 두려 한다.

개념	의미	세금 독촉 편지에서
대조군 (통제 집단)	실험군에 대한 비교 대상으로 설정된 집단	어떤 구절도 더해지지 않은 기본적인 독촉 편지를 받은 집단

실험군 (처치 집단)	대조군이 받은 처치 이외에, 이 집단에 속한 실험 참가자들은 추가적인 처치를 받는다. 무작위 대조 시험에는 하나 이상의 실험군이 있을 수 있다.	사회적 규범과 관련된 문장이 더해진 독촉 편지를 받은 집단
독립 변인	우리가 효과를 측정하려는 변인	독촉 편지의 다양한 내용(예컨대 사회적 규범과 관련된 문장이 포함 되느냐 않느냐는 변인)
종속 변인	우리가 관심을 갖는 결과	수령자가 세금을 제때 납부했느냐는 변인. 다른 종속 변인으로는 징수한 금액, 독촉 편지에 대한 체납자의 불평 등이 있을 수 있다.
평균 처치 효과	일반 대중에게 처치해서 거둔 평균적인 효과. 실험 조건에서는 실험군 대 대조군의 평균적인 결과를 비교해서 얻는 값.	독촉 편지 실험 모집단의 경우, 처치 효과=실험군의 납세율-대조군의 납세율=35.1-33.6=1.5%. 한 문장을 더함으로써, 분석된 기간 동안 납세율이 1.5%만큼 증가했다.

다니엘서

'행동과학 통찰 팀'은 실험적 사고방식을 정부 기관에 심어주는 데 핵심적인 역할을 했지만, 그들이 그 아이디어 자체를 개발한 것은 아니었다. 지금까지 알려진 바에 따르면, 최초의 실험주의자는 다니엘이었다. 그렇다. 구약 성경에 등장하는 다니엘이다.

다니엘서는 기원전 167년과 164년 사이에 쓰인 것으로 추정되며, 바빌로니아의 느부갓네살 왕이 어떻게 예루살렘을 공격해서 이스라엘 사람들을 포로로 사로잡아 바빌론까지 끌고 왔는지 기록한 책이다. 느부갓네살 왕은 환관장 아스부나스에게 용모가 잘생긴 영리하고 건강한 포로들을 선발해 궁정에서 일할 수 있도록 가르치라고 명령했다. 왕의 명령에 따라, 그렇게 선발된 포로들은 3년 동안 바빌로니아어를 배웠고, 궁정 사람들과 똑같은 포도주와 빵을 먹었다. 그러나 그런 포로 중 한 명이던 다니엘은 궁정에서 먹고 마시는 음식과 포도주로 자신을 더럽히지 않겠다고 스스로 맹세했다.[4] 그래서 다니엘은 자신과 세 친구를 감시하던 감독관에게 열흘 동안 채소와 물만 먹게 해달라고 요청하며, "그런 뒤에 궁중 음식을 먹는 다른 젊은이들과 우리 얼굴을 비교해 보시고 나서 소생들을 나리 좋으실 대로 하십시오."라고 말했다.[5] 감독관은 다니엘의 요청을 받아들였고, 곧이어 즉흥적인 실험이 시작되었다.

열흘 후, 감독관의 눈에는 다니엘과 친구들이 궁중 음식을 먹은 젊은이들보다 눈에 띄게 건강하고 튼튼하게 보였다. 따라서 그들은 3년이란 훈련 기간 동안 그들만의 건강식을 계속할 수 있었다. 그 기간 동안 그들은 하느님의 은혜를 크게 입기도 했다. 성경에서 말하듯이 "하느님은 네 젊은이에게 철학과 문학에서 남다른 지식과 능력을 주셨고, 특히 다니엘에게는 환상과 온갖 꿈을 해석하는 능력까지 주셨다."[6] 그렇게 3년이 지났을 때, 네 젊은이는 '마술사와 주술사'를 능가하는 뛰어난 지식으로 느부갓네살 왕에게 깊은 인상을 주었다.[7] 결국 왕은 아무것이나 배불리 먹던 젊은이들보다 다니엘과 그의 동료 채식주의자들을 선택했다. 여하튼 요즘의 채식주의자에게는 조금도 놀랍지 않은 승리였다.

다니엘서는 요즘이었다면 '임상 시험'clinical trial이라 일컬어질 만한 실험을 개략적으로 서술해 놓은 듯하다. 다니엘은 자신과 세 친구를 인간 피험자에 놓고, 바빌로니아 궁정의 젊은이들을 대조군으로 삼아, 치료제로서 채식의 효과를 시험했다. 당연한 말이겠지만, 다니엘의 실험은 요즘의 임상 시험 기준에는 턱없이 모자란다. 요즘의 실험은 한 기준 집단의 결과와 처치를 받은 다른 비교 집단의 결과를 비교한다. 어떤 집단에 속하든 간에 피험자는 동일한 기간 동안 처치를 받고 추적된다. 실험 집단은 무작위 추출이나 일정한 기준에 따른 할당으로 구성된다. 그러나 다니엘이 연구한 두 식이법은 상호배타적이지 않았다 (바빌로니아식 식이법에도 채소와 물이 포함될 수 있었다). 또 실험이 무작위적이지도 않았고(실험군에 속한 사람들이 피험자를 자처했고 처치도 직접 선택했다), 실험군의 표본 크기가 네 명으로 지나치게 작았으며, 대조군의 크기는 알려지지 않았다.[8] 끝으로, 감독관이던 단 한 명의 관찰자가 객관적인 방법을 제쳐 두고, 피험자의 겉모습에 근거해 결과를 평가했다.

열다섯 번의 세기가 지난 후

다니엘의 선구적 연구가 있은 후로 1,500년이 지난 뒤에야, 임상 시험으로 알려진 사례가 문서로 남겨졌다. 16세기에 앙브루아즈 파레Ambroise Paré(1510~1590)는 네 명의 프랑스 왕을 섬긴 '이발사 겸 외과의사'barber-surgeon였다. 쉽게 말하면, 중세 시대에 전쟁터에서 필요에 따라 머리카락을 자르는 이발사나 팔다리를 절단하는 의사로 일하던 직업인이었다. 파레는 전쟁터에서 군인들을 돌보던 어느 날, 상처를 지질 때 주로 사용하던 끓는 기름이 떨어지자 당시 근방에서 눈에 띄는 것, 즉 '달걀 노른자유, 장미유, 테레빈유로 만든 소화제'로 대체했다.[9] 그날 밤 파레는 상처를 끓는 기름으로 지지지 못한 병사들이 시체로 발견되지나 않을까 걱정하며 밤새 뒤척였다. 그가 대체제로 사용한 기름이 '독'으로 작용할지 모른다는 두려움 때문이었다. 이튿날 아침 일찍 일어난 파레는 깜짝 놀라지 않을 수 없었다. 그가 즉석에서 만든 기름으로 치료받은 병사들은 '약간의 통증'만 느낀다는 반응을 보인 반면, 끓는 기름으로 치료받은 병사들은 '상처 주변이 붓고, 극심한 통증과 고열'에 시달렸다. 이 실험도 결코 완벽하지 않았지만, 파레의 우연한 실험 결과가 지짐술보다 더 효과적이고 통증도 없이 감염증을 치료할 방법을 찾는 길을 열어 주었다.

다시 200년 후, 스코틀랜드 의사 제임스 린드James Lind(1716~
1794)는 일부에서 최초의 대조군 임상 시험이라 평가하는 시험
을 시행했다.[10] 1747년 영국 해군 함정에서 외과의사로 일할 때
린드는 당시 승무원들에게 만연하던 괴혈병을 치료하는 최적
의 방법을 찾아내기 위한 비교 시험을 시작했다. 린드는 비슷하
게 중증 단계의 괴혈병을 앓는 12명의 선원을 피험자로 선택했
다. 그들은 '잇몸에서 악취가 풍겼고, 반점이 눈에 띄었고, 무력
증에 빠지고 무릎을 세우지도 못했다.'[11] 게다가 그들은 먹는 것
도 똑같았다. 간식으로 먹은 가벼운 푸딩과 비스킷은 말할 것
도 없겠지만, 아침에는 설탕으로 단맛을 더한 귀리죽, 점심에는
갓 끓인 양고기 수프, 저녁에는 '보리와 건포도, 쌀과 장과류, 사
고야자와 포도주'를 먹어, 특별히 편중된 식단은 아니었다. 린
드는 12명의 선원을 두 명씩 짝을 지워 각 쌍에게 다른 치료법
을 주었다. 한 쌍에게는 각자 매일 120그램의 사과주를 마시게
했고, 다른 쌍은 매일 두 숟가락의 식초를 세 번씩 삼켜야 했다.
또 다른 쌍에게는 불행하게도 바닷물이 주어졌고, 또 다른 쌍은
오렌지 두 개와 레몬 하나를 먹어야 했다. 린드는 환자들의 변
화를 면밀하게 관찰했고, 약 일주일 후에 감귤류를 추가로 섭취
한 두 환자가 다른 환자들보다 눈에 띄게 건강이 회복된 걸 확
인할 수 있었다. 그 증거는 유익한 변화를 끌어낸 하나의 수수
께끼에 불과했기 때문에 다시 50년이 지난 후에야 영국 해군은

레몬주스를 선원들의 식단에 의무적으로 포함시켰다.

1882년 프랑스 생화학자 루이 파스퇴르Louis Pasteur(1822~1895)는 백신의 효능을 테스트하며, 대조 시험이란 개념을 더 넓은 세계에 적용했다. 물론 파스퇴르는 어떤 병을 약하게 앓으면 그 지독한 병에 대한 면역력을 얻게 된다는 이론의 선구자였다. 최초의 백신 접종 거부자로 여겨지는 저명한 수의사, 이폴리트 로시뇰Hippolyte Rossignol(1837~1919)은 파스퇴르의 백신 이론에 공개적으로 반론을 제기했다. 두 저명한 과학자는 파리 남쪽에 위치한 한 농장에서 백신의 효능을 공개적으로 실험해 보기로 했다.

프랑스 전역과 멀리 런던에서 달려온 기자들이 지켜보는 앞에서, 파스퇴르는 실험군에 속한 25마리의 양에게 탄저병 백신을 주사했고, 다른 25마리를 대조군으로 지정했다. 그 후에 그 50마리의 양에게 치사량 정도의 탄저균을 주입했다. 대조군에 속한 양들이 모두 죽고, 백신을 맞은 양들이 생존하면 파스퇴르를 승자로 선언하기로 모두가 합의했다. 현재의 통계적 방법과 비교하면 무척 높은 기준이었다.[12] 이틀이 지나지 않아, 파스퇴르의 승리가 확정되었다. 백신을 접종한 양들은 모두 건강했지만, 대조군에 속한 25마리의 양은 모두 죽었다. 대조군이란 개념이 이때 탄생했지만, 실험에 참가한 동물에 대한 처치라는 인도주의적인 개념은 한참 후에야 생겨났다.

1920년대에 농업 분야에서 실시된 실험에서는 영국 통계학자 로널드 피셔Ronald Fisher(1890~1962)가 실험에서 어떤 조작이 통계적으로 유의미한가를 알아내기 위한 통계 검정법을 고안해 냈다. 또한 피셔는 실험 참가자들을 다른 집단들에 무작위로 배치하는 것도 중요하다고 역설했다. 그 밖에도 피셔가 실험의 원칙으로 제시한 것 중 오늘날에도 흔히 사용되는 원칙으로는 '반복'replication(변동에 따른 불확실성을 줄이기 위해 일정한 조건에서 실험과 측정을 반복하는 행위)과 '블록화'blocking(불필요한 변동을 줄이기 위해 실험 단위들을 서로 유사한 집단들에 배치하는 행위)가 있다.[13]

1946년 영국 의학 연구 심의회Medical Research Council, MRC는 새로운 항생제, 스트렙토마이신이 중증 폐결핵 환자를 치료하는 효능을 연구하기 위한 무작위 대조 임상 시험을 처음으로 실시했다. 스트렙토마이신의 공급이 제한적이었기 때문에 MRC는 그 항생제가 장기 요양자보다 중증 폐결핵 환자에게 더 유익한지 하루빨리 판단을 내리고 싶었다. 피험자들은 무작위로 실험군이나 대조군에 배치되었고, 조사자들만이 아니라 환자들의 엑스레이를 매달 판독하는 의사들에게도 피험자들의 분포가 알려지지 않았다. 게다가 스트렙토마이신이 제한적으로만 공급되었기 때문에 과학자들도 대조군에 속한 환자들에게 성공 가능성이 높은 치료약의 존재를 알릴 수 없었다. 실험 결과에 따르면, 스트렙토마이신은 중증 폐결핵 환자에게 정말 효과가 좋았다. 지금도 스트렙토마이신은 폐결핵을 비롯한 중대한 감염

병을 치료하는 데 사용되며, 당시 연구에서 사용된 무작위 추출 randomization은 실험의 표준 절차가 되었다.

의료계는 수십 년 전부터 실험 방법론을 받아들여, 실험 방법론의 '얼리 어댑터'라 할 수 있다. 그 이후의 과정은 들쑥날쑥했지만, 지금도 큰 변화는 없다. 호르몬 대체 요법을 예로 들어 보자. 뉴욕 브루클린의 산부인과 전문의 로버트 윌슨Robert Wilson은 『영원한 여성성』에서, 여성의 노화로 인한 문제들에 대한 장기적인 치료제로 에스트로겐의 사용 가능성을 주장했다. 그 이전에는 폐경기의 열성 홍조와 발한 등 불편한 증상들을 단기적으로 완화하는 데만 에스트로겐을 사용했다. 윌슨은 폐경도 질병이라며, 여성이 나이가 들면 난소에서 자연스레 감소하는 호르몬들을 대체하는 에스트로겐을 섭취함으로써 그 질병을 치유할 수 있다고 주장했다. 이런 주장을 근거로, 예방적 조치로 에스트로겐을 처방하는 호르몬 대체 요법이 탄생했다.

1990년대 중반까지 미국 심장협회, 미국 내과학회, 미국 산부인과학회는 수차례 진행된 코호트 연구(특정 요인에 노출된 집단과 노출되지 않은 집단을 추적하고, 연구 대상 질병의 발생률을 비교하여, 요인과 질병 발생 관계를 조사하는 연구 방법으로 요인 대조 연구라고도 불린다_편집자), 특히 대규모로 진행된 간호사 건강 연구Nurses' Health Study의 결과를 근거로, 심장 질환과 골다공증 등 여성의 노화와 관련된 증상들의 장기적인 치료법으로써 호르몬 대체 요법을 추천했다. 그 후로 20년 동안에는 많은 의사가 폐경 이후에 심각한 증상을 보이던 여성의 치료제로만 호르몬 요법을 사용하지 않고, 다양한 증상을 미리 예방하는 조치로도 사용했다.

안타깝게도 그런 변화는 데이터를 잘못 해석한 결과였다. 나중에 밝혀졌듯이, 그런 분석 결과는 관찰 자료에서 흔히 일어나는 현상, 즉 선택 편향selection bias에서 비롯된 것이었다. 관련된 처치를 받은 사람이 그렇지 않은 사람과 체계적으로 다를 때 선택 편향이 일어난다. 이런 상황에서 처치를 받은 사람과 그렇지 않은 사람을 비교하는 것은 처치 자체의 영향과 비무작위적 할당에서 비롯된 모집단 간의 근본적인 차이를 혼돈하는 것이다. 더구나 상관관계에 있는 자료로부터 인과적 결론을 끌어내는 것도 문제일 수 있다. 또한 호르몬 요법을 받는 여성은 사회경제적인 지위가 상대적으로 높아, 의료 서비스에 더 쉽게 접근하는 경향을 띠었다. 달리 말하면, 호르몬 요법 이외에 다양한 방식으로 건강관리를 받을 수 있는 계층이었다. 예컨대 외적으로 식별되는 차이를 무시한 채 실험 집단이 분류된 후에도, 호르몬 요법을 받은 여성은 자동차 사고로 사망할 확률이 상대적으로 낮았다.

무작위로 호르몬 요법을 할당한 한 실험은 모든 면에서 적합했다. 하버드 의과대학의 의사이자 연구자인 조앤 맨슨JoAnn Manson은 호르몬 요법의 영향을 실험적으로 검증한 선구적 학자였다. 그녀와 여성 건강 연구소Women's Health Initiative, WHI의 동료들이 도출한 결과는 적잖은 면에서 기존의 결과들과 대조되었다. 예컨대 맨슨 팀의 실험 결과에 따르면, 호르몬 대체 요법이 심장 질환의 가능성을 낮추기는커녕 오히려 증가시켰다. 맨슨 팀의 연구는 의료계에 엄청난 충격파를 던졌고, 많은 의사가 호르몬 요법의 처방을 전면적으로 중단하기에 이르렀다. 그 결과로, 심각한 증상을 보이는 여성도 호르몬 요법을 받기 어려워졌다.

맨슨 팀의 실험은 실험에서 무작위 할당의 중요성만이 아니라, 실험 자료를 해석할 때 쟁점에 대한 깊은 이해와 판단이 필요하다는 걸 다시금 일깨워 준다. 맨슨 박사를 비롯한 다른 연구자의 후속 연구에서, 호르몬 대체 요법으로 심장 질환이 발병할 위험은 상대적으로 낮고, 특히 폐경 이후의 증상을 치료할 목적에서 호르몬 대체 요법을 받은 50대 여성의 경우에는 더욱 더 낮다는 게 밝혀졌다. 따라서 의료계가 새로운 실험 결과에 과잉 반응한 것일 수 있다. 게다가 호르몬 요법에는 골절과 비만의 위험을 낮추는 다른 이점도 있었다. 시간이 지남에 따라 진료 방침도 달라졌다. 의료계는 선택 편향의 가능성, 실험의 중요성, 처치 효과의 복잡성을 더 깊이 이해하게 되었고, 실험 자료를 근거로 의사결정을 내릴 때 필요한 판단의 중요성을 새삼스레 깨닫게 되었다.

오늘날 의학 연구는 우리 사회에서 상당한 부분을 차지하는 사업이다. 미국 국립 보건원National Institutes of Health은 2010년에만 의학 연구에 107억 달러, 유전학과 관련된 연구에 74억 달러, 질병 예방 연구에 60억 달러, 암 연구에 58억 달러, 생명공학기술에 57억 달러를 투자했다.[14] 2012년에는 미국에서 1,190억 달러가 의학 연구에 투자되었고, 이 숫자는 세계 생물의학 연구비의 45퍼센트에 해당된다. 이제 실험도 이런 의학 연구에서 빠질 수 없는 중요한 부분이 되었다.

증거에 기초한 의학 발전 덕분에 인간의 수명은 꾸준히 길어졌다. 예컨대 홍역과 소아마비 같은 질병의 확산을 예방하기 위한 백신이 개발되었고, 암을 더 효과적으로 치료하는 새로운 방법이 고안되었으며, 다양한 질병을 효과적으로 치료하는 항생제가 발견되었고, 심혈관 질환을 치료하는 데 사용되는 스타틴계 약물이 개발된 덕분이다. 임상 연구를 통해 중대한 돌파구를 마련한 치료법을 일부만 나열해도 이 정도이다. 이런 지식의 향상에 실험이 큰 역할을 한 것은 널리 알려진 사실이다.

실험의 혁명은 이제 의학 분야에 그치지 않는다. 영국 국세청이 납세자들을 상대로 실험하기 훨씬 이전에 심리학자들이 실험실에서 실험하고 있었다. 경제학자들과 그 밖의 사회과학자들도 실험실에서 실험을 시작했지만, 이제는 실험 영역을 정책에서 기업 활동까지 현실 세계로 확대했다. 실험은 정부 기관, 테크놀로지 기업만이 아니라 전통적인 굴뚝 기업에서도 점차 주류로 자리 잡고 있다. 많은 대기업이 예전부터 실험을 활용해 왔고, 구글과 페이스북, 우버 같은 테크 기업들은 매년 수천 건의 실험을 진행한다.

그러나 앞에서 지적했듯이, 아직도 실험은 초기 단계에 있을 뿐이다. 여전히 많은 조직이 의사결정을 내릴 때 증거보다 직관에 의존하는 경향을 띤다. 우리는 직관을 믿고 싶어 하지만, 직관이 완전히 잘못되는 경우가 많다는 것은 널리 알려진 사실이다. 간단한 예를 들어 보자. 안식년 기간에 마이크는 한동안 습관적으로 아침마다 커피를 사려고 특정한 스타벅스 드라이브 스루 매장을 찾아갔다. 그 말인즉슨 자동차에 앉아 줄이 줄어들기를 기다려야 했다는 뜻이다. 한 달 남짓 후에 마이크는 자동차를 주차한 후에 매장에 들어가 커피를 사는 것보다 드라이브 스루가 더 빠르다는 자신의 직관을 검증해 보기로 결정했다. 그래서 그의 오래된 현대 엘란트라를 텅 빈 주차장에 주차한 후에 매장에 들어갔다. 아! 매장 안이 텅 비어 을씨년스럽게 보일 정도였다. 돌이켜보면, 텅 빈 주차장에서 그의 직관이 틀렸다는 단서를 찾았어야 했다. 그의 잘못된 직관은 자료에 의해 쉽게 대체되었다. 공식적인 실험도 자료를 바탕으로 직관을 대체하지만, 규모가 훨씬 더 크고 흥미진진한 방법이 사용된다는 게 다를 뿐이다.

심리학과
경제학에서의 실험

The Rise of Experiments in Psychology and Economics

앞에서 보았듯이, 초기의 많은 실험주의자는 주로 의학 연구에 집중했다. 그러나 지난 세기 이후로 실험은 의학과 자연과학을 넘어, 기업 활동과 정부 정책 등 사회과학 분야까지 확대되었다. 실험 방법론을 일찌감치 받아들인 또 다른 얼리 어댑터이던 심리학도 행동 실험을 촉진하는 데 중요한 역할을 했다. 영국 국세청의 세금 독촉 편지 실험이 대표적인 예였다. 이 장에서는 심리학에서 행해진 실험 방법론과 실험실 실험의 역사를 살펴보고, 심리학이 행동 경제학의 탄생에 어떤 역할을 했는지도 살펴보려 한다. 더 나아가, 현재 세계 전역의 여러 정부에서 대대적인 규모로 실험을 주관하는 행동 정책부의 설립에 심리학이 어떤 역할을 했는지도 아울러 살펴볼 것이다.

실험 심리학의 간략한 역사

우리가 아는 바에 따르면, 실험 심리학Experimental psychology은 영국 철학자 존 로크John Locke(1632~1704)가 1690년에 발표한 기념비적 저작 『인간 지성론』에서 정립한 '정신 철학'mental philosophy 에서 시작된 것이다. 이 저작에서 로크는 인간 정신을 백지 상 태인 '타불라 라사'tabula rasa, 즉 빈 서판과 같다고 주장했다. 인간 이 이해력을 타고나지 않고, 경험을 통해 지식을 획득한다는 주 장은 당시에 무척 급진적인 주장이었다. 로크의 주장으로 '본성 대 양육'이란 논쟁이 심리학에서 시작되었다. 그러나 로크의 오 성론에 근거한 최초의 진정한 실험 심리학이 탄생하기 전에, 일 련의 사이비 과학자들, 예컨대 최면술사, 골상학자, 심령론자 등이 이 마을 저 마을에서 각자의 고유한 방식으로 그럴듯한 속 임수를 팔고 다니며 역사의 한때를 지배했다. "너는 머리 검사 를 받아야겠다."라는 충고는 원래 질책이 아니라, 1800년대에 떠돌이 골상학자에게 검사를 받아 보라는 선의의 제안이었다.[1]

독일 의사인 빌헬름 분트Wilhelm Wundt(1832~1920)는 1879년 라 이프치히 대학교에서 최초의 심리학 실험실을 열었다.[2] 분트는 그 실험실에서 180명이 넘는 박사 학위 과정의 학생들을 지도했고, 많은 논문을 썼다. 1870년대에는 미국 오하이오 앤티오크 칼리지의 철학 교수, 그랜빌 스탠리 홀Granville Stanley Hall(1846~1924)이 분트의 실험 심리학에 매료되었다. 홀은 하버드에서 박사 학위를 받았고, 그곳에서 공부할 때 윌리엄 제임스 William James(1842~1910)를 만났다. 위대한 소설가 헨리 제임스의 형이던 윌리엄 제임스는 실험실 연구로는 인간의 복잡한 정신을 규명할 수 없다고 생각하며 심리학에서 새로운 분야를 개척한 학자였다. 1883년, 홀은 존스 홉킨스 대학교에서 미국 최초의 심리학 실험실을 설립하며 실험실 연구라는 꿈을 실현했다.

1890년대에 들어 심리학 실험실이 미국 전역에서 우후죽순처럼 설립되며, 자연과학적인 실험 방법론을 인간 심리의 연구에 접목하겠다는 목표를 내세웠다. 이 시대의 저명한 연구자는 '자기성찰자'와 '관찰자'라는 개념을 중시하며, 정밀하게 고안된 실험을 통해 의식의 구조를 알아내려고 애썼던 에드워드 브래드퍼드 티치너Edward Bradford Titchener(1867~1927)였다. 그가 네 권으로 저작한 『실험 심리학: 실험실 실험 교본(1901~1905)』은 당시 대학 교수들에게 실험실에서 행해지는 기본적인 실험 방법과 고전적인 실험을 안내하는 기본 지침서이자, 학생들을 가르치는 교재였다.

20세기 전반기의 가장 유명한 심리학자, 지그문트 프로이트

Sigmund Freud(1856~1939)는 실험 심리학자가 아니었다. 프로이트는 일화적 관측에 근거해 자신의 이론을 정립했기 때문에 실험실에서 객관적으로 입증하기가 어려웠다. 게다가 일화적 관측을 검증해 보면 앞뒤가 맞지 않는 경우도 적지 않았다. 당시 새롭게 부각되던 실험적 방법과 거리를 둔 까닭에 프로이트는 학계에서 논란을 불러일으키는 인물이었다. 그러나 무의식이 판단과 행동에 영향을 미치고, 심리적 장애가 몸보다 정신에 원인이 있으며, 성적 욕구와 행동도 연구할 만한 가치가 있다는 그의 주장은 훗날 심리학의 모든 분야에 큰 영감을 주었다.[3]

1927년, 러시아 과학자 이반 파블로프(1849~1936)는 침의 분비가 소화에 미치는 영향을 연구하던 과정에서 이른바 '고전적 조건 형성' 혹은 '파블로프 조건 형성'을 발견하게 되었고, 여기에서 학습이 수동적이고 무의식적인 과정일 수 있다는 주장이 가능해졌다. 파블로프의 연구에서 존 왓슨John Watson(1878~1958)의 행동주의 이론이 잉태되었고, 행동주의 이론은 마침내 20세기 중반경 실험 심리학을 끌어가는 주된 학파가 되었다. 초기 심리학자들이 중시하던 내적 성찰과 의식을 배격하며, 왓슨은 1931년 심리과학의 완전한 재점검을 촉구했다. 그의 목표는 '행동의 예측과 통제'를 이론화하고, '순전히 객관적이고 실험적인 자연과학의 한 분야'로 심리학을 규정하는 것이었다.[4]

가장 널리 알려진 실험 행동주의자 중 하나는 버러스 프레더

릭 스키너Burrhus Frederic Skinner(1904~1990)였다. 스키너는 쥐와 비둘기를 실험 대상으로 삼아, '조작적 조건 형성'operant conditioning이란 학습 방법을 개발해 냈다. 벌과 보상으로 특정한 행동을 억누르고 격려하는 방법이다. 행동주의자들은 어떤 조작이 행동에 실질적으로 미치는 영향을 측정했다. 쥐에게는 사료, 어린아이에게는 과자 등 다양한 형태의 보상이 조작에 포함되었다.

우리 내면에서 이루어지는 의사결정 과정은 관찰되지 않기 때문에, 행동주의자들은 그 과정을 과학적인 과정의 일부로 보지 않았다. 행동주의자들의 관점에서, 쥐나 사람이 짜릿한 전기 충격을 주는 물체를 만지는 걸 회피하는 이유를 우리는 정확히 모른다. 우리가 아는 것이라고는 만지면 충격을 주는 물체를 피해야 한다는 것이 전부이다. 뒤에서 보겠지만, 요즘 심리학자들은 새로운 형태의 자료를 수집함으로써, 어떤 행동의 인지적 이유를 더 깊이 평가하는 방법론들을 개발해 왔다. 예컨대 심리학자들은 자극에 대한 피험자의 반응을 한층 객관적으로 증명하기 위한 심리학적인 측정 기준을 지금도 꾸준히 개발하고 있다. 그 결과로 요즘에는 코르티솔을 측정해 스트레스 지수를 평가하고, 테스토스테론을 측정해 공격성을 평가한다. 또 기능성 자기공명 영상 장치fMRI를 필두로 뇌영상 테크놀로지가 발전함으로써 심리학 실험도 획기적으로 바뀌었다. 이런 발전은 심리학 영역에서 중요한 혁신을 이루어 내며, 새로운 자료 및 새로운 접근 방식이 새로운 통찰로 이어질 수 있다는 걸 모든 실험주의자가 깨닫게 되었다. 실험주의자들이 심리학 실험실에서 뇌영상 같은 새로운 자료를 추구했듯이, 기업과 정부 기관은 자체적으로 실시한 실험의 결과를 평가하는 데 도움이 될 만한 새로운 자료를 조사해 왔다.

사회 심리학, 즉 타인이 우리의 생각, 감정, 행동에 어떻게 영향을 미치는가를 경험적으로 연구하는 학문은 1930년대에 두각을 나타냈다. 쿠르트 레빈Kurt Lewin(1890~1947)을 비롯한 유대계 사회 심리학자들이 나치 치하를 탈출해 미국 대학에 자리 잡은 영향이었다. 한 인간의 행동은 그가 존재하는 환경에 영향을 받는다는 레빈의 주장은 그가 유럽에서 경험한 차별과 위험에서 영감을 받은 것으로, 스탠리 밀그램Stanley Milgram(1933~1984)과 필립 짐바르도Philip Zimbardo 같은 저명한 사회 심리학자들의 실험에 크나큰 영향을 주었다.

이런 연구자들의 일부 실험, 예컨대 권위에 대한 순응과 순종을 다룬 실험은 제2차 세계대전 동안 나치가 범한 잔혹행위를 이해해 보려는 마음에서 비롯된 것이었고, 인간 행위의 어두운 면을 드러내 보였다. 예컨대 밀그램이 유명한 '권위에 대한 복종'이란 실험을 시작한 1961년 7월은 나치 전범 아돌프 아이히만에 대한 재판이 시작되고 3개월이 지난 때였다. 이때 밀그램의 실험 목적은 평범한 사람이 타인에게 물리적 위해를 가하라는 명령에 복종하는 정도를 시험하는 것이었다. 밀그램이 모집한 평범한 사람들은 그의 예일 대학교 실험실에서, 실험자와 다른 피험자를 만났다. 그러나 그 피험자는 사실 실험 협조자 confederate였다. (심리학 용어에서, 실험 협조자는 실험에서 어떤 역할을 하는 과제를 맡은 배우를 가리킨다. 이때 피험자들은 그 사실을 전혀 모른다.) 오늘날에도 심리학 실험에는 조작하지 않으면 조성하기 어려운 상황을 만들어 내기 위해 이런 속임수가 흔히 사용된다.

밀그램 실험에서 실험 참가자들에게는 '교사' 역할이 주어졌고, 실험 협조자에게는 '학생' 역할이 주어졌다. 그리고 교사와 학생은 분리된 방으로 안내되었다. 교사는 실험 과정에서 학생에게 가하게 될 전기 충격을 미리 맛보았다. 그 후에 교사는 학생에게 가르쳐야 할 단어 목록을 받았고, 학생은 버튼을 눌러 교사의 질문에 대답해야 했다. 학생이 잘못 대답하면, 실험자는 학생에게 전기 충격을 가하라고 교사에게 지시했고, 틀린 답이 계속되면 전압을 높이라고도 다그쳤다. 물론 전기 충격이 실제로 가해지지는 않았지만 교사는 벽 너머에서 학생이 전기 충격에 반응하는 소리를 들었다. 학생은 처음에 소리를 질렀고, 다음에는 벽을 무지막지하게 두드렸고, 어떤 때는 심장이 터질 것 같다고 불평을 터뜨리기도 했다. 그러나 엄격히 말하면, 그것도 녹음기에 녹음된 소리였다.

교사 역할을 맡은 많은 피험자는 고뇌에 찬 표정으로, 실험자에게 실험을 중단하고 학생의 상태를 확인해 달라고 부탁했다. 실험자는 교사들에게 학생의 상태를 책임질 필요가 없다고 약속하며, 실험을 계속하라고 다그쳤다. 대부분의 교사가 당황하고 동요했지만, 전압을 올리는 쪽을 선택했다. 심지어 학생이 아무런 반응을 보이지 않아, 맞은편 방이 불길한 침묵에 빠진 후에도 교사들은 계속 전압을 올렸다. 교사들이 전기 충격을 높이지 않을 것이란 정신과 의사들과 일반인들의 예측과 달리, 65퍼센트가 실험에서 최고치이던 450볼트까지 전압을 올렸다.[5] 실험은 많은 논란을 불러일으켰다. 밀그램은 실험 참가자들의 정서적 스트레스를 용납하기 힘든 수준까지 밀어붙였고, 전기 충격이 실제로 가해지지 않았다는 걸 실험 참가자들에게 명확히 전달하지 않았다는 이유로 신랄한 비판을 받았다. 게다가 많은 실험 참가자가 전기 충격이 거짓이라고 의심할 만한 증거도 있어, 밀그램의 결과에 의혹이 제기되기도 했다.[6]

1971년, 밀그램의 고등학교 친구이던 스탠퍼드 대학교 교수 필립 짐바르도는 보름 동안의 연구를 위해 18명의 학생을 선발했다. 그중 9명은 불시에 '체포'되어, 심리학과 건물의 지하실에 만들어진 가짜 교도소에 갇혔다. 그들은 발가벗겨진 채 몸수색을 받았고, 머리를 깎고 죄수복과 고유 번호를 부여받았다. 그 후에는 교도관 역할을 맡은 9명의 학생이 그들을 '감방'으로 끌고 갔다. 교도관에게는 호루라기와 경찰봉이 주어졌고, 체형體刑을 제외하고 어떤 식으로 죄수를 다루어도 괜찮다는 지시를 받았다.

처음에 죄수들은 교도관을 무시하고 조롱했지만, 교도관들이 복종을 요구하고 처벌을 가하며 권위를 과시하기 시작하자 두 집단 사이에 갈등이 폭발했다. 둘째 날 아침, 죄수들은 죄수복을 찢으며 폭동을 일으켰고, 감방에 교도관이 들어오지 못하도록 차단했다. 교도관들은 소화기를 쏘며 밀고 들어가 감방을 엉망진창으로 만들었고, 폭동을 시작한 죄수들을 독방에 가두었다. 실험은 점점 혼란과 혼돈에 빠져들었다. 몇몇 죄수는 감정을 주체하지 못했고, 한 죄수는 단식 투쟁에 돌입했다. 나중에 인정했듯이, 짐바르도는 자신의 역할이 '교도소장'이라 생각하게 되었고, 그 결과로 죄수들의 고통을 못 본 척했다. 그러나 닷새 후에 그는 실험을 조기에 중단했고, 상황을 통제하기 힘든 지경까지 방치한 것을 후회했다.[7]

평범한 사람도 혐오스러운 상황을 회피하기는커녕 그런 수준까지 쉽게 추락하는 경향을 보여 줄 수 있다는 섬뜩한 결과를 보여 주는 실험이었다. 그러나 이 실험은 방법론의 결함과 피험자에게 가해진 비인간적인 처치 때문에 신랄한 비난을 받았다. 짐바르도가 연구에 직접 참여한 데다 독립 변인과 종속 변인이 명확히 규정되지 않았다는 점에서 방법론적인 결함이 있었다.

밀그램 실험과 짐바르도 실험을 비롯해 사회 심리학에서 초기에 행해진 많은 실험이 지금이었다면 허용되지 않았을 것이다. 미국에서 기관 감사 위원회Institutional review board, IRB가 설립되며, 인간 피험자를 물리적이고 심리적인 피해로부터 보호하기 시작한 것은 1970년대였다. 이제는 법적으로 대학마다 IRB를 두어, 연구 계획을 검토하고 위험-편익을 분석해 실험을 승인할 것인지 결정한다. 구체적으로 말하면, IRB는 계획된 실험의 윤리성과 방법을 심사하고, 피험자의 안전을 우선적으로 고려하며, 예외적인 상황이 적지 않지만, 피험자가 자발적으로 참여하고 피험자에게 충분한 정보가 제공되었다는 증거를 요구한다.

어떤 조직이든 실험을 고안할 때, 실험이 피험자에게 가할 수 있는 스트레스와 피해를 고려해야 한다. 실험 자체는 피험자에게 심리적인 피해를 가할 위험이 없더라도, 배움을 위한 것이란 이유로 실험이 진행되는 동안 피험자를 상당히 힘들게 하는 변화가 시행될 가능성은 얼마든지 존재한다. 의사결정권자들은 변화를 고려할 때, 피험자들이 받을 위험이나 피해 가능성에 대해 충분히 논의하는 것이 필요하다. 물론 이 원칙은 실험에 관련된 변화만이 아니라 조직 내의 어떤 변화에나 적용되어야 한다. 그러나 실험하는 과정에서, 조직은 배움의 필요성과 가능성만이 아니라 변화에서 야기될 수 있는 피해의 가능성을 두고 신중하게 판단해야 할 순간에 시시때때로 직면하게 된다.

이상적으로 보면, 어떤 변화든 참가자와 사회 모두에게 유익할 수 있다. 다시 심리학 실험의 역사로 돌아가면, 정책 입안자들이 언젠가부터 사회 변화를 시도하기 위한 실험을 언급하는 경우가 잦아졌다. 1954년 '브라운 대 캔자스주 토피카 교육위원회' 재판에서 미국 연방 대법원은 부부 심리학자이던 메이미와 케네스 클라크가 1939년과 1940년에 실행한 '인형 실험'을 증거로 언급하며, 공립학교에서 인종 차별은 아프리카계 미국인 학생에게 유해하므로 위헌이라 판결했다. 두 심리학자는 흑인 유치원생들 —일부는 흑백이 분리된 유치원, 일부는 통합된 유치원— 에게 흰 인형과 검은 인형을 주었다. 아이들에게 어떤 인형을 갖고 놀고 싶으냐고 물었다. 어떤 인형이 나빠 보이고, 멋진 색으로 보이느냐고도 물었다. 모든 학생, 특히 흑백이 분리된 학교의 학생이 흰 인형을 선호하는 경향을 뚜렷이 보여 주었다. 인종차별과 (흑인 학생의 경우에는) 자기혐오가 내재화되었다는 증거였다.[8]

최근에는 마자린 바나지Mahzarin Banaji와 토니 그린월드Tony Greenwald가 주도한 연구에서 인종과 성별에 대한 암묵적 태도가 한층 심도 있게 분석되었다. 그들은 '암묵적 태도 검사'Implicit Association Test, IAT라는 도구를 사용해, 우리가 누군가를 처음 보거나 만나면 기계적으로 그의 인종, 성별, 연령에 대한 고정된 생각을 활성화한다는 증거를 찾아냈다.[9] IAT 실험에 참가한 사람들은 화면에 나타나는 것을 보고, 키보드에서 어떤 키를 눌러 최대한 빨리 범주화해야 했다. 화면에 나타나는 것은 '흑'과 '백', '선'과 '악'이란 네 범주 중 하나에 속하는 것이었다. 예컨대 피험자에게 사람 얼굴을 연속해 보여 주며, 흑인에 속한다고 생각하는지 백인에 속한다고 생각하는지를 물었고, 그에 해당하는 키를 누르라고 요구했다. 또 피험자는 '증오', '사랑', '살인', '치유' 같은 단어를 보고, '선'에 해당하는 키나 '악'에 해당하는 키를 눌러 그 단어들을 범주화해야 했다. 다음 실험에서는 '하얀' 얼굴과 '나쁜' 단어를 동일한 키를 사용해 범주화 하게 했다. 물론 이때 '검은' 얼굴과 '선한' 단어가 동일한 키로 범주화 하도록 지정되었다. 그 후의 실험에서는 '하얀' 얼굴이 '선한' 단어와 짝지어졌고, '검은' 얼굴이 '나쁜' 단어와 짝지어졌다. 브라이언 노섹 Brian Nosek, 바나지, 그린월드의 연구 보고서에 따르면, 그들의 웹사이트(http://implicit.havard.edu. 이 웹사이트에 방문해 당신의 성향을 직접 테스트해 보기 바란다)를 방문한 백인 미국인 중 약 4분의 3이 암묵적으로 친백인적인 태도를 보여 주었다. 달리 말하면, 사람들이 정형화된 짝짓기(백/선, 흑/악)를 비정형화된 짝짓기(흑/선, 백/악)보다 더 빠르게 행한다는 뜻이다.[10] 자신은 인종을 차별하지 않는다고 굳게 믿는 사람들이 IAT의 결과에서 자신들의 편향된 암묵적 태도가 드러나면 실망하는 모습을 보인다.

바나지는 이렇게 만연한 태도를 '일상적인 편견'ordinary prejudice

이라 칭했다. 일상적인 정신 과정에서 고정관념과 편견이 드러나고, 평범한 대학생들과 전문직 종사자들이 그런 편견을 여실히 보여 주기 때문에 '일상적'이란 것이었다.[11] IAT는 피험자가 거의 인식하지 못하는 인지 과정을 실험적으로 연구하는 최적의 방법 중 하나라는 게 입증되었다. 따라서 많은 조직이 IAT를 사용해, 조직 내의 편향성을 파악하고 극복하는 데 도움을 받았다. 바나지에 따르면, 그녀가 접촉한 많은 기업이 세상에 편견이 존재한다고 생각하면서도, 자신의 조직은 편향적이지 않다고 믿는다. 그러나 IAT를 직원들에게 적용한 후에는 그런 생각 자체가 편견이었다는 걸 깨닫는다.

IAT는 현실적인 결정에서 약간의 편차만을 설명하는 단순한 검사이지만, 그 영향은 굉장했다. 수천만 명이 http://implicit.havard.edu에서 여러 형태로 변형된 검사를 받았고, '암묵적 편견'implicit bias이 대중 문화적 개념이 되었다. IAT는 우리가 의식하지 못하지만 편향성을 띤다는 증거로 여겨졌고, 그 영향으로 현대 사회에서 성별과 인종에 대한 대화가 달라졌다.

다른 맥락에서도 심리학자들은 의사결정 과정을 더 깊이 이해하기 위한 도구와 방법을 꾸준히 탐구했다. 예컨대 자극에 대한 피험자의 반응을 한층 객관적으로 증명하기 위한 심리학적인 측정 기준이 이제는 흔한 방법이 되었다. 코르티솔을 측정해 스트레스 지수를 평가하고, 테스토스테론을 측정해 공격성을 평가하는 것이 대표적인 예이다. 또 기능성 자기공명 영상 장치 fMRI를 필두로 뇌영상 테크놀로지가 발전함으로써 심리학 실험도 획기적으로 바뀌었다. 대학에서 심리학과가 외형적 반응 뒤에 감추어진 것을 집중적으로 가르치기 때문에, 그런 응용 학문을 공부한 실험주의자들은 경영학과, 법학과, 의학과 또는 정부기관이나 민간 분야에서 많은 일자리를 얻고 있다.

실험 경제학과 행동 경제학

심리학자들이 의사결정의 세세한 과정을 이해하기 위해 누구보다 앞서 실험실 실험을 활용했다면, 경제학자들은 그 경계를 더욱 확대해 인과관계를 분석하는 데 적용했다. 경제학자 에드워드 리머Edward Leamer는 1983년 『아메리칸 이코노믹 리뷰』에 발표한 획기적인 논문에서 "누구도 데이터 분석을 중요시하지 않는다."라며, 경제학에서도 한층 엄격한 경험론적 작업이 필요하다고 주장했다.[12] 경제학자들은 리머의 주장에 동조했고, 그 이후로 경제학이 크게 바뀌었다. 지금도 그렇지만 과거에도 경제학자들은 경제 행위를 더 정확히 이해할 목적으로 수정해서라도 채택할 만한 방법론을 찾아 다른 분야를 기웃거렸다. 경제학자들은 특히 통계학에서 많은 것을 차용해, 경제학과 관련된 인과적 주장을 전개하는 데 필요한 도구를 개발하기 시작했다. 대부분의 도구가 비실험적인 자료로 연구하는 데 중점을 두었지만, 실험 방법론이 포함된 도구도 있었다.

실험 방법론을 경제학에 응용하려던 초기 단계에는 두 가지 중요한 움직임이 있었다. 하나는 저소득자에게 지급하는 생활 보조금부터 무료 건강 보험까지 정부 정책의 효과를 파악하려는 방대한 현장 실험이었다. 다른 하나는 행동 경제학과 (실험실) 실험 경제학의 대두였다.

전자의 움직임은 연구 규범에 제약을 받지 않는 야심찬 대학원생들, 혹은 연구 규범에 대한 인식조차 없었던 대학원생들에 의해 적잖은 규모로 시작되었다. 예컨대 1967년 매사추세츠 공과대학 경제학부 박사 학위에 재학 중이던 헤더 로스Heather Ross는 "정부가 저소득층에게 세금을 걷는 대신 오히려 보조금을 제공하면 그들이 일을 적게 할까?"라는 의문을 학위 논문의 주제로 결정했다.[13] 평등기회국Office of Equal Opportunity이 그녀의 제안을 받아들여, 뉴저지에서 '소득 유지 실험'이 시작되었다. 몇몇 저소득 가정을 선발해, 그들의 가계 소득이 일정한 수준 이하로 떨어지면 부족한 만큼 보충해 주는 실험이었다. 한편 매사추세츠 케임브리지의 맞은편에서는 하버드 대학교의 박사 과정 학생이던 조 뉴하우스Joe Newhouse가 1974년부터 1982년까지 3억 달러짜리 실험을 진행했다. 보험에 들지 않은 미국인을 무작위로 선발해 본인 부담금에 차이를 두어 그들에게 건강 보험을 제공하는 실험이었다. 대규모 사회적 실험이 진행되는 시대였던 까닭에 이런 프로젝트들은 많은 비용이 투입되는, 야심차고 많은 통찰이 기대되는 실험이었다. 따라서 관리하는 것도 몹시 까다롭고 복잡했다. 예컨대 뉴하우스의 실험에는 보건 정책부터 통계학까지 여러 분야의 전공자와 연구자가 대거 참여했다. (그 프로젝트는 무척 복잡해서 진행하는 과정에서도 새로운 방법들을 계속 개발해야 했다.) 뉴하우스는 그 후에 보건 경제학health economics의 창설자 중 하나가 되었고, 지금은 하버드 대학교 교수이다. 프로젝트가 실행되고 거의 50년이 지났지만, 그 실험의 결과는 지금도 보험 경제에 대해 우리에게 많은 정보를 주는 까닭에 학자와 정책 입안자 및 언론에 의해 자주 언급된다.

모두가 이런 야심찬 실험이 더 많이 진행되기를 바라고, 그런 실험이 정책 결정에 중대한 역할을 해 왔지만, 예나 지금이나 그런 실험이 많지는 않았다. 헤더 로스의 연구를 지원한 수학 정책 연구원Mathematica Policy Research과 랜드 연구소RAND Corporation 같은 조직들은 인상적인 실험을 지금도 꾸준히 실시하고 있지만, 기업과 정부 기관은 그런 규모의 실험을 운영하는 데 필요한 노하우know-how와 통찰력을 개발하는 데 주력하는 편이다. 한편 그런 대규모 실험들은 경제학에서 데이터 가용성이 급격히 향상되고 실험 비용이 크게 하락한 덕분에 가능해진 실험 혁명의 전조였다고 말할 수 있다.

로스와 뉴하우스가 정책 실험을 이끈 선구자였다면, 또 다른 움직임은 학계에서 일어난 변화, 즉 행동 경제학과 실험 경제학의 태동이었다. 그 결과로, 경제 원리를 객관적으로 설명하는 데 도움을 줄 수 있는 실험이 주목받았고, 그런 실험을 위한 새로운 도구가 개발되었다.

초기의 실험실 실험에서는 인간 행동이 경제 모델의 예측을 반영하는 정도를 탐구함으로써 경제 이론을 검증하는 데 주력했다. 이 방법은 인간 피험자를 상대로 실험실에서 실험했기 때문에 심리학에서 사용하던 방법과 다를 바가 없었다. 1948년 초, 하버드 대학교의 에드워드 체임벌린Edward Chamberlin(1899~1967) 교수는 실험을 통해 완전 경쟁을 설명하는 데 기존 경제학 이론들로 충분한 영역과 그렇지 않은 영역을 알아보며, 신고전주의의 타당성을 실험적으로 검증했다.[14] 1959년에는 독일 경제학자, 하인츠 자우어만Heinz Sauermann(1905~1981)과 라인하르트 젤턴Reinhard Selten(1930~2016, 1994년에 노벨상 수상)이 과점 시장(소수의 공급자가 경쟁하는 시장)에서의 가격 형성을 실험적으로 연구한 결과들을 발표했다.[15]

초기 게임 이론가들도 1950년대에 간단한 실험으로 자신들의 모델을 검증했다. 심리학자 시드니 시걸Sidney Siegel(1916~1961)과 경제학자 로런스 E. 포레이커Lawrence E. Fouraker(1923~1998)는

1960년대 초에 협상과 관련된 행동을 연구하는 데 실험을 이용했다.[16] 경제학자들은 당시 경제학을 지배하던 이론들을 검증하고 확장하는 데 실험을 적극적으로 활용했다. 이런 실험들은 여전히 경제학 연구에서 극히 작은 일부에 불과했지만, 앞으로 다가올 변화의 전조였다.

실험을 경제학의 주류로 끌어올리는 데 공헌한 한 사람을 꼽자면 단연코 버넌 스미스Vernon Smith를 들 수 있다. 스미스는 그 업적으로 2002년 심리학자인 대니얼 카너먼Daniel Kahneman과 함께 노벨 경제학상을 공동으로 수상했다. 1960년대와 1970년대에 주로 활동한 스미스는 초기에 경제학 분야에 크게 기여했을 뿐만 아니라, 실험 경제학의 발전에 영향을 미친 신세대 경제학자들을 이끌며 그들에게 조언하는 역할을 마다하지 않았다. 스미스는 구체적으로 대안 시장 메커니즘, 즉 다양한 형태의 경매에 대한 연구에 크게 이바지했고, 방법론적인 면에서는 시장을 형성하는 바람직한 방법들을 실험실에서 개발하는 데 크게 기여했다. 스미스가 연구한 시장 메커니즘 내에서는 구매자와 판매자 사이에 형성되는 거래 가격이 대체로 이론적 균형 가격, 즉 합리적으로 예측된 가격에 무척 가깝다는 게 실험적으로 확인되었다. 결국 스미스의 작업은 합리적인 의사결정에 대한 믿음을 뒷받침해 주었다.

스미스는 실험 경제학에서 훌륭한 증거를 결정하는 규칙들을 만들어 내는 데도 주된 역할을 했다.[17] 사회과학자들이 전공하는 분야에 따라 합리성을 다르게 정의하고, 인간의 행동이 합리적이냐를 판단하는 기준도 다르다는 게 스미스의 영향으로 명확히 드러났다. 더욱이 좋은 실험을 규정하는 기준과, 실험 결과를 해석하는 방법도 분야마다 달랐다.

당시 심리학자들은 피험자에게 금전적 보상을 제공하지 않은 채 피험자들의 가정적 결정을 조사했고, 사회적 문제를 연구할 때는 간혹 피험자를 속였으며, 여러 번의 시험을 통해 배울 기회를 제공하지 않는 일회성 결정을 연구했다. 게다가 심리학자들은 '합리성'rationality이라는 용어를 시장의 결과보다 개인의 행동을 가리키는 데 주로 사용했다. 스미스는 심리학의 접근법보다 더 구체적이고 엄격한 실험 방법을 개발해 냈다. 예컨대 '게임의 규칙'을 피험자에게 정확히 알려 주었고, 부여된 과제에 대한 성과에 따라 피험자에게 돌아가는 금전적 보상에도 차이를 두었다. 또 속임수가 거의 규범이었던 사회 심리학과 달리, 실험 경제학자들은 피험자를 속이지 않는 걸 일반적인 원칙으로 삼았다.

사회과학자 허버트 사이먼Herbert Simon(1916~2001)이 개인의 합리성을 처음 거론했다면, 스미스는 시장에 초점을 맞추고, 다수의 실험을 반복하면 시장이 어떻게 변하는가에 주목했다. 합리적인 행동 모델에서 예측되는 결과가 실험에서 나오지 않더라도 스미스는 그런 현상을 문제라고 인식하지 않았다. 또한 일부 실험 참가자가 끔찍한 결정을 내려 파산하더라도 시장이 어떻게든 균형 상태에 이르면, 많은 경제학자가 이런 현상을, 기존 이론들이 시장을 합리적으로 설명하고 있다는 증거로 받아들였다.

많은 실험을 실행하며 커다란 영향을 남긴 저명한 행동 경제학자 조지 로웬스타인George Loewenstein은 실험 경제학이 초기에 실험을 반복하며 시장에만 제한적으로 초점을 맞추었던 현상에 대한 문제점을 명확히 지적했다.

"그런 시장은 놀라운 효율성을 보이며 균형 상태로 수렴된다. 그 이유는 어느 정도 …… 최적이 아닌 방식으로 행동하는 참가자의 영향이 배제되기 때문이다."

로웬스타인의 이런 주장을 다시 풀이하면, 경제학자들이 시장에 초점을 맞춤으로써, 인간이 합리적으로 의사결정을 내린다는 자신들의 믿음을 재확인하는 편리한 길을 실험에서 찾았다는 뜻이다. 로웬스타인은 스미스와 그의 동료들이 설계한 실험들의 엄격한 규칙과 치밀한 구조를 냉소적으로 평가하며 다음과 같이 말했다.

"내가 어떤 형태로든 경매에 마지막으로 참여한 때가 10대로, 고장 난 세탁기 모터를 0.25달러에 샀을 때였다. 나만이 아니라 대부분이 참여하는 경제적 거래는 규모에 상관없이 반드시 지켜야 할 메커니즘이 없다."[18]

캘리포니아 공과대학 교수로, 역시 저명한 행동 경제학자인 콜린 캐머러Colin Camerer도 스미스의 규칙들에 내재한 제한적인 속성을 신랄하게 비판하며, 전통적인 실험 경제학에서 실험을 몇 번이고 반복해야 했던 피험자들을 영화 『사랑의 블랙홀』에서 올바로 행동할 때까지 똑같은 날을 반복해 다시 살아야 했던 빌 머레이에 비교했다.[19] 그래도 캐머러와 로웬스타인이 스미스가 설정한 한계를 넘지 않고 연구를 실행했다는 점이 중요하다. 다음 세대를 주도한 많은 경제학자들과 달리, 그들은 흥미로운 연구 과제를 추구하기 위해 규칙을 멋대로 완화하지는 않았다.

심리학과 경제학, 두 학문 간의 난해한 옥신각신 뒤에는 실험주의자에게 필요한 중요한 교훈이 숨어 있다. 실험을 실행하는 단 하나의 완벽한 방법은 없다는 것이다. 당신이 제기하는 의문에 따라 실험에 접근하는 방법이 달라져야 한다는 뜻이다. 역시 노벨상 수상자인 앨빈 로스Alvin Roth는 버넌 스미스의 연구와 대니얼 카너먼의 연구에 대해 질문을 받았을 때 "카너먼은 심리학자이다. 그의 관심사는 우리 뇌가 어떻게 작동하고 우리가 어떻게 결정을 내리는가이다. 한편 스미스는 경제학자이다. 따라서 그의 관심사는 시장이 어떻게 작동하는가이다."라고 지체 없이 대답했다. 이런 차이를 인식하면, 두 분야에서 실험을 실행하는 규칙이 다른 이유가 쉽게 이해될 것이다.

조직의 경우에는 실험을 설계하기 전에 답을 구하려는 의문에 대해 신중히 생각하는 단계가 반드시 필요하다. 예컨대 아마존닷컴이 여러 형태의 웹사이트를 두고 실험한다고 해 보자. 평가 기준을 심리학 규칙(사용자가 처음 방문해서 사이트를 탐색하는 데 어려움을 겪는다면 설계에 중대한 결함이 있는 것이다)과 경제학 규칙(사용자가 사이트에 서너 번 접속한 뒤에 새로운 설계가 사용하기에 더 쉬운가 더 어려운가를 결정한다) 중 어디에 두어야 할까? 그 대답은 아마존의 목표, 또 소비자가 얼마나 자주 웹사이트를 방문하느냐에 따라 달라진다. 한편 사용자가 곧바로 웹사이트를 떠나는 경우도 있지만, 오랜 시간을 탐색하며 더 많은 것을 둘러보는 경우도 있다. 두 경우에 단기적인 문제는 별로 중요하지 않을 수 있다. 결국 아마존이 각 경우에 어느 정도나 신경 쓰느냐에 따라서도 그 대답은 달라진다. 물론 그 밖에도 많은 변인이 작용하며, 중요한 것은 어느 변인에 강조점을 두느냐는 것이다.

경제학자들이 심리학자들보다 다양한 목표에 실험을 사용하며, 경제 이론에 내재한 행동주의적 가정을 검증하는 데 관심을 쏟기 시작하자, 경제학의 연구 방법도 덩달아 바뀌었다. 실험 경제학 분야가 발전함에 따라, 스미스 이후의 세대에서 많은 실험 경제학자들은 스미스의 규칙을 고집하면 그들의 연구 결과가 경제학계의 폭넓은 관심을 끌 수 없다는 걸 깨달았다. 그들의 실험 자료가 기존 모델의 시장 예측을 재확인해 주지 못하면, 경제학 학술지에 제출된 논문들을 심사하는 위원들이 그들의 방법론이나 해석에 잘못된 부분이 있을 것이라 주장할 것이 뻔하다는 게 신세대 실험 경제학자들의 불만이었다. 스미스가 경제학에서 적용할 실험 규칙을 형식화하고 수십 년이 지난 후에야 그 장벽은 무너지기 시작했다. 1999년에 로웬스타인이 말했듯이, "20년 전만 해도 어떤 논문이 실험을 거론하고, 심리학을 언급했다는 단순한 이유만으로 많은 편집인이 심사 자체를 거부했다." 따라서 스미스는 경제학에서 실험의 사용 가능성을 알렸지만, 그가 정립한 규칙 때문에 심리학이 경제학에 미치는 영향이 지체되었을 수도 있다.

앨빈 로스와 키스 머니건Keith Murnighan(1948~2016)의 공동 연구를 시작으로, 경제학에 심리학의 영향이 뚜렷이 드러났다. 일리노이 대학교 교수로 임용된 1974년, 로스는 수학적으로 뛰어난 젊은 게임 이론가였다. 2012년 노벨상 수상 기념 강연에서 언급했듯이, 일리노이에 부임했을 때 그는 '격자에서 부동점 정리'를 증명한 학자로만 알려졌었다. 무엇을 증명했다는 것인지 모르더라도 걱정할 필요는 없다. 당신만 모르는 게 아니니까![20] 로스는 머니건을 만난 후로 관심사가 크게 넓어졌다. 머니건도 퍼듀 대학교에서 사회 심리학으로 박사 학위를 받은 후에 일리노이 대학교에 교수로 임용된 덕분에 둘의 만남이 이루어졌다.

수학적 방법을 이용한 경영 분석가에서 경제학자로 변신한 로스와 사회 심리학자이던 머니건은 당시 사회적 분위기에서는 어쩌다 마주칠 관계, 썰렁한 농담거리의 소재에 불과했다. 그러나 뛰어난 혜안을 지닌 선배 교수가 뚜쟁이 역할을 맡아 그들을 서로에게 소개하며, 함께 연구해 보라고 권했다. 그들은 선배 교수의 조언을 따랐고, 결과적으로 그들의 흥미진진한 공동 연구에 세계가 혜택을 누렸다. 훗날 로스는 머니건과 협력해 연구하던 때를 회고하며 말했다.

"나는 실험에, 그는 게임 이론에 문외한이었다. 그러나 거의 10년 동안 우리는 게임 이론에 유용한 방향으로 실험하는 방법을 서로에게 가르쳤다."[21]

로스와 머니건은 12편의 논문을 공동으로 발표하며, 경제에 관한 문제를 연구하기 위한 실험 가능성을 넓혀 갔다. 그들의 논문에서는 합리적 행위자가 경제적 게임에서 어떻게 행동하는지 분석했고, 주로 하나 이상의 균형이 있는 게임 —다시 말하면 완전히 합리적인 행위자에게서 나타날 수 있는 다수의 가능한 결과— 을 집중적으로 다루었다. 그들의 주장에 따르면, 다수의 합리적 선택안이 가용되는 경우, 경제적 해법이 드러나는 경제학 분야에 심리학과 사회학 같은 다른 사회과학이 도움이 될 수 있었다. 특히 그들은 사회학적 개념과 심리학적 개념을 사용해, 그들의 실험에 참가한 피험자들이 합리적으로 예측된 결과를 벗어난 이유를 설명했다. 그들이 발표한 일련의 논문들은 경제 모델들의 예측을 명시하는 데 빈틈이 없었고, 공식적인 경제 이론들에 뿌리를 두었지만, 심리학과 사회학에 근거해 실제의 행동을 정확하고 통찰력 있게 기술해 주었다. 따라서 머니건과 로스는 행동 경제학이란 분야, 혹은 그 용어 자체가 존재하기 이전에 최초의 행동 경제학자가 되었다고 말할 수 있다.

로스와 머니건의 실험이 밝혀 낸 통찰들을 나열하면 다음과 같다.

- 게임 이론 모델은 행동을 설명하는 데는 탁월하지만, 실제 행동은 순전히 합리적인 행동과 다르다.
- 양쪽 모두가 상대에 대해 아는 것(정보의 비대칭성)과 커뮤니케이션 구조가 흥정 결과를 결정하는 중대한 요인이다.
- 두 사람, 혹은 그 이상에서 어떤 관계이든 지속될 가능성이, 그들이 서로 협력할 가능성에 중대한 영향을 미친다.
- 위험회피 성향은 협상가들이 위험을 회피하고 해소하기 위해 타협하도록 만들지만, 이러한 행동은 예측 가능한 상황에서 경제학 모델이 예상하는 것보다 덜 치명적이다.

종합적으로 보면, 로스와 머니건은 경제학과 다른 사회과학

간의 생산적인 협업을 위한 기초를 놓았다. 최근에 로스는 우리(루카와 베이저만)에게 그들의 공동 연구, 더 넓게는 실험의 장점과 한계에 대해 말해 주었다. 우리는 로스와 대화하는 동안, 그가 실험실 실험에서 배우고 깨달은 많은 교훈이 현장 실험에도 그대로 적용된다는 걸 알게 되었다. 예컨대 다수의 실험이 한 번의 실험보다 어떤 의문에 완전하게 답할 가능성이 더 높다고 생각한 때문인지 '일련의 실험'에 대해 말할 때 무척 신중한 자세를 보였다. 또한 그가 언급한 일반화 가능성generalizability은 실험실 실험의 결과를 현장에 일반화하는 경우만이 아니라 다른 연구 분야로 일반화할 때의 어려움을 가리키는 것이었다. 예컨대 구역별 조리장의 임금에 차등을 두는 인센티브 실험이 운동선수에게 제공되는 인센티브에 대해 실험실 실험보다 더 많은 것을 말해 줄 수 있을까? 로스는 유사한 실험을 여러 분야에 실행했을 때 정반대의 결과가 나온 적이 한두 번이 아니었다고 말했다. 또 하나의 실험을 반복하면 실험 참가자가 어떻게 반응해야 하는가를 알게 된다는 점도 지적했다. 이런 교훈들은 실험실 실험자에게는 물론이고, 조직에서 실험을 실시하는 관리자에게도 무척 유용한 것이다.

경제학이 심리학을 만나다

로스와 머니건의 공동 작업은 실험 경제학에 새로운 파도가 밀어닥칠 전조였고, 심리학적 통찰이 경제 모델에 유입되는 첫 걸음이었다. 그 이후의 가장 인상적인 결과를 꼽으라면, 노벨상 수상으로 이어진 대니얼 카너먼과 아모스 트버스키Amos Tversky(1937~1996)의 공동 작업이었다. 그들의 유명한 공동 연구는 언론인 마이클 루이스Michael Lewis가 『생각에 관한 생각 프로젝트』에서 광범위하게 다루었지만, 카너먼 자신도 베스트셀러가 되었던 『생각에 관한 생각』에서 폭넓게 다루었다. 두 책은 그들의 우정만이 아니라, 그들의 연구가 심리학과 경제학에 미친 영향에 초점을 맞추었다. 아직까지 읽지 않았다면, 두 책을 반드시 읽어 보라고 적극적으로 추천하는 바이다.

상대적으로 덜 주목받았지만, 카너먼과 트버스키는 또 하나의 뛰어난 업적도 남겼다. 행동 경제학 분야의 탄생에 필요한 초석을 놓았다는 것이다. 그들이 밝힌 불꽃이 결국 세계 전역에서 행동과학 통찰 조직의 창설로 이어졌고, 다양한 유형의 행동 실험이 확산되고 많은 조직에서 실행되었다. 건배!

앞에서 지적했듯이, 1970년대까지는 심리학과 경제학이 별개의 학문으로 발전했다. 처음에 트버스키와 카너먼은 심리학 영역에서 실험을 진행했고 상당한 성공을 거두었다. 판단과 의사결정에서 반복되는 다양한 실수들을 설득력 있고 정확히 짚어 내는 실험들을 연이어 고안해 냈다.

그들은 1974년 『사이언스』에 발표한 논문 「불확실한 상황에서의 판단: 추단법과 편향」에서, 전통적인 경제 모델이 가정하는 것만큼 인간이 합리적이지 않다는 걸 입증하며, 그야말로 우리의 인식 체계를 바꿔 놓았다. 트버스키와 카너먼은 인간이 추단법, 즉 경험에 바탕을 둔 어림법을 이용해 신속하고 효율적으로 의사결정을 내린다는 걸 알아냈다. 그들은 '가용성 추단법'availability heuristic을 '어떤 사건이 기억에서 잘 떠오르는 정도를 기준으로 그 사건의 빈도와 확률 혹은 원인을 평가하는 인지적 경향'으로 정의했다. 또 대표성 추단법representativeness heuristic에 따르면, 어떤 개인이나 대상 혹은 사건에 대해 판단을 내릴 때 우리는 과거에 형성된 고정관념에 부합하는 특징을 찾는 경향을 띤다.

트버스키와 카너먼의 공동 연구를 계기로, 인간은 합리적이지 않다는 걸 입증하는 논문들이 봇물처럼 쏟아졌고, 그들의 논문은 오늘날 행동 경제학이라 칭해지는 학문의 도약대 역할을 해냈다. 마케팅과 협상, 의학적 의사결정 등 다른 분야들도 체계적 편향에 주목하며, 그 가능성을 그들의 분석에 반영하기 시작했다.

카너먼과 트버스키의 이런 아이디어는 적잖은 분야에 상당한 영향을 미쳤지만, 경제학자들의 관심을 사로잡은 것은 그 이후의 공동 작업이었다. 그들은 정통 경제학자들을 위한 경제학 학술지 『에코노메트리카』에 게재한 「전망 이론: 위험한 상황에서 내려진 결정에 대한 분석」에서, 경제학의 핵심적 가정인 합리성에 의문을 제기하는 수학적 모델을 경제학 언어로 풀어냈다. 카너먼과 트버스키의 야심은 요약문의 첫 문장에서 명확히 드러났다.

"이 논문은 의사결정 과정을 기술하는 모델로서의 기대 효용 이론을 비판하고, 대안적 모델로 전망 이론을 제시한다."

마침내 그들이 경제학자들에게 도전장을 내민 것이었다.

경제학자들은 전망 이론에 주목했고, 적잖은 경제학자가 전망 이론을 호의적으로 받아들였지만, 달갑게 생각하지 않는 경제학자도 적지 않았다. 행동을 예측하는 데 전망 이론이 표준적인 기대 효용 모델보다 더 낫다고 주장하는 경제학자들만큼이나, 그렇지 않다고 반박하는 경제학자도 많았다. 경제학자 존 리스트John List는 2004년에 발표한 논문에서, 전망 이론의 효용성은 상황과 질문에 따라 달라진다고 주장했다. 리스트는 스포츠 카드 박람회에 참가한 사람들을 관찰한 결과, 시장 경험이 상대적으로 적은 사람은 전망 이론에 부합되게 행동하는 편이지만, 시장 경험이 상대적으로 많은 사람은 표준적인 경제 모델에 부합되게 행동한다는 걸 알아냈다.

전망 이론이 경제학의 새로운 표준 모델이 되지는 않았지만, 인간 행동이 많은 점에서 전통적인 모형에서 일탈한다는 깨달음을 경제학에 남긴 것만은 분명하다. 또한 카너먼과 트버스키의 공동 연구는 심리학과 행동 경제학이 조직에서 행해지는 실험에 미친 영향의 본보기가 되었다.

카너먼과 트버스키가 1981년의 논문에서 제시한 일종의 사고실험을 예로 들어 보자.

미국이 이례적인 아시아 질병에 대비한다고 상상해 보자. 이 질병이 발생하면 600명이 사망할 것으로 예측된다. 이 질병에 맞설 두 가지 프로그램이 제안되었다. 두 프로그램을 시행한 결과를 과학적으로 정확히 예측한 수치가 다음과 같다고 해 보자.

프로그램 A: 프로그램 A를 선택하면 200명을 살릴 수 있다.

프로그램 B: 프로그램 B를 선택하면 600명을 살릴 확률이 3분의 1이고, 한 명도 살리지 못할 확률이 3분의 2이다.

당신이라면 어느 프로그램을 선택하겠는가?

당신이 현실 세계에서 이런 선택안들을 평가할 때는 고려해야 할 많은 요인이 있기 마련이다. 예컨대 각 프로그램이 사회 전반에 어떤 영향을 미칠까? 그 질병에 가장 위험한 사람은 누구일까? 어느 쪽을 선택해야 더 이익일까? 그러나 문제에서 주어진 정보에만 근거해 두 프로그램 중 하나를 선택해야 한다면, 당신은 어느 쪽을 선택하겠는가? 대부분이 프로그램 A를 선택한다.

이 결정을 근거로 우리가 어떤 식으로 생각하는지 생각해 보자. 결정을 내리는 단순한 규칙 중 하나는 가장 높은 기댓값을 갖는 의견을 선택하는 것이며, 이 규칙은 평균적으로 최선의 결과를 얻는 전략이다. 그러나 이번 경우에 두 프로그램의 기댓값은 똑같다. 프로그램 A를 선택하면 200명을 확실히 살릴 수 있고, 프로그램 B는 600명을 살릴 확률이 3분의 1이어서 평균하면 200명을 살릴 수 있기 때문이다.

이번에는 다른 형태의 아시아 질병 문제를 생각해 보자. 이 문제도 역시 1981년의 논문에서 제기된 것이다.

미국이 이례적인 아시아 질병에 대비한다고 상상해 보자. 이 질병이 발생하면 600명이 사망할 것으로 예측된다. 이 질병에 맞설 두 가지 프로그램이 제안되었다. 두 프로그램을 시행한 결과를 과학적으로 정확히 예측한 수치가 다음과 같다고 해 보자.

프로그램 C: 프로그램 C를 선택하면 400명이 죽는다.

프로그램 D: 프로그램 D를 선택하면 한 명도 죽지 않을 확률이 3분의 1이고, 600명이 죽을 확률이 3분의 2이다.

당신이라면 어느 프로그램을 선택하겠는가?

두 쌍의 프로그램이 객관적으로는 똑같다는 걸 눈치챈 독자도 있을 것이다. 200명의 목숨을 구하는 프로그램 A와 400명의 목숨을 잃는 프로그램 C는 객관적인 결과에서 똑같다. 프로그램 B와 D도 객관적으로는 똑같다. 하지만 대부분은 첫 번째 질문에서 프로그램 A, 두 번째 질문에서 프로그램 D를 선택한다.[22]

두 쌍의 프로그램이 객관적인 결과에서는 똑같지만, 구명하는 목숨 대 상실하는 목숨으로 결과를 '프레이밍'framing하면 공통된 반응이 위험을 피하는 행동에서 위험을 추구하는 행동으로 옮겨 간다는 게 입증되었다. 여기에서 카너먼과 트버스키는 '프레이밍'이란 용어를 동일한 객관적 정보에 대응하는 개념으로 사용했다. 결국 그들의 논문은 단순하지만 무척 중요한 것, 즉 '프레이밍이 중요하다.'라는 사실을 입증해 보였다.

카너먼과 트버스키가 제시한 프레이밍 개념을 이용하면, 사람들이 현실 세계에서 위험이 손실로 프레이밍되는 경우와 이익으로 프레이밍되는 경우에 다르게 반응하는 이유를 설명할 수 있다. 실제로 경제학자 데빈 포프Devin Pope는 프로 골프 선수들이 파를 노릴 때보다 버디를 노릴 때 퍼팅을 짧게 한다는 사실을 밝혀냈다.[23] 그 이유를 설명하자면, 버디는 파에 비해 이익으로 느껴지는 반면에, 보기는 손실로 느껴지고, 골프 선수들이 버디를 해내야 한다는 압박감보다 보기를 피해야 한다는 압박감을 더 크게 느끼기 때문일 것이다.

최근 들어, 많은 조직이 어디에서 어떻게 하면 프레이밍 효과를 자신에게 유리하게 사용할 수 있는지 알아내려고 실험을 이용했다. 예컨대 경제학자 롤런드 프라이어Roland Fryer, 스티븐 레빗Steven Levitt, 존 리스트, 샐리 새도프Sally Sadoff가 시카고 교외, 시카고 하이츠에 있는 아홉 학교로부터 협력을 얻어, 프레이밍 효과를 교사 인센티브 프로그램에 활용할 수 있는지 실험했다. 연구자들은 두 종류의 인센티브 중 하나를 교사들에게 무작위로 할당했다. 하나는 이익 프레이밍이었고, 다른 하나는 손실 프레이밍이었다. 이익 프레이밍의 경우에, 학생들이 미리 정해진 성과 목표를 달성하면 교사들에게 연말에 상여금이 약속되었다. 손실 프레이밍의 경우에도 학생들이 동일한 목표를 달성하면 교사들에게 동일한 액수의 상여금이 약속되었지만 급반전이 있었다. 연말에 줄 상여금을 미리 주지만, 학생들이 목표를 달성하지 못하면 연말에 상여금을 반환해야 한다는 조건이었다. 연구 결과에 따르면, 이익 프레이밍보다 손실 프레이밍이 더 큰 성과를 거두었다.[24]

프라이어 팀의 연구는 프레이밍보다 더 많은 변화를 불러일으켰다. 그들의 연구는 조직이 행동 경제학과 행동 심리학에서 얻은 통찰을 실질적으로 적용하는 방법만이 아니라, 상황에 따라 어떤 방법이 더 효과적인지 알아내는 데 실험이 필요한 이유까지 구체적으로 보여 주고 있다. 실험이 없으면, 목표를 성취하는 데 어떤 식의 인센티브 분배가 효과적인지 알아내기가 어려울 것이다.

행동 경제학의 탄생

1977년 리처드 세일러Richard Thaler는 스탠퍼드 대학교에서 초빙 교수로 일할 때 대니얼 카너먼을 만났다. 당시 카너먼은 심리학 분야를 크게 바꿔 놓았고, 경제학에도 변화의 바람이 일어날 초석을 놓은 뒤였다. 당시 세일러는 신임 조교수로, 훗날 수상한 노벨상은 말할 것도 없고 종신 재직권도 불확실한 상태에서 미래를 개척하려는 신진 경제학자였다. (우리가 인터뷰한 그의 동문은 세일러가 박사 학위 프로그램을 졸업할 수 있을지도 의문이었다고 회고했다.) 카너먼은 세일러가 새로운 길에 발을 들여놓는 데 도움을 주었다. 그 길은 그의 삶을 바꿔 놓았고, 행동 경제학의 탄생으로 이어진 길이었다. 그 과정에서 세일러는 심리학, 특히 심리학이 경제학에 대한 우리 이해에 어떤 영향을 미치는가에 관심을 갖게 되었다.

카너먼과 트버스키처럼, 세일러도 경제학에서 기존 이론들과 맞아떨어지지 않는 가정의 핵심에 파고드는 의문을 제기하는 재주가 있었다. 1980년에 발표한 논문에서 세일러는 사람들에게 다음과 같은 시나리오들에 대해 어떻게 생각하느냐고 물었다.

- R 씨는 1950년대 말에 좋은 포도주를 병당 5달러에 한 박스를 샀다. 수년 후, 포도주 상인이 병당 100달러에 되사겠다고 제안했다. R 씨는 그때까지 병당 35달러가 넘는 포도주를 구입해 본 적이 없었지만 그 제안을 거절했다.
- H 씨는 자기 집 마당의 잔디를 직접 깎는다. 이웃집 아들에게 맡기면 8달러를 주면 충분하다. 그러나 정작 그는 같은 넓이의 이웃집 잔디밭을 20달러에도 깎아 주지 않는다.
- 한 가족이 집에서부터 100킬로미터쯤 떨어진 경기장에 열릴 농구 경기 입장권을 40달러에 샀다. 경기가 예정된 날, 눈보라가 휘몰아친다. 그래도 그들은 경기장에 가기로 결정한다. 그러나 경기장에 가는 길에, 그들은 입장권을 공짜로 받았다면 집에 머물렀을 것이란 대화를 주고받는다.[25]

대부분이 이런 일상적인 결정들에 공감하며, 자신들도 그렇게 결정했을 것이라 인정한다. 하지만 표준적인 경제 이론에 따르면, 위의 시나리오에서 주인공들의 생각이나 행동은 합리성에서 벗어난다. 우리가 포도주, 시간, 눈보라가 휘몰아치는 날의 농구장 입장권에 부여하는 가치는 우리가 그것을 어떻게 소유하게 되었느냐에 영향을 받지 않아야 한다. 하지만 세일러의 짤막한 시나리오에서 보듯이, 우리가 현실 세계에서 경험하는 실질적인 의사결정 과정은 표준적인 경제 이론이 예측하는 합리성에서 벗어난다.

세일러는 1987년부터 1990년까지 학술지 『경제학 전망Journal of economic perspectives』에 '이상 현상들'Anomalies이란 제목으로 칼럼을 연재하며 경제학계의 주목을 받기 시작했다. 각 칼럼에서 세일러는 전통적인 미시 경제학 이론을 따르지 않고, 합리적 행동에서 체계적으로 일탈하는 현상을 다루었다. 그 학술지는 경제학계에서 명망이 높았고, 그 칼럼들이 무척 잘 쓰인 데다, 세일러에게는 경제학자들에게 주목받을 만한 이상 현상을 찾아내는 탁월한 능력이 있었다. 세일러가 언급한 이상 현상들 중 다수가 이미 실험을 통해 입증된 것이었지만, 그때까지도 실험은 경제학계에서 낯선 도구였던 까닭에, 세일러의 칼럼들은 행동 경제학이란 신생 학문을 부각시키고 실험의 힘을 알리는 데 큰 역할을 해냈다.

로스와 스미스, 카너먼과 트버스키가 그랬듯이, 세일러도 경제학자들에게 실험을 통해 돌파구를 마련할 수 있다는 걸 알리는 데 핵심적인 역할을 해냈다. 그들의 저작은 한 세대의 학자들, 예컨대 조지 로웬스타인, 콜린 캐머러, 데이비드 레입슨

David Laibson, 린다 뱁콕Linda Babcock, 아이리스 보넷Iris Bohnet, 매슈 라 빈Matthew Rabin, 센딜 멀레이너선Sendhil Mullainathan에게 영감을 주었 다. 그들은 실험 방법에 크게 의지하며, 심리학을 경제학의 핵 심 과제로 옮겨 왔다.

행동 경제학은 정책 결정을 위한 실험이란 기초를 놓는 데 특별한 역할을 했다. 그런 실험은 지난 10년 전부터 크게 활성 화되었다. 특히 세일러가 저명한 법학자인 캐스 선스타인Cass Sunstein과 함께 2008년에 발표한 『넛지』는 1장에서 살펴보았던 '행동과학 통찰 팀'BIT의 설립에 영감을 주었고, 다시 BIT에게 영 감을 받아 많은 정책 부서에서 행동과학 통찰 팀이 우후죽순처 럼 생겨났다. 요약하면 카너먼과 트버스키가 없었다면, 세일러 가 혼자만의 힘으로 혁신적인 업적을 이루어 냈을 것이라 상상 하기 힘들다. 또 세일러의 업적과 행동 경제학의 폭넓은 성장이 없었다면, 행동과학에 입각한 정책 실험이 현실 세계에서 지금 처럼 많은 주목을 받았을 것이라 생각하기 힘들다.

현장 실험

세일러가 행동 경제학의 토대를 놓아 가고 있을 때쯤, 경제 학의 다른 분야들도 실험에 대해 배우고 있었다. 앞서 언급했듯이, 사회 정책을 평가하기 위한 초기 경제 실험 중 일부가 대규모로 진행되었고, 이것은 행동 경제학과 실험 경제학의 출발점이 되었다. 행동 경제학이 탄생한 이후로는 경제학자들이 기업과 정부 기관과 손잡고 실험을 진행하는 경우가 잦아졌다.

수십 년 전부터 경제학자들은 건강부터 노동과 마케팅까지 다양한 영역에서 실험을 실시하며, 건강 보험의 영향부터 행동 경제학 이론의 검증까지 여러 쟁점들을 다루었다. 이런 실험들은 다수가 현장 실험이었다. 달리 말하면, 실험실 밖에서 진행되었다. 겉으로는 실험실 실험처럼 보이지만 실제로는 현장에서 이루어지는 실험도 있고, 실험 참가자가 평소대로 자신의 일을 하지만 실험에 참가하고 있다는 걸 모르게 진행되는 실험도 있다. 경제학에서 이런 유형의 현장 실험은 '자연스러운 실험'natural field experiment이라 일컬어지며, 이 용어는 경제학자 글렌 해리슨Glenn Harrison과 존 리스트가 만들어 낸 것이다. 두 경제학자는 경제학에 현장 실험을 접목하는 데 큰 역할을 해냈다.[26]

경제학에서 개발 경제학development economics만큼 현장 실험에 의해 바뀐 분야도 없는 듯하다. 개발 경제학은 개발 도상국가의 재정·경제·사회적 조건을 이해하고 개선하는 데 주력하는 분야이다. 1994년 경제학자 마이클 크레머Michael Kremer는 "케냐의 학교들에 새로운 교과서를 지원하면 교육 성과가 개선될까?"라는 단순하지만 중요한 문제의 답을 구할 목적에서, 개발 경제학자들과 실무자들이 실험을 진행하는 걸 처음부터 도왔다.[27] 상관관계를 단면적으로 보는 전형적인 상황으로, 이런 경우에는 잘못된 답에 이르게 되는 경우가 비일비재하다. 부모가 자식 교육에 적극적으로 변하고, 교사가 더 나아지면 교육 성과가 향상될 수 있듯이, 모든 학교에 교과서가 갖추어져도 교육 성과가 조금이라도 향상되는 건 당연하지 않겠는가.

교과서 제공 프로그램의 인과적 영향을 파악하기 위해 크레머와 동료 연구자들은 실험을 실시했다. 네덜란드 비영리 단체의 지원을 받아, 그들은 케냐에서 무작위로 선택한 초등학교들에 교과서를 제공했고, 다른 학교들에는 교과서를 보내지 않았다. 실험과 관계없는 자료에만 의존한 과거의 연구 결과보다, 실험 결과는 상당히 복잡미묘했다. 요컨대 교과서가 시험 성적에 긍정적인 영향을 미친 듯했지만, 애초부터 공부를 잘하던 학생에게만 해당하는 효과였다.[28] 크레머 팀은 계속 실험을 이용해서, 학생들의 성적을 개선하는 다른 방법들, 예컨대 건강 증진에 대한 투자부터 교복 제공까지 다양한 방법들을 검증했다. 그들의 작업은 조직원의 교육에 투자하는 최선의 방법을 찾으려는 조직들이 참고할 만한 좋은 기준이 되었다.[29]

지난 20년 동안 개발 경제학은 연구와 현실 모두에서 실험이 크게 강조되었다. 압둘 라티프 자밀 빈곤 퇴치 연구소Abdul Latif Jameel Poverty Action Lab, J-PAL가 그런 변화의 주된 동력이었다. J-PAL

은 2003년 당시 MIT 경제학자이던 아브히지트 바네르지, 에스테르 뒤플로, 센딜 멀레이너선이 무작위 대조군 연구를 통해 개발 정책을 더 효과적으로 평가할 목적, 더 나아가 세계적으로 삶의 질을 높이기 위한 방법을 찾아낼 목적에서 설립되었다. J-PAL은 주로 현장 실험에서 얻은 과학적 증거를 통해 정책을 뒷받침함으로써 빈곤을 줄이려고 애썼다. 현재 바네르지와 뒤플로, 레이철 글레너스터와 벤저민 올켄이 주도적으로 끌어가는 J-PAL은 49개 대학에 소속된 145명의 교수들로 구성된 네트워크를 조율하며, 빈곤을 효율적으로 퇴치하기 위한 방법을 세계 전역에서 연구하고 지원하며 교육하는 데 진력을 다하고 있다. 2018년 2월 현재, J-PAL과 그 협력자들은 80개국에서 850건이 넘는 무작위 대조군 연구를 실시했다.

경제학의 다른 분야들도 유사한 변화를 시도하고 있다. 실질적으로 경제학의 모든 분야, 예컨대 노동 경제학부터 산업조직론, 마케팅과 보건 경제학까지 이제는 현장 실험을 빼놓지 않는다. 실험이 결코 유일한 도구는 아니지만, 중요한 도구가된 것은 분명하다. 알찬 실험 결과만이 아니라 실험의 가치에대한 올바른 인식으로부터 많은 조직이 보람찬 결실을 얻은 까닭에, 기업과 정부 기관 및 비정부기구가 간혹 실시하던 현장실험이 씨가 되어, 이제는 거의 모든 분야에서 실험이 행해지게 되었다.

행동 실험과
정책 결정
The Rise of Behavioral Experiments in Policymaking

미국에만 장기 기증을 기다리는 환자가 10만 명이 넘는다. 그들 중 3분의 1 이상이 적합한 장기를 구하지 못해 사망하고, 한 해에 약 3만 명만이 사망하기 전에 미리 장기 기증을 약속한 사람들로부터 장기를 기증받는다. 따라서 장기와 관련된 정책은 그야말로 삶과 죽음의 문제이다.

장기 기증을 용이하게 하고자 적잖은 정부가 개개인이 사망한 후에 장기 기증자가 되는 걸 허용하는 장치를 두고 있다. 그런 장치를 설계할 때 정부는 중요한 선택을 해야 한다. 예컨대 정부는 당신이 기증자가 되는 걸 원하지 않는다고 추정하며, 당신에게 정말 기증자가 되고 싶다면 일정한 서식을 작성하라고 요구할 수 있다. 이른바 사전에 동의를 받는 '옵트 인'opt-in 시스템이다. 반대로 당신이 기증자가 되고 싶어 한다고 추정하며, 당신에게 기증자가 되고 싶지 않다면 기증자가 되지 않겠다는 서식을 작성하라고 요구할 수 있다. 명백히 거부하지 않으면 기증자로 간주하는 '옵트 아웃'opt-out 시스템이다. 미국의 많은 주에서는 장기 기증자가 되기를 원하면 서식을 작성함으로써 죽을 때 장기를 기증하겠다는 뜻을 분명히 남겨 두어야 한다. 그러지 않으면, 의료진은 당신이 몸에서 장기가 적출되는 걸 바라지 않는 것으로 해석한다.

에릭 존슨Eric Johnson과 댄 골드스타인Dan Goldstein이 2003년에 발표한 논문에 따르면, 옵트 인과 옵트 아웃 중 어느 정책을 선택하느냐에 따라 장기 기증률이 크게 달라진다. 두 저자는 11개 유럽 국가를 조사했다. 옵트 인 시스템을 선택한 4개국의 장기 기증률은 4~28퍼센트였고, 옵트 아웃 시스템을 선택한 7개국의 장기 기증률은 86~100퍼센트였다.[1] 따라서 어떤 시스템을 선택하느냐에 따라 기증률이 크게 달라지는 듯하다.

그 결과로, 장기 기증 시스템을 옵트 인으로 하느냐 옵트 아웃으로 하느냐가 정책 과제에서 뜨거운 논쟁거리가 되었다. 옵트 아웃 시스템을 찬성하는 쪽은 생명을 구하는 가능성을 강조한다. 한편 비평가들은 기증자가 되기를 원하지 않으면서 옵트 아웃을 전혀 고려하지 않는 사람들에 대해 걱정한다. 미국 보건복지부가 2012년에 실시한 조사 보고서에 따르면, 응답자의 약 47퍼센트가 옵트 아웃 시스템을 반대했다. 옵트 아웃 시스템에 반대하는 사람들에게 그 이유를 물으면, 가장 공통된 대답이 '개인의 결정에 맡기거나 선택의 자유가 허용되어야 한다.'라는 것이다. 게다가 응답자의 거의 4분의 1이 옵트 아웃 시스템하에서는 장기 기증에 참여하지 않는 쪽을 선택할 것이라고 대답했다.[2] 옵트 아웃 시스템에서 장기 기증 비율이 무척 높다는 사실을 봤을 때, 장기 기증에 동의하지 않지만, 차마 탈퇴하지 못한 사람들이 있을 가능성도 있다. 하지만 더 이상의 증거가 없어 단언하기는 힘들다.

이런 현실은 유망한 장기 기증자가 죽은 후의 기증 과정에도 영향을 미친다. 미국에서는 등록한 기증자의 가까운 친척들이 장기 기증 절차를 시작하는 걸 거의 언제나 동의한다. 반면에 옵트 아웃 시스템이 적용되는 국가에서는 논란이 많다. 장기 기증자의 가족들이 고인의 진정한 의도에 의문을 품고, 기증에 동의했다는 사실을 부정하기도 한다.

'능동적 선택'active choice이 동의 추정presumed consent에 반대하는 사람들의 우려를 조금이나마 해소하는 동시에 기증률을 높일 수 있는 잠재적 대안으로 대두되었다.[3] 이 시스템에서는 선택지가 없어, 사람들은 장기 기증을 원하는지 원하지 않는지를 능동적으로 결정해야 한다. 능동적 선택은 정계와 학계 모두에서 상당한 지지를 얻었다. 여러 국가가 시민에게 운전 면허증을 갱신

할 때, 장기 기증에 동의하는지를 능동적으로 결정해 달라고 요구하고 있다. 게다가 기존 정부 정책을 능동적 선택으로 전환하는 움직임도 최근에 있었다. 예컨대 캘리포니아주와 뉴욕주 및 영국이 옵트 인 시스템에서 능동적 선택으로 전환했다. 하지만 최근까지도 이런 전환이 등록률에 영향을 미쳤다는 증거는 없었다.

경제학자, 저드 케슬러Judd Kessler와 앨빈 로스는 이런 전환에 동기를 부여받아, 사람들이 능동적 선택 시스템에 어떻게 반응하는지 조사하기 시작했다(로스는 어려움에 빠진 사람과 기증된 장기를 연결해 주는 시스템을 개발하는 데 핵심적인 역할을 해낸 학자이기도 했다). 케슬러와 로스는 객관적인 자료를 근거로, 장기 기증 등록률이 여러 주에서 어떻게 변해 갔는지를 분석했다. 특히 장기 기증 정책을 옵트 인에서 능동적 선택으로 바꾼 캘리포니아를, 정책에 어떤 변화도 시도하지 않은 주들과 비교했다. 자료에 따르면, 능동적 선택의 전망은 밝지 않았다. 캘리포니아에서는 정책 변화가 있은 후에 등록률이 하락한 반면, 다른 주들에서는 오히려 등록률이 증가했다.[4]

케슬러와 로스는 실험을 시작했다. 그들은 매사추세츠주 면허증을 지닌 368명을 모집해 실험실에 불러들여, 장기 기증에 개인적으로 동의하느냐고 물었다(실험 참가자들은 실험실에 들어설 때까지 실험의 주제를 알지 못했다). 이 야심찬 실험을 위해 케슬러와 로스는 매사추세츠 자동차 등록청에 실험실 컴퓨터를 온라인으로 연결했고, 따라서 실험 참가자들은 장기 기증 방법을 바꿀 것인지를 직접 기록할 수 있었다. 실험 참가자들은 연구자들이 설계한 웹 인터페이스를 통해, 매사추세츠 장기 조직 등록청의 컴퓨터에 접속했다. 연구자들은 선택 방법이 화면에 뜨도록 미리 조치해 주었다. 일부 참가자는 옵트 인 시스템을 선택했고, 일부에게는 능동적 선택을 하겠느냐는 질문이 주어졌다. 결국 능동적 선택은 효과가 없었던 것으로 밝혀졌다. 장기 기능을 원하는 사람 중에서도 옵트 인 시스템보다 능동적 선택 시스템을 선택한 사람이 더 적었다.

이 실험은 야심차고 창의적이었으며 복잡해서 실행하는 데 힘들었지만, 요즘 진행되는 중요한 정책 토론에서 참조해야 할 강력한 증거를 남겼다는 점에 보람이 있었다. 우리가 의사결정을 내릴 때 직관에 의존하는 경우가 많기 때문에, 실험이 직관을 보완함으로써 정책과 경영의 결정에 영향을 미칠 수 있다는 게 이 실험에서도 확인되었다는 것이다. 이 부분에서 아직도 연구해야 할 것이 많지만, 의사결정(특히 기준이 되는 기본 질문)에 대해 물을 때 신중해야 하고, 증거가 확보되기 전에는 이런저런 시스템을 섣불리 권장하지 않아야 한다는 것도 이 실험에서 얻은 수확이다.

심리학자로 하버드 경영대학원 교수인 줄리언 즐라테브Julian

Zlatev는 동료들의 도움을 받아 다양한 형태의 기준을 광범위하게 조사했고, 기준이 되는 질문이 부정확하게 제시되는 경우가 적지 않다는 걸 확인할 수 있었다. 즐라테브의 실험실 실험에서 사람들이 기본값, 즉 기준 질문의 영향을 올바로 예측하지 못하는 경우가 많고, 목적에 부합하는 방법으로 기준 질문을 항상 활용하는 것도 아니라는 사실이 밝혀졌다. 물론 많은 조직이 찬반을 묻는 기준 질문을 설정하는 걸 가장 어려워하는 것은 널리 알려진 사실이다.[5] 장기 기증이란 맥락에서도 정책 변화의 결과를 어떻게 예측하느냐에 따라 정책 당국의 입장이 약간은 달라질 수 있기 때문이다.

장기 기증 실험을 실시한 이후로, 케슬러와 로스는 능동적 선택을 옹호하는 사람들부터 상당한 정치적 반격을 받았다. 하기야 그들은 자신들의 믿음과 일치하지 않는 결과 자체를 보지 않으려는 사람들이었다. 그래도 케슬러와 로스는 단념하지 않고, 지금도 그 문제에 대한 새로운 자료를 꾸준히 모으고 있다. 특히 로스는 편향된 이해관계에 따라 움직이는 사람들의 반발에 익숙한 학자이다. 일찍부터 로스는 학생들을 적절한 학교에 배정하고, 의과 대학원생을 적성에 맞는 전공 프로그램과 짝지어주며, 장기 이식이 당장 필요한 환자에게 장기를 연결해 주는 더 나은 방법을 고안하는 데 많은 노력을 기울였다. 어떤 경우에 새로운 증거를 인정하고 새로운 접근법을 도입해야 하느냐를 두고 뜨거운 논쟁이 벌어졌다. 로스의 주장에 따르면 "정계와 학계의 정치에만 맡겨 두기에는 너무도 중요한 문제이다!"[6]

1장에서 보았던 세금 독촉 편지와 2장에서 다룬 교사의 상여금 실험과 마찬가지로, 케슬러와 로스의 실험도 심리학과 경제학의 아이디어가 현실 세계에도 그대로 적용되는지 실험적으로 검증하며, 다른 상황에서 작용하는 요인들을 찾아내려는 행동 연구의 일환이었다.

이 장에서는 행동과학의 통찰을 정책 토론에 반영할 때 실험이 어떤 역할을 할 수 있는지 설명해 보려 한다. 그러나 이 장의 설명을 더 쉽게 이해하려면, 행동 경제학의 한 분야로 행동주의에 입각한 정책 실험과 관련된 넛지nudging에 대해 먼저 살펴보는 것도 좋을 듯하다.

넛지

리처드 세일러와 캐스 선스타인이 『넛지: 똑똑한 선택을 이끄는 힘』에서 말했듯이, 정부는 선택 설계자이다. 달리 말하면, 가능한 선택안만이 아니라, 그 선택안을 제시하는 방법까지 설계하는 주체이다. 세일러와 선스타인은 정책 입안자들에게 선택 설계자로서의 역할에 대해 심사숙고할 뿐만 아니라, 사회를 더 좋게 만드는 쪽으로 사람들을 '넛지'하려고, 즉 조금씩 몰아가려고 애써야 한다고 충고했다.

좋은 조직에서는 사람들이 결정을 내릴 때 실수할 것이라 예측하며 그 실수를 바로잡을 수 있는 시스템까지 마련한다. 넛지는 인간의 이런 성향을 이용한 것으로, 세일러와 선스타인은 선의의 정책 입안자와 관리자가 사람들이 더 나은 결정을 내릴 수 있도록 도와줄 수 있는 도구로써 넛지를 적극 추천했다.

선택 설계자라는 개념은 의사결정의 개선에 활용되던 과거의 접근법과는 극명히 대조된다. 예전에는 많은 행동 경제학자와 행동 심리학자가 개개인이 편향성을 떨쳐 내고 더욱더 신중하게 결정을 내리도록 도움을 주는 데 주력했다면, 넛지는 선택 환경에 변화를 주는 데 초점을 맞춘다. 장기 기증의 경우에서 보았듯이, 옵트 아웃 시스템은 현상을 유지하려는 편향성, 즉 현재의 상황에 변화를 주지 않으려는 인간의 성향을 이용한다. 사람들은 장기 기증에 참여하지 않겠다는 의사를 구태여 밝히려고 나서지 않을 것이기 때문에 옵트 아웃 시스템에서 장기 기증률이 더 높게 나타난다.[8]

기본값의 전략적인 선택은 지금도 이메일 수신 등록부터 퇴직 연금 가입까지 다양한 경우에 이용된다. 우리에게 제시되는 기본값이 마음에 드는 경우가 있다. 예컨대 하버드 대학교가 우리를 고용하며 기본값으로 퇴직 연금에 가입하게 했다. 최근에 확인해 보지는 않았지만, 상당한 수익이 있었을 것이란 기대에 하버드 대학교에 감사할 따름이다. 하지만 때로는 기본값이 짜증스러운 유인책으로 여겨지기도 한다. 혹시 당신도 취소하고 싶지만 차일피일 미루다 취소하는 걸 잊어버린 신용카드를 갖고 있지는 않은가. 그럼 사용하지도 않는 카드에 99달러의 연회비를 납부하고 있는 셈이다. 여기에서의 교훈은 '기본값만이 문제는 아니다.'라는 것이다. 기본값만이 아니라 다른 부문의 선택 환경도 중요하다는 것이다. 상황에 따라 어떤 넛지가 효과적인지 알아내기 위한 많은 실험이 지금까지 있었다.

선택 설계자라는 개념을 심리학적 관점에서 의사결정에 적용하기 위해서는 심리학자들이 '이중 시스템 모델'dual-systems model이라 칭하는 개념을 먼저 이해하면 도움이 된다. 이중 시스템 모델은 우리 정신이 두 방식으로 작용한다는 개념이다. 의사결정에 대한 연구에 엄청난 영향을 끼친 이중 시스템 모델은 키스 스타노비치Keith Stanovich와 리처드 웨스트Richard West가 인지 기능에서 구분한 시스템 1과 시스템 2였다. 카너먼은 노벨상 수상 기념 강연과 논문에서 이 둘의 구분을 지지했고, 이 구분을 응용해 『생각에 관한 생각』을 써 냈다.[9]

이중 시스템 모델에 따르면, 우리는 삶의 과정에서 대부분의 결정을 깊이 생각하지 않고 기계적으로 내리며 정서적인 반응을 무척 중요시한다. 이런 유형의 사고가 시스템 1, 즉 직관에 의존하는 시스템이다. 하지만 때때로 우리는 속도를 늦추고, 결정하기 전에 의식적으로 충분히 생각하며, 논리적으로 판단하려고 애쓴다. 이런 유형의 사고가 시스템 2이다. 누구도 식료품점에서 매번 시스템 2를 사용해 결정하지는 않는다. 시간이 너무 걸리기 때문이다. (우리의 말을 믿어라. 우리가 직접 그렇게 실험해 보았다. 예컨대 부엌용 휴지를 꼼꼼히 비교하며 구입하느라 20분을 보냈지만, 결국에는 항상 구입하던 상표의 것을 구입해 집사람을 짜증 나게 했을 뿐이다.) 대부분의 상황에서는 시스템 1로 생각하면 충분하다. 어떤 결정을 내릴 때마다 시스템 2를 사용하기에는 우리 모두가 너무 바쁘게 살아간다.

문제는 우리가 시스템 1에 지나치게 의존하면 편향된 결정을 내릴 확률이 높아진다는 것이다. 사람들이 중요한 상황에서 더 나은 결정을 내리기를 바란다면, 그들이 시스템 2를 적절히 사용하도록 돕는 방법을 찾아내야 한다. 그 방법은 알고리즘이나 간단한 의사결정 모델을 사용하는 방법부터, 신중한 친구에게 묻거나 공동으로 작업하는 방법까지, 또 각 행동의 비용과 편익을 분석하는 방법까지 무척 다양할 수 있다. 당신의 시스템 1은 당신이 설명서를 읽지 않아도 공기 청정기를 조립할 수 있다고 생각하지만, 당신의 시스템 2는 설명서를 반드시 읽고 조립해야 하는지 가족에게 묻고, 그래야 한다는 그들의 대답을 따른다.

선택 설계는 사람들이 더 나은 결정을 내리도록 유도하는 방향으로 선택 환경을 재설계하는 데 주력한다. 당신이 가족에게 설명서에 대해 묻기 전에, 가족이 당신의 아이스커피 옆에 설명서를 선제적으로 가져다 놓는다면, 자연스레 설명서를 읽지 않겠는가? 궁극적으로 선택 설계는 처음부터 선택 환경을 정교하게 설계함으로써 편향성을 깨는 과정을 개인에게서 정부와 기업 혹은 가족으로 옮겨 놓는 작업이다.

행동과학적 통찰 뒤에 함축된 의미

원칙적으로 넛지는 사회 곳곳에 팽배한 비효율을 해결하는데 도움을 줄 수 있다. 하지만 장기 기증 등록의 경우에서 보았듯이, 넛지의 실행은 겉으로 보이는 것만큼 녹록하지 않다. 첫째로는 맥락이 중요하기 때문이다. 어떤 일련의 조치가 주어진 환경에서 가장 효과적일지 알아내기 위해서는 실험이 필요하다.

둘째로는 설계 선택이 중요하기 때문이다. 기존의 틀로는 당신이 시도하려는 조치를 정확히 평가하기 힘들다. 넛지의 설계에서는 작은 변화가 큰 변화를 끌어낼 수 있다. 예컨대 경제학자 헌트 올컷Hunt Alcott의 연구에서 밝혀졌듯이, 메시지 옆에 웃는 얼굴 그림이 있느냐 없느냐에 따라 그 메시지의 넛지 효과가 달라진다. 이 결과는, 하나의 설계 질문에는 적절한 대답이 되지만, "다른 이모티콘을 사용하면 어떨까?"처럼 다른 많은 의문도 야기한다. 현실 세계에서 조직은 다양한 유형의 설계 선택을 고려하고 싶어 한다. 하지만 기존의 학술 연구만으로 그 모든 가능성을 분석할 수는 없다.

셋째로는 의도하지 않은 결과가 나타나고, 결과가 상황에 따라 다를 수도 있기 때문이다. 예컨대 퇴직 연금의 강제 가입 효과를 연구한 논문들이 많다. 그 결과로 저축을 늘리는 효과를 거둔 것은 분명하지만, 의도하지 않은 결과, 즉 사람들이 넛지 효과로 더 많은 돈을 저축하면서 결국에는 빚도 늘어나는 결과가 나타났다. 물론 전체적으로는 퇴직 연금에 가입하도록 유도하는 게 낫다. 따라서 넛지를 시행하려는 사람은 이런 의도하지 않은 결과를 이론적으로나 현실적으로 반드시 고려해야 한다. 퇴직 연금을 설계할 때 '기본값 효과'만을 생각한 것으로는 충분하지 않았다는 뜻이다. 결국 넛지를 시행하려면, 의도하는 결과를 충분히 숙고하는 것도 중요하지만, 의도하지 않은 결과를 예상하는 것도 그에 못지않게 중요하다. 실제로 선의의 행동과 학적 조치가 아무런 효과가 없고, 심지어 역효과를 불러일으킨 경우를 많이 보지 않았는가!

실험과 넛지의 연결

세일러와 선스타인은 『넛지』에서 실험에 대해 많이 언급하지는 않았다. 하지만 '넛지'라는 용어가 만들어진 이후로 10년 동안, 넛지와 행동과학적 통찰을 현실 세계에 널리 확산시키는데는 실험이 큰 역할을 했다. 1장에서 보았듯이, 행동과학적 통찰은 많은 '진지한' 정책 입안자들에게 처음에는 회의적으로 여겨졌다. 심리학자들과 행동 경제학자들도 행동과학적 통찰을 정책에 적용하려는 시도는 쓸데없는 짓이라 생각했다. 사람들에게 넛지를 가하는 방법에 대한 많은 아이디어가 이미 다양한 형태로 실험실에서 검증되었고, 때로는 현장에서도 검증된 적이 있었기 때문이다. 실험실 연구와 넓게는 초기의 행동과학적 연구가 정책 메커니즘을 이해하고, 전반적인 틀을 짜는 데는 무척 중요하게 쓰였지만, 그런 요인들이 현실적인 상황에서도 정말 중요한 것인지 의문을 품는 회의적인 목소리가 적지 않았다. 다른 식으로 말하면, "행동과학적 통찰이 최종적인 수익에 경제적으로 큰 영향을 미치는가?"라는 의문이 있었다. 물론 그 대답은 어떤 맥락에서 어떤 행동과학적 조치가 취해지느냐에 따라 달라진다.

행동주의를 선호하는 정책통들은 행동과학적 통찰의 일반적인 가치를 증명하는 연구를 들먹이는 데 그치지 않고, 실험을 통해 여러 상황에서 넛지의 가치를 입증해 보였다. 요컨대 넛지 팀은 세계 전역에서 실험을 실시함으로써 정책의 결과를 개선하는 성과를 거두었고, 실험이 정말 가치가 있는지 의문을 제기하는 정책 입안자들에게 실험의 가치까지 추가로 입증해 보였다. 지금은 누구나 인정하겠지만, 많은 조직이 실험하는 이유 중 하나를 굳이 언급하자면, 엄격한 실험을 통해 어떤 제품이나 서비스를 평가함으로써 이해 당사자들에게 그 제품이나 서비스의 가치를 더 명확히 보여 줄 수 있기 때문이다. 따라서 신생 기업이 고객과 투자자에게 기업 가치를 증명하는 방법으로 실험을 활용하는 사례가 증가하고 있다. 실험을 통해 어떤 제품이나 서비스가 무익하다는 게 증명되면, 더 가치 있는 것을 찾아 나서는 편이 낫지 않겠는가!

실험은 넛지를 설계하는 방법과 넛지가 효과를 발휘할 수 있는 맥락에 대한 조직의 이해를 높이는 데도 중요한 역할을 해왔다. 위에서 언급했듯이 행동과학적 통찰에 함축된 의미들 때문에도 조직에게는 실험이 필요하다. 그래야 연구에서 얻은 아이디어를 가다듬고, 변화를 기대하는 영역에 그렇게 가다듬은 아이디어를 실제로 적용할 수 있기 때문이다. 예컨대 의사결정에 끼어드는 많은 편향성이 실험실 실험에서 확인되었듯이, 현상을 유지하려는 경향도 의사결정에서 중요한 요인이라는 게 입증되었다. 이 요인 때문에 사람들이 다른 결정을 내리게 된다는 것도 입증되었다.[10] 새로운 정책 실험이 계속되며, 넛지가 어떤 경우에 역효과를 낳고, 정책 문제를 해결하는 데 얼마나 유효한지가 꾸준히 밝혀지고 있다. 물론 우리가 모든 것을 경험할 수는 없지만, 현재로서 분명히 말할 수 있는 것은 '특정한 맥락에서 어떤 유형의 조치가 의사결정을 향상시킬 수 있는가를 알아내기 위해서는 실험이 필요하다.'라는 것이다.

스티브 레빗(『괴짜 경제학』의 저자)과 존 리스트의 공동 작업을 통해 이 문제에 접근해 보자.[11] 레빗과 리스트는 실험실 실험이 현장에도 일반화될 수 있느냐는 의문을 집중적으로 다루었다. 그들은 어떤 결과가 되풀이되느냐는 기준을 빠트리지 않았지만, 실험실에서 확인된 결과의 '규모'는 현장에서 나타나는 결과의 규모와 대체로 다를 수밖에 없다고 주장했다. 우리도 이런 주장에 강력히 동의한다. 실험실 실험에서는 시험 대상을 강력히 통제한다. 따라서 그 대상을 어떻게 통제하느냐에 따라 연구 결과에 영향을 줄 수 있다는 것은 오래전부터 인정된 사실이다. 따라서 실험실 실험은 어떤 결과가 유의미하냐를 판단할 때는 도움이 되지만, 특정한 현실 세계에서 기대되는 결과를 정확히 예측할 수는 없다.

그런 예측은 실험실 차원을 넘어선다. 결과의 규모는 현장마다 다를 수도 있기 때문이다. 일반적으로 말하면, 실험실 실험이든 현장 실험이든 간에 어떤 결과를 양쪽 모두에 합당하도록 해석하는 방법을 찾아내기는 어렵다는 뜻이다. 앨빈 로스는 언젠가 "우리 세계에는 실험실과 현장이란 두 가지 환경밖에 없다는 오해가 때때로 있을 수 있다."라고 말했다. "맥락이 중요하고, 동일한 현장은 없다."라는, 명확하지만 간과되는 사실을 통찰력 있게 지적한 말이었다. 어떤 조치가 의사결정에 미치는 영향은 맥락에 따라 달라진다. 예컨대 서류의 위쪽에 서명란을 두면, 연간 소득을 보고하는 사람보다 보험 대리점에 자동차 주행 거리를 보고하는 사람의 정직성에 더 큰 영향을 미칠 수 있다(어쩌면 그 반대일 수도 있다). 또 이 지구의 어느 곳에 사느냐에 따라 문화적 차이 때문에 동일한 넛지에도 다르게 반응할 가능성이 크다.

　이렇게 일반화라는 쟁점을 고려할 때, 사회 심리학에서 얻은 중대한 교훈, '맥락이 중요하다.'라는 교훈이 더욱 부각된다. 바로 이런 이유에서, 우리가 결정을 내리는 방법에서의 작은 변화가 우리 행동에 큰 영향을 미칠 수 있다는 것이다. 어떤 흥미로운 넛지에 대해 언론이나 책에서 읽으면 해당 유형의 넛지가 효과가 있는지 알게 되지만, 시험된 환경이 아닌 다른 특정한 환경에서 넛지가 행동에 어느 정도나 영향을 미칠 수 있는가를 아는 데는 한계가 있다. 영향의 방향도 예측하기 힘들다. 예컨대 기업의 채용 광고에서 연봉보다 소명을 강조하면 지원자의 수가 영향을 받을 수 있다. 그러나 연봉의 경쟁력, 업무의 유형 등

무수한 요인에 따라서도 지원자가 증가하거나 감소할 수 있다.

어떤 넛지가 효과가 있느냐는 질문은, 광고를 하면 효과가 있느냐는 질문과 유사하다. 어떤 기업, 어떤 상황에서는 '그렇다.'라고 답할 수 있지만, 다른 상황에서는 광고가 아무런 효과가 없고, 심지어 소비자를 짜증 나게 할 수도 있다. 넛지의 영향도 비슷하다. 학문적 연구와 그 밖의 기존 증거가 전반적인 틀을 짜는 데는 도움이 되지만, 조직이 자체적으로 실험하면 그 틀을 확대하거나, 맥락에 따라 틀을 미세하게 조정함으로써 궁극적으로는 한층 효과적인 변화를 통해 큰 이익을 얻을 수도 있다. 조직은 실험을 통해 광고 전략을 시험하듯이, 고객과 조직원 등 이해 당사자들에게 제공하는 선택 환경을 시험할 수도 있다.

넛지 유닛

1장에서 소개한 행동과학 통찰 팀Behavior Insights Team, BIT의 팀장, 데이비드 핼펀과 오웨인 서비스는 영국 정부를 위해 일하는 공직자였다. 특히 핼펀은 공직에 몸담기 전에 케임브리지 대학교 심리학과의 종신 교수이기도 했다. 어떤 이유로든 그들이 공직 생활을 시작한 후에, 영국 정부는 넛지 이론을 도입했다. 앞에서 언급했듯이 그들은 2010년 세금 독촉 편지의 수정 실험을 성공적으로 끝낸 후에도 수백 건의 실험을 실시했다. 이 글을 쓰는 시점에는 500건을 넘겼다고 전해 들었다. 그렇다고 그들이 현재 행동과학 통찰 분야에서 흔히 사용된 많은 도구를 고안해 낸 것은 아니다. 또 앞에서 예를 들었듯이, 그들이 처음으로 현실 세계에 적용되는 넛지를 제시한 것도 아니다. 정확히 말하면, 그들은 선택 설계가 접목된 사회과학을 활용해 정부의 효율성을 높이고, 조직과 정부 기관이 본받을 만한 모델을 제시하는 조직을 구성하는 데 뛰어난 실무자였다. 그들은 두 가지 면에서 엄청난 혁신을 이루어 냈다. 하나는 행동과학적 통찰을 현실 세계에 적용한 것이었고, 다른 하나는 정책 결정에 행동과학적 실험을 도입한 것이었다.

데이비드 핼펀은 토니 블레어 전략 팀의 수석 분석가였다. 그런데 당시 야당이었던 데이비드 캐머런David Cameron도 2010년 보수당-자유민주당 연립정부를 구성하며, 핼펀에게 행동과학 통찰을 이용해 정부를 한층 효율적으로 운영할 수 있도록, 특히 정부의 돈을 알뜰하게 사용할 수 있도록 도와 달라고 부탁했다. 그때 BIT가 결성되었지만, 2012년 결산할 때 비용 대비 10배의 효과를 거두어야 한다는 '일몰 조항'을 둔 잠정적인 조직으로 결성되었다. 초기에 BIT는 7명의 위원으로 구성되었다. 모두가 경제학과 심리학, 무작위 대조군 시험, 정부 정책 입안

등에서 많은 경험을 쌓은 경력자였다. 1장에서 보았듯이, 핼펀과 동료들은 세금을 체납하는 사람들로부터 돈을 하루빨리 받아 내는 걸 첫 목표로 삼았고, 그 목표는 정부의 돈을 아끼려는 캐머런의 목표와도 부합하는 것이었다. 그야말로 탁월한 선택이었다. 교육과 건강, 환경 등이 더 중요하다고 생각할 사람도 있겠지만, 체납된 세금을 징수하기 위한 압박에 정치적으로 반대할 사람도 거의 없을 것이다. 게다가 세금 징수에서 넛지의 효율성이 멋지게 입증되며, 넛지에 지극히 회의적이던 정치인도 넛지의 필요성을 인정하게 되었다.

넛지 유닛Nudge Unit으로 알려진 행동과학 통찰 팀의 목표는 공공 서비스를 더욱 비용효율적으로 제공하고, 사용하기 쉽게 바꾸며, 더욱더 현실적인 행동 모델을 적용함으로써 정부 기관의 성과를 향상시키는 것이었다. BIT는 이런 목표를 달성하기 위해 각 정부 기관의 고유한 환경을 이해하고, 기존 문헌에서 좋은 대안으로 제시하는 것을 검토했다. 동시에 하나 이상의 새로운 조치를 설계하고, 무작위 대조군 시험을 통해 그 조치들을 검증하려고 애썼다. 이런 검증을 통해 BIT는 세계 전역의 많은 정부에 큰 영향을 미쳤고, 그 결과로 정부 기관들이 실험을 사용하는 방법도 바뀌었다.

BIT가 직접적으로 이루어 낸 성과들도 무척 인상적이다. 체납된 세금을 독촉하는 편지를 수정하는 데 큰 성공을 거둔 후

영국 국세청은 자체적으로 넛지 유닛을 구성했고, 다른 정부 부서들도 그 뒤를 따랐다. 그사이에 BIT는 다양한 프로젝트를 진행했다. 예컨대 과태료를 미납한 수십만 시민의 재산을 압류할 필요성을 줄이는 방법, 장기 기증자의 수를 증가시키는 방법, 에너지 효율을 개선하는 방법, 의료 처방전의 오류를 줄이는 방법, 도이체 방크 런던 지사에게 자선 기부금을 독려하는 방법, 총선에서 투표율을 제고하는 방법, 직업 안내소를 통해 취업률을 개선하는 방법, 주택의 단열 효과를 높이는 방법, 기준치를 낮추지 않고 경찰력을 다양하게 사용하는 방법, 성인 문해 학교의 중퇴율을 낮추는 방법, 소수 집단의 대학 등록률을 높이는 방법, 교통안전을 제고하고 교통사고를 줄이는 방법, 퇴직자들이 적절한 연금 프로그램을 선택하도록 유도하는 방법 등을 연구했다. 종합적으로 보면, BIT는 광범위한 정책 영역에서 상당한 효율성을 보여 주며, 넛지 개념을 널리 확산시키는 데도 일조했다. 아울러 행동주의에 입각한 정책의 실행에서 실험의 중요성을 부각시키는 데도 큰 역할을 해냈다.

BIT는 영국만이 아니라 외국에서도 도움을 요청하는 빈도가 늘어나자, 한층 더 탄력적으로 일하기 위해 2014년 정부로부터 독립해 사회적 목적을 추구하는 기업으로 탈바꿈했다. 현재 BIT의 소유자는 영국 정부와 혁신적 자선 기구인 네스타NESTA, National Endowment for Science, Technology and the Arts 및 직원들이다. 그 후로 5년 동안, BIT는 직원 수가 150명을 넘어섰고, 런던과 맨체스터, 싱가포르와 뉴욕, 웰링턴과 시드니에 사무실을 두었으며, 활동 영역도 크게 넓혔다. 또한 정부 기관이란 색채를 조금씩 지워 내고 컨설팅 회사로서의 면모를 갖추어 갔다.

다른 국가들에서도 중앙 정부와 지방 정부 및 비영리 기관이 BIT의 전례를 따랐다. 예컨대 2015년 오바마 대통령은 백악관 과학기술 위원회 내에 사회·행동과학 팀Social and Behavioral Sciences Team을 설립했다. 2017년까지 중앙 정부에 넛지 유닛을 둔 국가로는 오스트레일리아, 캐나다, 멕시코, 핀란드, 싱가포르, 이탈리아, 인도가 있었고, 많은 국가에서 넛지 유닛을 산하 기관에 두었다. BIT 뉴욕 사무소는 도시들을 자문하는 데 주력했고, 그 결과로 시카고와 리우데자네이루가 자체적으로 넛지 유닛을 설립했다. 유럽연합 집행위원회European Commission, EC, 경제협력개발기구Organization for Economic Cooperation and Development, OECD, 세계은행 World Bank도 자체적으로 행동과학 통찰 팀을 창설했다. 2018년 현재, 세계 곳곳에는 수백 개의 넛지 유닛이 있다. 대다수가 실험을 이용해, 행동과학적 통찰을 사회적 공익에 활용하는 최선의 방법을 찾아내고, 하루가 다르게 변하는 세계에서 어떤 방법이 효과가 있는지 알아내려고 진력을 다하고 있다.

테크 분야에서의
실험

Experiments
in the Tech Sector

행동과학 통찰 팀부터
부킹닷컴까지
From the Behavioral Insights Team to Booking.com

행동과학 통찰 팀이 설립된 2010년 이후로 수년 만에 행동과학에 입각한 정책 실험이 크게 증가했고, 이제는 수백여 조직이 행동과학적 통찰을 정책에 반영하려고 고심하고 있다. 영국만이 아니라 프랑스와 싱가포르에서도 정부 내의 행동 경제학자들이 실험을 중시하는 사고방식을 채택함으로써 국민의 삶을 향상시켜 왔다.

하지만 장기적 안목에서 보면, 실험 혁명은 여전히 유아기에 있을 뿐이다. 영국 정부가 행동과학에 입각한 수백 건의 실험을 진행하는 동안, 미국 연방정부를 비롯해 많은 국가의 정부는 훨씬 느릿한 속도로 행동과학적 실험, 특히 '넛지' 유형의 실험을 받아들였을 뿐이다. 개략적으로 말하면, 인상적인 속도로 성장을 계속하는 중에도 더 많은 정부가 행동과학적 실험을 체계적으로 활용할 여지가 있다는 뜻이다. 정책 실험은 이제 보건 영역부터 교육까지 행동과학적 통찰을 적용할 범위를 계속 넓혀가고 있다.

기업도 실험 혁명의 한복판에 있기는 마찬가지지만, 수십 년 전부터 실험에 발가락을 살짝 담근 정도에 불과하다. 예컨대 1975~1976년 캠벨 수프사Campbell Soup Company는 실험이 마케팅에 미치는 영향을 알게 되었다. 한 실험에서, 캠벨 수프사는 시카고와 밀워키, 미니애폴리스와 세인트루이스에서 농축 수프에 대한 텔레비전 광고 비용을 50퍼센트가량 증액했고, 그 결과로 그 도시들에서의 판매가 다섯 곳의 대조군 도시에 비해 3.8퍼센트 증가했다. 캠벨 수프 경영진의 판단에, 추가로 지출한 광고비에 비하면 만족할 정도로 판매가 증가한 것은 아니었다. 다른 실험에서, 캠벨 수프는 일회분 반농축 신제품 수프를 보스턴과 필라델피아, 애틀랜타와 오클라호마 시티에 출시했다. 8개월 후 일회분 수프는 판매 목표액을 달성했고, 여섯 곳의 대조군 시장과 비교할 때 네 도시에서 농축 수프의 수요도 줄어들지 않았다.[1] 기업들이 이렇게 실험을 시작한 이후로 방법론이 꾸준히 발전했고, 그런 초기의 실험은 기업들이 다양한 실험 방법을 받아들이기 시작할 것이란 전조였다.

소매 기업의 카탈로그도 기업계에서는 실험을 일찌감치 받아들인 '얼리 어댑터'였다. 마케팅 교수, 에릭 앤더슨Eric Anderson 과 던컨 시메스터Duncan Simester는 두 소매 기업과 손잡고, 카탈로 그의 가격 변화가 판매에 어떤 영향을 미치는지 알아보기 위한 일련의 실험을 시도했다. 두 기업은 29달러나 39달러처럼 가격 이 *9로 끝나면 판매량이 증가하는지 알아보고 싶었다. 그래서 두 기업은 두 종류의 카탈로그를 제작해 고객에 보냈다. 한 카 탈로그에 수록된 상품들의 가격은 모두 *9달러로 끝나도록 수 정되었지만, 다른 카탈로그는 그런 변화를 주지 않았다. 연구자 들의 관찰에 따르면, 가격이 *9달러로 끝난 상품들의 판매가 증 가했다. 또 다른 실험에서는 '세일'이란 단어를 덧붙이는 것만 으로도 판매량이 증가한다는 게 확인되었다. 카탈로그를 이용 해 상품을 판매하는 기업이나 디렉트 메일Direct Mailing을 이용해 고객을 유혹하려는 기업들은 실험의 '얼리 어댑터'였다. 이 분 야에서는 무작위 추출과 데이터 추적이 상대적으로 쉽기도 하 지만, 기업은 장래의 구매자를 어떻게든 자극해 상품을 구매하 도록 만드는 게 존재의 목적이지 않은가.

그러나 테크 분야만큼 실험 방법론을 적극적으로 받아들인 분야는 없었다. 게다가 이제 테크 분야에서 실험은 경영을 위한 의사결정에서 빼놓을 수 없는 부분이 되었다. BIT가 지금까지 실시한 500건 이상의 실험이 대단하다고 생각할 사람도 있겠지 만, 구글은 2018년에만 1만 건 이상의 실험을 실시했다.

얼핏 보면, 정부의 넛지 유닛과 민간 테크 기업은 실험을 초기에 받아들였다는 점에서 어울리지 않는 동행으로 여겨질 수 있다. 여하튼 BIT의 첫 고객은 영국 국세청, 즉 양복을 깔끔하게 차려입고 국민에게 세금을 거두려는 공무원들이 근무하는 정부 기관이었다. 슬리퍼에 헐렁한 후드 티셔츠를 입고, 필즈 커피의 민트 모히토 커피를 손에 쥔 채 페이스북에서 일하는 23세의 공학자들과 그 점잖은 영국 공무원들 사이에 어떤 공통점이 있다는 것일까? 하나는 따분하고 고루한 관료 조직이고, 다른 하나는 젊은 창의력의 요새라 할 수 있는, 극단적으로 다른 두 환경에서 실험이 성공적으로 행해진 이유가 무엇일까?

두 조직의 환경은 무척 다르지만, 실험이 조직에서 폭넓게 실행되는 걸 역사적으로 방해하던 장벽을 넘어섰다는 점에서는 같았다. 행동 경제학자들은 심리학과 실험 경제학에 뿌리를 두고, 실험법을 정립해 나아갔다. 한편 테크 분야를 움직인 것은 혁신에 대한 실리적인 관심이었고, 결과를 얻기 위해 자료를 이용하겠다는 마음가짐이었다. 행동 경제학과 테크 분야, 모두에서 무엇인가를 문득 깨닫는 순간이 있었다. 구체적으로 말하면, 증거가 직관을 앞서고, 실험을 실시하기가 쉬워지고 있다는 깨달음이었다.

행동 경제학과 테크 기업에서 실험 문화가 정착되는 데는 두 분야 모두에서 실험 비용이 크게 줄어든 환경이 적잖은 역할을 했다. BIT는 넛지 유닛을 운영하면 충분하고, 실험을 위해 값비싼 기반 시설을 갖추어야 할 필요가 없다는 걸 깨달았다. 예컨대 기존의 과정을 약간만 비틀면 세금 독촉 편지가 문자 메시지로 변했다. 테크 기업들도 웹사이트를 조금만 바꾸어도 큰 차이를 만들어 낼 수 있고, 실험 결과를 평가하기에 충분한 자료를 이미 추적하고 있다는 걸 깨닫게 되었다.

2부에서는 테크 기업들이 시도한 실험을 살펴보려 한다. 테크 기업들은 경영에서 더 나은 결정을 내리기 위해 실험을 선도적으로 사용하고 있다. 특히 실험 과정에서 공통적으로 부딪치는 장벽을 피하는 그들의 능력은 다른 분야의 조직들이 본받고 받아들일 만한 것이기도 하다.

실험 과정에서 흔히 부딪치는 5가지 장벽

테크 분야가 어떻게 실험의 온상이 되었는가를 제대로 이해하려면, 조직들이 실험을 실행할 때 공통적으로 부딪치는 장벽에 대해 살펴보는 것도 도움이 될 것이다.

장벽 1: 충분하지 않은 실험 참가자

실험자들은 연구하는 결과의 규모만이 아니라 정확성까지

생각해야 한다. 실험의 표본 크기가 지나치게 작으면, 무작위로 할당된 두 집단 간의 차이가 크게 나타나더라도 객관적인 설득력을 갖기 힘들다. 따라서 참가자가 지나치게 적은 실험을 근거로 추론하는 것은, 어떤 동전을 던져 윗면이 연속해 두 번 나왔다고 그 동전이 불공정하다고 결론짓는 것과 같다.

많은 조직이 표본을 충분히 확보하려면 상당한 노력을 기울여야 하지만, 영국 국세청이나 구글 같은 테크 기업은 실험을 진행하기에 충분한 참가자를 쉽게 확보할 수 있다. 정부 기관은 국민을 활용할 수 있고, 구글은 수백만 사용자에게서 표본을 추출할 수 있다. 그 조직들이 언제든 접근할 수 있는 방대한 표본의 가치를 신속히 깨닫기도 했지만, 엄청난 규모의 잠재적 참가자를 확보하고 있다는 조건 자체도 그들이 실험의 얼리 어댑터가 되는 데 크게 기여했다.

이제는 많은 조직이 학교의 연구자들보다 훨씬 큰 규모로 실험을 진행하고 있다. 정확히 말하면, 실험의 수도 많지만, 실험의 범위도 더 크다. 대부분의 대학 실험에서 진행되는 실험에 참가하는 피험자 수는 수백 명을 넘지 않는다. 콜센터에서 일하는 직원의 수도 그 정도는 된다. 달리 말하면, 콜센터도 대학만큼 쉽게 실험을 실시할 수 있다는 뜻이다.

하지만 현실 세계에서는 테크 기업도 표본 규모로 고심할 때가 있다. 예컨대 우버는 원하면 언제라도 실험을 진행하기에 충분한 운전기사를 확보할 수 있을 듯하다. 그러나 9장에서 다시 보겠지만, 우버는 경쟁 관계에 있는 시장의 수가 상대적으로 적은 편이다. 따라서 이런저런 변화가 어떤 시장에 전체적으로 어떻게 영향을 주는지 파악하기 위해 우버는 그 적은 수의 시장을 대상으로 실험을 실시한다. 피험자가 적은 실험에서 얻은 추론은 통계적 방법을 통해 질적으로 개선될 수 있고, 그 때문에 조직들의 실험 역량도 향상되었다. 따라서 자동차 엔진 오일을 교환해 주는 프랜차이즈 전문점, 지피 루브Jiffy Lube를 운영하는 주인도 유의미한 실험을 실시할 수 있다.

장벽 2: 무작위로 추출하는 게 쉽지 않을 수 있다

무작위 추출이 성실하게 행해지지 않으면, 예측 변인이 실험으로 드러나는 것에 실질적으로 영향을 주는지 판단하기가 어렵다. 정부 기관들은 행동주의에 입각해 정책을 수립하기 위해 세금 독촉 편지, 문자 메시지, 전화 등을 통해 시민들과 소통할 때 대상을 무작위로 간단히 추출할 수 있고, 그와 관련된 실험도 적은 비용으로 쉽게 실시할 수 있다는 걸 깨닫기 시작했다. 정부 기관들은 그런 소통 덕분에 실험을 일찌감치 시작할 수 있었다는 걸 알게 되었고, 이제는 더욱더 집약적인 실험도 시도하고 있다.

구글, 페이스북, 아마존 같은 온라인 플랫폼은 고객에게 보여 주는 화면을 훨씬 쉽게 바꿀 수 있으므로 무작위 추출과 실험도 간단히 해낼 수 있다. 주요한 테크 기업의 플랫폼은 규격화된 무작위 추출법을 운영하여 사용자에 따라 다른 형태의 웹페이지를 보여 주며 사용자의 행동이 웹페이지에 따라 어떻게 달라지는지 추적한다.

이베이가 시카고에서 로스앤젤레스의 산타모니카까지 미국을 동서로 가로지르는 66번 도로에 광고판을 세워야 할까? 이 문제를 두고, 무작위 추출이란 문제가 어떻게 완화되었는지 설명해 보자. 이베이가 66번 도로를 운전하던 사람들 중 누가 광고판을 보고 이베이에 접속해 물건을 구매했는지 추적할 방법은 실질적으로 존재하지 않는다. 하지만 6장에서 다시 다루겠지만, 이베이가 구글에 광고하면 사용자를 무작위로 추출해, 어떤 사용자가 광고를 보고 이베이에서 물건을 구매했는지 추적하기가 상당히 쉽다.

장벽 3: 실험에는 그 효과를 측정하기 위한 데이터가 필요하다

실험 효과를 평가하려면 실험을 평가할 만한 결과 데이터가 뒤따라야 하지만, 그런 자료를 확보하려면 비용도 많이 들고 과정이 복잡하기도 하다. 따라서 데이터 부족은 오래전부터 실험의 주된 장벽이었고, 지금도 마찬가지인 경우가 많다. 그러나 디지털 시대를 맞이하여 적어도 경영 분석과 관련된 숫자의 경우에는 결과를 추적하기가 한결 쉬워졌다.

하나의 기사를 여러 제목으로 시험하며, 어떤 제목을 클릭하는 독자의 수가 더 많으냐를 성공의 기준으로 삼는 신문사가 있다고 해 보자. 이런 신문사를 예로 들어, 어떤 실험 결과를 측정하기 위해 사용되는 온라인 데이터의 장점과 단점을 살펴보자. 디지털 시대와 온라인 신문의 등장으로, 기사 제목과 관련된 이런 실험을 하는 게 무척 쉬워졌다. 물론 플랫폼이 새로운 자료를 분석하도록 설계된 것도 큰 몫을 차지한다. 더 많은 독자를 확보하면 좋은 일이지만, 일회성 독자의 확보는 신문사가 유념해야 할 유일한 관심사가 결코 아니다. 올바른 신문사라면 독자가 기사를 클릭하는 데 그치지 않고 기사를 읽고 정보를 얻어, 장기적인 독자가 되기를 원할 것이다. 따라서 클릭을 유도하는 자극적인 기사 제목은 단기적으로 더 많은 독자를 끌어들일 수 있겠지만, 장기적으로 처참한 결말을 맞이하기에 십상이다. 따라서 진정한 성공을 위해서 어떤 데이터를 어떻게 사용해야 할지 신중하게 생각해야 한다. 일반화해서 말하면, 결과 자체를 측정하기는 쉬워졌지만, 적절한 결과의 선택은 여전히 중대한 과제이다.

우리는 컨설턴트로서 어떤 기업과 실험을 설계할 때, 그 기업이 어떤 데이터를 수집하고 있는지 파악하기 위해 데이터를 검사하는 것부터 시작한다. 우리는 그들의 관심사와 관련된 결과를 염두에 두고, 그들이 보유한 데이터가 그 결과에 새로운 정보를 주는지 분석하고, 그들이 보유한 데이터와 이상적인 데이터 간에 어떤 차이가 있는지 살펴본다. 그러고는 투자의 일환으로 외부 데이터를 분석하며, 내부 데이터를 보충한다.

이 과정이 어떻게 진행되는지 이해를 돕기 위해 진공청소기 제조회사의 경우를 예로 들어 보자. 그 회사는 공학적 재설계를 통해 흡입력을 높여 제품의 성능을 향상시킬 목적에서 주기적으로 조금씩 진공청소기의 형태를 변경했다. 그런 변화가 성능 개선으로 연결되었는지 확인하기 위해, 회사는 비영리 단체인 소비자 연맹이 발행하는 『컨슈머 리포트』가 진공청소기를 평가하는 기준으로 제시한 일련의 검사 기준을 채택했다. 예컨대 진공청소기를 평가하는 기준으로 『컨슈머 리포트』는 '10그램의 표면 활석과 90그램의 묻힌 모래를 중간 두께의 카펫에서 빨아들이는 산업 표준 기준'을 채택한다. 또한 『컨슈머 리포트』에서는 "더러운 카펫에서의 흡입력이 측정 기준으로 사용된다. 기후에 영향을 받지 않는 방에서, 테스트 구역을 정해 두고, 일정한 횟수를 왕복한 후에 카펫에서 얼마나 많은 부스러기가 청소되었는지 엄밀하게 평가한다."[2] 따라서 그 회사는 이런 검사를 정확히 실행할 수 있는 실험실을 갖추었고, 『컨슈머 리포트』에서 자사의 진공청소기가 어떤 등급을 받을지 정확히 예측할 수 있었다.

하지만 문제는 멋진 중간 두께의 카펫에 10그램의 활석이나 90그램의 모래를 흩뿌려 두는 사람이 없다는 것이었다. 이 책의 저자인 마이클 루카와 비슷한 사람이라면, 그의 카펫에는 맥도널드 햄버거와 치즈를 먹다가 흘린 부스러기들, 토해 낸 시금치, 으깨진 블루베리가 카펫 무늬와 절묘하게 어울리며 남아 있을 것이다. 앞서 제시된 기준들이 진공청소기의 성능에 대해 무엇인가 말해 준다는 점은 분명하다. 그리고 많은 구매자가 『컨슈머 리포트』를 참조하기 시작했다는 점도 직접적인 관심사가 되었다. 하지만, 그 회사의 주된 관심사는 소비자가 정말 유용하다고 생각해서 차후에도 다시 구입하는 진공청소기를 만드는 것이었다.

그 회사는 시장마다 다른 유형의 진공청소기를 내놓고 판매량과 반품율을 조사하면, 소비자가 어떤 특성의 청소기를 좋아하는지 찾아내는 실험을 실시할 수 있다는 걸 알았다. 판매량 조사도 상당한 도움이 되지만, 반품율 조사도 소비자가 구입한 청소기를 실제로 마음에 들어 했느냐를 심도 있게 파악하는 데 도움이 되었다.

장기적인 안목에서 그 회사는 고객 만족도를 알고 싶었다. 그래서 아마존 평가에서 자료를 수집하기 시작했고, 그 자료를 근거로 만족도를 평가했을 뿐만 아니라 진공청소기의 개선 방향까지 모색했다. 이 조사를 통해 회사는 덤으로 많은 것을 얻었다. 예컨대 사람들이 자사의 진공청소기를 실제로 어떻게 사용하고, 어떤 면을 좋아하고 어떤 면을 싫어하는지, 따라서 회사가 무엇을 어떻게 개선해야 하는지 알게 되었다. 결국 그 회사는 온라인 평가를 활용해 데이터 가용성을 높여, 제품 변경의 효과를 한층 쉽게 파악할 수 있었고, 그 결과로 실험까지 용이하게 진행할 수 있었다.

한 걸음쯤 물러나 생각하면, 완벽하게 짜인 기준은 있을 수 없다. 적절한 결과들로 구성된 기준표를 작성하려면, 해당 조직이 지향하는 목표와 균형점에 관한 깊은 이해가 필요하다. 물론 어떤 데이터가 이용되고, 또 실제로 관찰된 데이터와 조직이 가장 이상적이라 생각하는 자료 사이에 어떤 차이가 있는지에 관한 이해도 필요하다. 2부에서는 여러 테크 기업의 사례를 통해 이런 문제를 살펴보며, 그 기업들이 실험 결과를 근거로 어떤 결정을 내렸는지에 대해서도 살펴볼 것이다.

장벽 4: 예측하지 못하는 의사결정자에 대한 저평가

영국 국세청에서 세금 독촉 편지를 처음 쓴 직원들은 잘못된 편지를 썼다고 생각하지 않았을 것이다. 그렇다고 최선의 편지를 썼다고 생각하지도 않았을 것이다. 1장에서 언급했듯이, 일반적인 가정이지만, 그들은 편지를 쓰는 방법이 중요하다고 생각하지도 않았을 것이다. 이런 마음가짐 때문에 실험이 과거에는 제대로 진행되지 못했다.

모든 조건이 똑같다고 할 때, 어떤 결과가 최선인지 모르는 경우에 실험의 가치가 높아진다. 따라서 의사결정자들의 행동이 안정적이어서 예측 가능하다고 생각하는 사람은 실험의 가치를 과소평가하기 마련이다.

하지만 3장에서 보았듯이, 의사결정이 환경에 영향을 받고 프레이밍에 휘둘린다는 것이 심리학 연구에서 밝혀졌다. 심리학자들은 정부의 정책 결정에서 이런 현상을 찾아냈다. 테크 분야에서도 동일한 상품들이 짧은 간격을 두고 반복 노출되면 사용자들의 반응이 달라지는 현상을 확인할 수 있다. 테크 기업들은 심리학자들이 오래전부터 알고 있던 것을 직관적으로 알아냈다. 즉 사람들이 때로는 엉뚱하고 예측할 수 없는 결정을 내린다는 점이다. 뒤에서 다시 다루겠지만, 구글 경영진은 회사 광고의 배경색이 달라지면 사용자의 반응도 달라진다는 걸 짐작했지만, 정확히 어떻게 달라지는지는 알지 못했다.

실험이 테크 분야에서 기본적인 운영 절차가 된 이유를 이해하려면, 온라인 플랫폼을 통한 실험이 어떤 경우에는 무척 간단하다는 걸 알아야 한다. 예컨대 온라인 플랫폼에서는 다양한 형태로 제작된 동일한 웹페이지를 여러 사용자 집단에게 보여 주고, 어떤 형태가 최선의 결과(더 많은 시간을 웹페이지에서 보내고, 특정한 항목에 더 많이 클릭하는 결과)로 이어지는지 간단히 실험할 수 있다(뒤에서 보겠지만, 이 간단한 실험에도 해결해야 할 과제들이 있다). 플랫폼에서 단기적인 행동을 관찰해도 유용한 정보를 획득할 수 있는 경우에는 플랫폼을 통해 거의 실시간으로 실험할 수 있다. 이런 실험 방법을 신속히 채택할 때 기업들은 작은 변화가 큰 차이를 만들어 낼 수 있다는 걸 알게 된다.

장벽 5: 어떤 조치에 대한 결과를 얼마든지 짐작할 수 있다는 지나친 자신감

결정을 내릴 때 많은 사람이 자신의 직관이 틀릴 수 있다는 걸 인정하지 않는 경향을 띤다. 관리자들이 실험을 통해 최선의 방안이 무엇인지 알아보지 않고, 직관을 따르는 것도 지나친 자신감이 원인일 수 있다. 다행히 정부 기관의 넛지 유닛들은 지나친 자신감의 위험을 제대로 알고 있었다. 테크 분야에서도 새로 출시된 상품에 대한 신속한 피드백과 넘치는 데이터가 관계자들에게 어떤 조치가 효과가 있을지 모른다는 걸 끊임없이 일깨워 주었다. 뒤에서 다시 보겠지만, 이베이도 자신들의 광고 전략이 실험으로 그렇지 않다는 게 밝혀질 때까지 흠잡을 데가 없다고 확신했었다.

구글의 사례

관리자들이 실험 여부를 결정해야 할 때마다, 앞에서 살펴본 5가지 장벽이 결정을 망설이게 할 수 있다. 그러나 다행히 이 장벽들이 많은 상황에서 점차 사라지고 있다. 테크 분야와 BIT 가 실험을 일찌감치 받아들인 데는 분명한 이유가 있었다. 첫째 로는 그런 장벽들이 그들에게 큰 문젯거리가 되지 않았고, 둘째 로는 그들이 적은 비용으로 실시한 간단한 실험에서 큰 성과를 얻었기 때문이다.

가령 당신이 구글 광고 팀에서 일하고, 광고의 배경색을 푸른색과 노란색 중 하나로 결정해야 한다고 해 보자. 당신의 직관에 따르면, 푸른색 배경이 사용자의 관심을 더 끌 거라고 생각할 수 있다. 하지만 당신이 노란색을 선호하면, 노란색이 사용자에게 편안한 느낌을 주기 때문에 광고에도 관심을 갖게 할 것이라고 생각할 수 있다. 디자이너를 데리고 여러 색을 시도해 본 후에 당신은 결국 노란색이 가장 적절하다고 결정한다. 당신은 그 결정을 동료들에게 묻고, 동료들은 각자 개인적인 직관과 그 나름대로의 분석으로 푸른색이 더 낫지 않느냐는 의견을 제시한다. 이런 경우, 당신이라면 어느 색이 배경색으로 어울린다고 결정하겠는가? 구글도 초기에는 직원들이 열띤 토론을 벌인 끝에 누군가가 양보하거나 관리자가 독단으로 결정을 내렸을 것이다. 아니면 "좋아, 절충해서 초록색으로 가자고! 자, 이번에는 글꼴 크기를 논의해 볼까?"라며 절충안을 찾았을 것이다.

하지만 오랜 시간이 지나지 않아, 구글 관리자들은 그런 문제를 추측하거나 토론할 필요가 없다는 걸 깨달았다. 실험을 실시하면 더 많은 정보를 근거로 결정을 내릴 수 있다는 걸 알게 되었다. 실험을 방해하던 전통적인 장벽들이 사라졌다. 실험 참가자? 그들에게는 수십억 명의 참가자가 있었다. 무작위 추출? 그것도 식은 죽 먹기였다. 데이터? 사용자가 구글 플랫폼에서 어떻게 움직였는지 추적하면 넘치도록 많은 데이터를 구할 수 있었다. 결국 두 개의 주된 장벽만이 남았다. 첫째는 배경색이 실제로 중요하냐는 판단이었고, 둘째는 어느 색이 더 낫다고 판단하기 어렵다는 걸 인정하는 겸손한 마음가짐이었다. 그들이 두 난관을 극복한 순간, 실험은 너무도 쉬운 문제가 되었다.

최근에 우리는 구글의 수석 경제학자 할 바리안Hal Varian을 만나, 구글에서 확대되는 실험 문화에 대해 이야기를 나누었다. 그는 우리에게 말했다.

"우리는 더 많은 클릭을 유도하려면 푸른색 배경이 나은지 노란색 배경이 나은지를 두고 고위급 경영진이 소중한 시간을 낭비하는 걸 원하지 않습니다. 실험하면 답을 간단히 구할 수 있는데 그 문제를 두고 토론할 필요가 있겠습니까?"

바리안은 구글의 실험 기반을 개발하고 구축한 팀과 함께 일하며, 실험에 체계적으로 접근하고 실험에 필요한 사고방식으로 무장하도록 도왔다. 이제 구글은 앞에서 언급한 장벽들을 해소한 덕분에 연간 1만 건 이상의 실험을 실시하고 있다. 그 절반은 구글에서 광고하는 상품과 관련된 것이고, 나머지 절반은 검색 엔진과 관련된 것이다. 구글 내의 추정에 따르면, 이런 실험들의 결과는 다양한 상황에서 경영적 결정에 영향을 미친다. 이런 생각이 테크 분야에 폭넓게 스며들었다. 하지만 실험을 선도적으로 실시하는 테크 기업들도 적절한 결과를 어떻게 선택하고, 실험을 언제 얼마나 오랫동안 실시해야 하느냐는 등 많은 쟁점을 두고 여전히 씨름하고 있다.

부킹닷컴의 실험 기반

구글과 마찬가지로 아마존과 페이스북, 우버와 옐프Yelp(지역 검색 소셜 미디어), 트립어드바이저TripAdvisor를 비롯한 주요 테크 기업들도 매년 수천 건의 실험을 실시한다. 일반화해서 말하면, 그 기업들은 실질적으로 모든 팀이 실험을 실행할 수 있는 기반 시설을 갖추고 있다.

여행 예약 플랫폼 부킹닷컴Booking.com을 예로 들어 보자. 부킹닷컴에서 상품 개발 관리자는 새로운 상품을 모든 고객에게 출시하기 전에 실험을 통해 그 상품의 가능성을 쉽게 검증할 수 있다. 실제로 부킹닷컴 상품 개발 팀은 거의 80퍼센트가 적극적으로 실험을 실시한다. 고객을 상대하는 부서, 협력사를 관리하는 부서, 마케팅 부서 등 모든 부서에게 실험이 실시된다. 실험을 진행하는 직원이 약 1,500명에 이르고, 그들 대다수가 경영학이나 공학을 전공했고 통계학과 실험에 필요한 예비지식을 갖추었다. 실험 문화를 구축하기 위해 부킹닷컴은 데이터 전문가들이 운영하는 사내 교육(실험국장인 루카스 베르메르가 우리에게 현재의 교육 과정을 전반적으로 설명해 주었다)부터 개별 실험에 대한 맞춤 분석 지원까지 경영적인 측면에 다양한 변화를 시도했다. 이렇게 사용하기 쉬운 실험 기반을 갖춘 까닭에 부킹닷컴에서는 기본적인 실험을 설계해 시작하기가 상대적으로 쉬운 편이다.[3]

실험이 실시되면 그 결과는 중앙 저장장치에 기록된다. 따라서 어떤 팀이라도 새로운 실험을 시작하기 전에 과거의 실험 결과를 참조할 수 있고, 어떤 항목이 실험의 궁극적인 목적이었느냐에 상관없이 어떻게 검증되었는지 확인할 수도 있다. 실험의 표준적인 기준이 기본값으로 주어지지만, 팀은 실시하려는 실험에 맞추어 기준을 바꿀 수 있다.

부킹닷컴의 실험 기반에는 두 가지 중요한 의미가 담겨 있다. 첫째, 그런 실험 기반을 갖춘 기업들은 실험에서 얻은 증거를 기초로 상품과 관련된 결정을 내릴 수 있다는 것이다. 따라서 팀이 실험 결과를 경영상 결정에 반영하는 과정에서 주도권을 쥐게 된다. 또 팀은 결과를 분석하는 기준을 결정하고, 각 결과에 부여되는 가중치를 결정할 때 융통성을 발휘할 수 있다. 둘째, 그런 실험 기반을 통해 직원들은 가설 검정hypothesis testing, 실질적 유의성practical significance(효과의 크기)과 통계적 유의성이란 개념 및 결과를 측정하는 다양한 기준들의 장점과 단점까지 실험 방법의 기본을 조금이나마 쉽게 이해할 수 있다.

전반적인 조직 구성에서 부킹닷컴은 더 큰 테크 기업들과 거의 다르지 않다. 주목되는 신생 기업들도 실험을 실시하지만, 실험의 수가 적은 대신에 훨씬 더 집약적이다. 예컨대 싱가포르에 기반을 둔 온라인 데이팅 플랫폼, 팍토르Paktor는 격주로 한 번씩 실험을 실시한다. 한편 오스트레일리아의 코먼웰스 은행부터 월마트까지 오프라인 조직도 화급한 결정에 도움을 줄 수 있는 방법으로 실험하는 방법을 연구하고 있다.

실험에서 얻는 이익

실험은 테크 기업들에게 상당한 수익을 안겨 주었다. 몇 가지 예만 들어 보자.

- 마이크로소프트의 검색 엔진 빙Bing은 화면에서 광고의 크기에 변화를 주는 실험을 실시했다. 광고의 크기가 커지면 사용자의 관심도 높아졌지만, 사용자가 검색하는 총 광고의 수는 줄어들었다. 마이크로소프트 클라우드 앤드 에이아이 그룹의 실험 담당 부사장, 론 코하비Ron Kohavi에 따르면, 이런 간단한 변경으로 연간 5,000만 달러의 수익을 추가로 벌어들였다.[4]
- 경제학자 마이클 오스트로브스키Michael Ostrovsky와 마이클 슈바르츠 Michael Schwarz는 경제 이론을 기초로 야후에서 실시한 실험에서, 야후가 광고를 판매할 때 사용하던 경매 시스템과 관련된 새로운 규칙들을 시험했다. 그 결과를 바탕으로, 그들은 수백만 달러의 이익을 추가로 야후에게 안겨 주었다.[5]
- 아마존은 사용자에게 신용카드 등록을 홈페이지에서 쇼핑카트 페이지로 이전하라고 제안한 것만으로 수백만 달러의 이익을 추가로 얻었다.[6]
- 8장에서 다시 보겠지만, 스텁허브는 실험 결과를 받아들여 요금을 고객에게 제시하는 시점에 변화를 주었다. 사소한 변화였지만, 매출이 크게 증가하는 효과를 누렸다.

실험에는 비용이 많이 들지만, 비효율적인 프로그램을 중단시키는 효과가 있고, 아예 그런 프로그램을 애초부터 시행하는 걸 차단하는 더 나은 이점도 있다. 예컨대 마이크로소프트는 페이스북과 트위터로부터 얻은 콘텐츠를 빙의 검색 페이지에 통합하려고 2,500만 달러를 쏟아부었다. 그러나 그렇게 하더라도 사용자 참여와 매출의 변화는 미미할 것이란 실험 결과에 그 프로젝트를 중단했다.[7] 또 6장에서 자세히 다루겠지만, 이베이도 실험 덕분에 광고비를 매년 5,000만 달러씩 절약할 수 있었다.

똑똑한 실험은 상품 설계를 개선하고, 광고와 투자 방향을 결정하는 데 도움을 줄 수 있다. 하지만 실험에는 여전히 많은 어려움이 있다. 이제부터는 이베이, 우버, 페이스북, 알리바바, 업워크 같은 기업이 실시한 실험들을 살펴보며, 테크 기업과 그 외의 기업에서 실험이 갖는 가치와 한계를 더 깊이 이해하기 위한 원칙을 찾아보려 한다.

해시태그
#에어비앤비흑인차별

#AirbnbWhileBlack

"인터넷에서는 누구도 네가 개라는 걸
모를 거야." 시사만화가 피터 스타이너Peter Steiner가 1993년 『뉴
요커』에 게재한 만평의 설명글에서, 컴퓨터 앞의 의자에 앉은
개가 다른 개에게 하는 말이다. 그 만평은 초기 인터넷 시대의
문제점을 규정했던 익명성에 대해 많은 것을 말해 주었다. 전자
상거래electronic commerce, E-commerce의 초기 세대보다 익명으로 많
은 것이 거래되고 교환될 수 있었던 곳은 어디에도 없었다. 가
정해서 말하면, 매사추세츠 케임브리지에서 에스프레소를 마시
는 사람이 온라인에 접속해, 캘리포니아 버클리에 거주하는 낯
선 사람에게 중고 유라 임프레사 J9 에스프레소 기계를 보지도
않은 채 구입할 수 있었다. (만약 당신이 두 도시를 방문해 체류한 적이

있다면, 두 도시가 그런 거래에 연루되었다고 그다지 놀라지 않을 것이다.)

인터넷 시대에 접어들면서 보험료가 낮아졌고, 여행을 계획하기도 쉬워졌다. 또 무척 다양한 책이 팔린다. 인터넷으로 시장이 더 효율적으로 변하고, 소비자에게도 선택의 폭이 넓어졌기 때문이다. 온라인 쇼핑의 초기 시대에는 모든 것이 좋아 보였다.

"인터넷에서는 누구도 네가 개라는 걸 모를 거야."

효율성의 증대 외에도 전자 상거래의 탄생으로 또 하나의 중대한 문제가 해결되는 듯했다. 구매 과정에서 인종과 성별의 표시를 완화하거나 금지하는 공정한 거래를 촉진함으로써 인터넷은 오프라인 시장을 오랫동안 괴롭히던 차별 문제를 줄일 수 있었다. 예컨대 오래전부터 차별이 횡행하는 곳으로 유명하던 자동차 시장을 생각해 보자. 경제학자 피오나 스콧 모턴Fiona Scott Morton, 플로리언 제텔마이어Florian Zettelmeyer, 호르헤 시우바-리소Jorge Silva-Risso는 오프라인과 대면 거래에서 좀처럼 사라지지 않던 가격 면에서의 인종차별과 성차별이 온라인 자동차 거래에서 크게 줄어든다는 걸 알아냈다.[1] 또한 판매자도 더 효율적이되었고 더 공정하게 변했다.

그러나 이런 인터넷 유토피아적 전망은 계속 지속되지 못했다.

업그레이드된 『뉴요커』의 만평

필름을 2011년으로 빠르게 돌려 보자. 당시 하버드 경영대학원 교수진에 합류하고 첫해를 맞은 마이클 루카는 온라인 시장의 매력에 푹 빠져 지냈고, 에어비앤비와 우버, 업워크 같은 신생 온라인 플랫폼들이 만들어 내는 설계 선택이 겉으로는 아무런 문제가 없어 보여 시장의 판도를 크게 흔들어 놓을 만한 잠재력을 지녔다고 생각했다. 당시는 이베이와 아마존이 창립되고 15년쯤 지난 때였다.

에어비앤비를 비롯한 제2세대 플랫폼에서는 다른 특징이 눈에 띄었다. 초기 전자 상거래 플랫폼의 특징이던 익명성과 달리, 개인의 신상 명세가 제2세대 플랫폼에서는 중요한 부분을 차지했다. 예컨대 에어비앤비는 임대인과 집주인의 이름과 사진 등을 개인 프로필로 공개했다. 게다가 당시에는 집주인이 원하면 언제라도 이유를 밝히지 않은 채 손님을 거부할 수 있었다. 한동안 에어비앤비는 손님을 거절한 집주인에게, 검색 결과에서 그들의 집을 아래쪽에 두는 식으로 불이익을 주었다. 그러나 한 집주인의 재산이 큰 사고로 피해를 입은 후로, 에어비앤비는 그런 벌칙을 없애며 집주인들에게 손님이 거북하게 느껴지면 거절하라고 권고했지만, 손님에 대한 정보를 자세히 제공하지는 않았다. 따라서 시간이 지나자, 손님을 거절한 집주인에 대한 초기의 벌칙들이 되살아났고, 에어비앤비는 손님을 거절한 집주인에게 불이익을 주는 방법을 결정하기 위한 실험을 반복해 실시했다.

에어비앤비의 상황을 여행 웹사이트 익스피디아Expedia와 비교해 보자. 익스피디아에서는 숙소(주로 호텔) 관리자들이 빈 방을 나열해 놓는 데 그치며, 실질적으로 누구나 신용카드로 예약할 수 있다. 따라서 에어비앤비가 시장에 혁신적인 변화를 가져온 것은 분명했다. 그로 말미암아, 1993년 『뉴요커』에 게재된 만평과 달리, 익명성이 인터넷의 절대적인 특징이 아니라 플랫폼이 설계될 때 선택할 수 있는 항목이 되었다.

마이클 루카는 동료 경제학자 벤 에덜먼Ben Edelman과 함께 에어비앤비에 대한 사례 연구를 시작했다. 에어비앤비가 집주인들에게 어떻게 신뢰를 구축하고, 낯선 사람을 자신의 집에 들이면서도 편하게 느끼게 할 수 있었는지 알아보는 게 연구의 목적이었다. 처음에 루카와 에덜먼은 신뢰 구축이란 일반적인 문제에 대해 주목했다(차별에 대한 경험적인 연구를 시작한 것은 그 이후였다). 그 과정에서 개인 프로필의 공개도 그들의 눈에 띄었지만, 에어비앤비가 집주인에게 부여한 손님을 거부할 권한도 그들에게는 불안하게 느껴졌다. 그 권한이 다른 시장에서는 애초부터 차단된 차별 문제를 야기할 가능성이 있었기 때문이다. 집주인이 다른 인종이나 종족에게 임대하기를 꺼리면 어떻게 되는가? 미국 정부는 1968년에 제정된 공평 주거 권리법Fair Housing Act을 필두로, 오프라인 임대 시장에서 차별을 불식시키기 위해 반세기를 보낸 터였다. 규제와 엄격한 집행을 통해, 그 노력은 호텔과 장기 임대에서 차별률을 낮추는 데 성공했다. 그렇게 힘겹게 얻은 성과가 에어비앤비에 의해 물거품이 될 수 있었다. 루카와 에덜먼은 그들의 사례 연구를 에어비앤비에 알렸고, 루카는 에어비앤비에서 일하던 담당자들과 이야기를 나누었다. 아니나 다를까, 에어비앤비는 그들의 지적에 별다른 관심을 보이지 않았다. 에어비앤비는 그런 편견이 자신들의 플랫폼에서 일어나고 있다는 걸 공개적으로 반복해서 부인했다.

익명으로 이루어지는 공정 거래라는 개념은 새로운 전자 상거래의 등장으로 서서히 사라졌다. 따라서 더 공평한 인터넷 시대라는 약속도 희미해졌다. 2015년 『뉴요커』는 업데이트된 만

"인터넷에서 누구도 네가 누구인지 알지 못했던 때를 기억해?"

평을 게재했다. 이번에는 캄란 하피즈Kaamran Hafeez의 작품으로, 1993년 만평의 주인공이던 익명의 개들이 다시 등장했고 "인터넷에서 누구도 네가 누구인지 알지 못했던 때를 기억해?"라는 설명글이 더해졌다.

에어비앤비의 도덕적 자유재량권

2014년, 성공한 기업가이자 투자자인 리드 케네디Reed Kennedy는 에어비앤비 플랫폼에서 반복해 거절당했다. 리드는 흑인이다. 그래서 리드는 에어비앤비에 차별이 존재한다고 의심하기 시작했다. 그의 개인 프로필에는 사진이 올라가 있었다. 따라서 집주인이 리드의 자격 여부를 판단하기 전에 피부색을 먼저 볼 수 있었다. 리드는 자신이 거부된 이유로 의심되는 사유를 에어비앤비에 알렸다. 회사 측도 알고 싶어 할 것이라 생각하며 선의로 보낸 편지였다.

리드는 에어비앤비 대리인으로부터 이메일로 답장을 받았다.

"고객님께서 집주인에게 거절된 사고가 고객님의 인종이나 종족과는 아무런 관계가 없다는 걸 자신 있게 말씀드릴 수 있습니다. …… 고객님이 최적의 숙소를 구하려고 다수의 집주인에게 접촉을 시도하신 것을 인정하며, 고객님의 우려에 감사드립니다. 그러나 에어비앤비가 차별 문제를 중요하게 생각하고 있는 걸 알려 드리고 싶습니다. 우려할 만한 이유가 있었다면 저희가 즉각 집주인에게 조치를 취했을 것입니다. 하지만 집주인에게는 어떤 이유로든 손님의 요청을 거절할 자유가 있습니다."

그럼 리드는 어떤 이유에서 거부된 것일까? 집주인에게 정말 차별이 허용되지 않는 것일까? 그런데 집주인이 어떤 이유로든 손님을 거부하는 게 허용된다고?

그리고 에이비앤비 대리인은 리드에게 방을 구하는 확률을 높일 수 있는 방법을 조언했다. 첫째, 그는 리드에게 그의 신원을 보증하는 추천서를 얻으라고 조언했다.

"추천서는 친구분들이 고객님을 보증하고 자랑하는 좋은 방법입니다. 친구분들은 고객님의 공개 프로필에 바로 올라오기 때문에 고객님이 에어비앤비 공동체에서 신뢰할 수 있는 평판을 구축하는 걸 도와주실 수 있습니다. 고객님은 이메일이나 페이스북을 통해 추천서를 요청할 수 있습니다. 물론 에어비앤비에서도 프로필 → 추천서 → 추천서 신청의 순서를 따라 추천서를 요청할 수 있습니다. 고객님을 추천하신 분이 에어비앤비 계정에 공개 사진을 갖고 계시는 경우에만 추천서가 고객님의 공개 프로필에 게시됩니다."

결국 서너 사람에게 추천서를 받아야 한다는 뜻이었다. 하지만 조건에 맞추어 추천하려면 추천인도 에어비앤비에 사진을 등록해야 했다. 그러나 추천인도…… 아, 거기까지는 생각하고 싶지도 않다.

둘째, 에어비앤비 대리인은 리드에게 실제로 머물고 싶은 곳을 잊고 어떤 손님이든 받아들이는 곳으로 눈을 돌려 보라고 조언했다.

"고객님에게 '즉시 예약' 항목을 이용해 보라고 권해 드리고 싶습니다. 즉시 예약을 이용하시면 집주인의 확인을 기다리실 필요 없이 예약할 수 있습니다."

이쯤이면 운이 좋은 것이라 해야 할까? 집주인이 차별적이지 않으면 리드는 원하는 곳 어디에서나 머물 수 있었다.

에어비앤비 대리인은 리드에게 조언을 따르는 게 좋을 것이라 말하면서도 리드가 애초에 접촉했던 숙소들에 여전히 빈 방이 있다는 걸 인정하며, '추천서를 확보하신 후에 집주인들에게 다시 접촉'을 시도해 보라고 권했다. 끝으로, 대리인은 리드에게 불편을 끼쳐 미안하다고 100달러 상당의 상품권을 보냈다. 그러나 치명적인 일격은 이메일을 끝내는 인사말에 있었다.

"고객님이 에어비앤비를 통해 예약하는 데 성공하기를 기원하겠습니다. 고객님의 사진에서도 고객님이 멋진 사람인 걸 알겠습니다."[2]

그즈음, 마이클 루카는 벤 에덜먼과 공동으로 작업한 에어비앤비에 대한 사례 연구를 끝내고, 에어비앤비 플랫폼에서 집주인이 손님을 차별할 가능성이 있다고 암시한 2014년의 분석도 완료한 뒤였다.[3] 그 논문에 따르면, 아프리카계 미국인 집주인은 유사한 목록에 있는 백인 집주인보다 1박당 돈을 덜 벌었다. 이처럼 집주인 사이에서도 차별이 있으니, 집주인이 아프리카계 미국인 손님을 차별하리란 예측은 지나친 비약이 아닌 듯했다.

루카와 에덜먼은 법학 학위를 취득한 후에 경제학 박사 과정에 있던 댄 스버스키Dan Svirsky를 팀에 합류시켜, 그 쟁점을 계속 연구했다. 그들은 "손님에 대한 차별이 에어비앤비에 실제로 존재하는가?"라는 당면한 문제에 대한 답을 구하기 위해 실험에 돌입했다.

마이클 루카가 에어비앤비에 대해 연구한다는 걸 잡지에서 읽은 리드는 루카에게 연락을 취해, 자신이 겪은 사례를 알려주었다. 당연한 말이겠지만, 에어비앤비가 리드에게 보낸 답장은 루카가 보기에 마땅찮았다. 리드가 차별받지 않았다는 걸 에어비앤비가 어떻게 그처럼 확신할 수 있단 말인가? 물론 에어비앤비가 아무런 자료도 없이 그렇게 확신하지는 않았겠지만, 관련된 자료의 수집에 무관심한 것은 분명한 듯했다. 결국 고객 서비스부 책임자의 대응은 에어비앤비가 취하는 전반적인 전략에 따른 것이었다. 도덕적 자유재량권을 십분 활용하고, 차별 문제에 얽히는 걸 피하기 위해 차별의 증거를 구태여 찾지 않는 방향을 전략적으로 선택한 것이었다.

에어비앤비 경영진이 그렇게 무사태평할 수 있었던 주된 이유는 그들에게 제시된 증거의 모호함에 있었다. 실제로 그 증거는 암시적이지 결정적인 것이 아니었다. 차별이 플랫폼에서 만연한 문제라는 걸 확실히 알았더라면, 그들은 규제나 공적인 압력을 통해, 혹은 인간의 품위에 호소하며 그 문제를 선도적으로 해결하려고 노력했을 것이다. 그러나 그들의 플랫폼에 차별은 없다는 확신을 뒤집을 정도의 분명한 증거가 제시되지 않는 한, 에어비앤비의 경영진은 차별을 쟁점거리가 아닌 것으로 계속 치부할 수 있었다.

에어비앤비는 계속 부인하며, 현실 도피적인 전략으로 일관했다. 루카와 에덜먼의 2014년 논문이 발표된 후(그러나 실험이 실시되기 전), 에어비앤비는 그 쟁점을 회피함과 동시에 관련된 자료를 묵살한 보도 자료를 언론에 보냈다. 리드의 사례와 유사한 사례들이 계속 폭로되었지만, 에어비앤비는 그 문제를 해결하려는 노력은 고사하고 이해하려는 의도조차 내비치지 않았다.

리드가 에어비앤비 고객 서비스부와 이메일을 주고받고 있을 때쯤, 루카는 에덜먼과 스버스키의 도움을 받아 실험을 실시했다. 그들은 손님인 체하며 미국 전역의 6,400여 집주인에게 임대를 의뢰하는 편지를 보냈다. 모든 편지가 하나의 특징을 제외하고는 똑같았다. 절반은 백인에게 무척 흔한 이름(브렛이나 토드)을 지닌 가공의 손님이 보낸 것이었고, 나머지 절반은 아프리카계 미국인에게 상대적으로 흔한 이름(다넬이나 자말)을 지닌 가공의 손님이 보낸 것이었다. 달리 말하면, 그들은 손님의 인종을 충분히 추정할 만한 이름들을 선택했다. 이 연구에서 그들은 사진을 더하지 않았다. 사진을 더하면 프로필에 거짓이 없다고 말하기 어려워지기 때문이었다. 이 방법은 경제학자 마리안 베르트랑Marianne Bertrand과 센딜 멀레이너선이 2001년과 2002년 노동 시장에 내재한 차별을 파악하기 위해 사용한 방법론과 유사했고, 미국 정부가 오프라인 주택 시장에서 차별을 분석할 때 시도한 작업, 따라서 적어도 1970년대까지 거슬러 올라가는 작업을 떠올려 주었다.[4]

　한마디로, 그 결과는 암울했다. 아프리카계 미국인의 이름을 지닌 손님들의 요청이 집주인으로부터 수락받는 경우가, 백인의 이름을 지닌 손님들의 요청보다 16퍼센트가 낮았다. 루카와 동료들은 저렴한 숙소부터 값비싼 숙소까지, 독립된 아파트부터 작은 손님방까지 어디에나 차별이 존재하고, 또 쪽방촌 주인부터 대저택 주인까지 공평 주거 권리법을 위반하는 사람들이 어디에나 존재한다는 걸 확인했다.

　그들은 이런 결과를 두고 토론하며, 집주인들이 아프리카계 미국인을 다른 인종보다 전반적으로 나쁜 손님이라 인식하기 때문에 거부하는 빈도가 높은 것은 아닌지 의문을 품기도 했다 (집주인들은 인종을 기준으로 손님의 다른 면까지 통계적으로 추론하기 때문에 경제학자들은 이런 차별을 '통계적 차별'statistical discrimination이라 칭한다). 그들이 수집한 자료에 이 의문을 해소할 만한 단서가 있었다. 그들의 관찰에 따르면, 흑인 손님을 한 번도 받지 않아 개인적인 편견을 뒷받침하는 증거를 직접 경험해 본 적이 없는 집주인들이 주로 흑인 손님을 거부하는 차별적 태도를 보였다. 반면에 흑인 손님을 경험한 집주인이 흑인들을 차별하는 경우는 무척 낮았다. 따라서 흑인 신청자는 백인 신청자와 근본적으로 다르다는 추론은 흑인 손님을 예전에 경험한 결과가 아니라, 일반적인 고정관념, 명시적이고 암묵적인 인종차별에서 비롯된 것이 분명했다. 다른 종족과의 접촉을 확대하는 것이 편견을 줄이는 하나의 방법이 될 수 있을지 모르지만, 그 방법으로 루카 팀이 에어비앤비에서 관찰한 편견을 퇴치할 가능성은 거의 없다.

해시태그 #에어비앤비흑인차별

루카 팀의 연구 결과는 2015년 1월에 발표되었다. 에어비앤비 플랫폼에서 차별받던 사용자들의 불만이 고조되던 시기에 그들의 연구가 발표되자, 에어비앤비 사용자와 언론 및 정부 관계자로부터 거센 압력이 불같이 일어났다. 더 이상 에어비앤비는 차별이 자신들의 플랫폼에서 문젯거리가 아니라는 근거 없는 주장 뒤에 숨을 수 없었다. 에어비앤비에 대한 사회적 압력이 한창 고조될 때, 에덜먼과 루카는 당시 에어비앤비에서 중견 간부로 근무하던 옛 동료로부터 이메일 한 통을 받았다. 그 친구는 보스턴까지 날아와 루카를 방문했다. 그들이 어떤 대화를 나누었는지 공개할 수는 없지만, 그는 루카 팀이 확인한 인종차별을 해소하기 위해 어떤 조치를 취하라고 회사를 설득할 수 있을 거라 확신하는 듯했다.

한편 정부 법률가들과 정책 입안자들은 이 문제에서 에어비앤비의 책임을 따져 보기 시작했고, 에어비앤비 같은 기업을 계속 이용해야 하느냐는 의문을 품는 사용자도 있었다. 공영 라디오 방송국 NPR은 '히든 브레인'이란 프로그램에서 루카 팀의 연구 결과를 소개했고, 수백 명이 트위터에서 해시태그 #에어비앤비흑인차별을 사용해 에어비앤비에서 겪은 자신의 차별을 공유하는 채팅을 주도하기도 했다. 미국 의회 흑인 간부회의 Congressional Black Caucus는 에어비앤비 최고경영자에게 편지를 보내 신속한 조치를 취하라고 촉구했다.

에어비앤비는 고객에 대한 차별을 피하기 위해 2016년 6월 2일 마이클 루카 박사가 워싱턴 포스트의 기사에서 제안한 조치 같은 상식적인 조치, 예컨대 손님의 사진과 이름을 공개하지 않는 정책을 신속히 시행할 것, 집주인에게 예약 선택권을 부여하는 주관적 판단을 배제하는 즉시 예약 항목을 확대할 것, 손님이 예약할 때마다 에어비앤비의 반차별적 정책을 공지하는 것으로 정책을 전환할 것.

루카 팀의 실험과 그들이 제안한 해결책은 증거에 기반을 둔 대화를 촉진하는 계기가 되었고, 에어비앤비는 결국 그들의 결과를 근거로 개선책을 모색하기로 결정했다. 에어비앤비는 저명한 인권 운동가들로 구성된 태스크포스 팀을 꾸렸다. 오바마 정부에서 법무장관을 지낸 에릭 홀더Eric Holder, 미국 시민자유연맹American Civil Liberties Union, ACLU 법무 팀 팀장이던 로라 머피Laura Murphy 및 다수의 학자가 태스크포스 팀에 합류했다. 물론 회사의 평판과 더 나아가 회사의 손익에도 피해를 주는 위기를 진정시키려는 욕심이 이런 노력을 서둘렀다는 걸 부인할 수 없을 것이다. 비즈니스적 관점에서 보면, 에어비앤비의 설계 선택이 차별의 가능성을 제공한 것이 분명했다. 따라서 에어비앤비는 변화를 추진하기에 적합한 위치에 있었고, 어떻게 변하느냐는 전적으로 에어비앤비의 몫이었다.

에어비앤비의 설계 변경

에어비앤비의 태스크포스 팀은 크게 세 방향 중 하나를 권고할 수 있었을 것이다.

첫째는 극단적인 경우로, 에어비앤비는 현상을 유지하며 차별을 줄이기 위한 어떤 조치도 취하지 않을 수 있었다. 정반대의 극단적인 경우로는 이름과 사진 등 사용자의 신상과 관련된 모든 정보를 완전히 없애는 조치도 가능했다. 이 조치를 선택하면, 에어비앤비는 대부분의 차별을 플랫폼에서 확실히 씻어 낼 수 있겠지만, 그에 따르는 위험을 감수해야 했다. 개인 프로필은 에어비앤비 사용자들 사이에 표면적인 신뢰를 구축하는 최소한의 방편이었다. 따라서 개인 프로필의 삭제는 그런 신뢰의 일부를 포기한다는 뜻이었다.

세 번째 선택안은 사용자의 이름과 사진을 개인 프로필에 계속 유지하면서, 차별을 줄일 수 있는 다양한 변화를 시행하는 것이었다. 예컨대 사진란을 더 적게 하거나 눈에 띄지 않는 곳에 배치하는 방식으로 사진을 덜 두드러지게 하거나, 손님이 집주인의 동의를 기다리지 않고 원하는 날짜에 숙소를 예약할 수 있는 '즉시 예약'을 채택하도록 집주인들을 유도하거나, 차별을 명시적으로 금지하는 조건을 꾸준히 업데이트하는 변화 등을 시도해 볼 수 있었다. 이 방법들은 루카 팀이 에어비앤비에 근무하던 친구와 대화할 때, 또 그들이 『하버드 비즈니스 리뷰』에 발표한 논문에서 제시한 아이디어들이기도 했다.[5]

당신이 에어비앤비 태스크포스 팀의 일원이라고 가정해 보자. 당신이라면 어떤 제안을 하겠는가? 차별을 줄이기 위해 어떤 목표를 세우겠는가? 성공 여부를 어떻게 판단하겠는가?

태스크포스 팀의 권고안은 2016년 9월에 에어비앤비 경영진의 책상 위에 올라왔다.[6] 루카 팀이 에어비앤비를 처음 접촉하고 5년, 루카 팀이 차별의 암시적인 증거를 염려한 논문을 발표하고는 2년, 루카 팀이 실험을 공개하며 권고안을 제시하고는 거의 1년이 지난 뒤였다.

에어비앤비는 중간을 택하기로 결정했다. 집주인은 예전과 마찬가지로 손님의 이름과 사진을 확인할 수 있고, 그 후에 거절 여부를 결정할 수 있다. 그러나 에어비앤비는 주변부에서부터 차별을 줄이기 위한 노력을 게을리하지 않기로 약속했다. 태스크포스 팀은 집주인에 대한 선택 편향 교육(하지만 교육을 몇 번이나 실시했는지에 대한 보고 의무는 없었다)부터, 인종을 이유로 예약을 거절당한 손님에게 대안적 숙소를 찾아 주는 방법까지 다양한 방법을 제안했다. 가장 현실적인 제안은 개인 프로필 정보를 보기 전에 자격을 갖춘 손님이면 무조건 받아들이는 집주인의 수를 늘리려고 노력하라는 제안이었다. 리드에게 추천했던 '즉시 예약'에 더 많은 집주인이 가입하도록 유도하라는 뜻이었다.

에어비앤비는 최종 보고서에서, '2017년 1월까지 즉시 예약을 통해 예약 가능한 숙소를 100만 곳까지 확대할 것'이라 약속했다. 에어비앤비는 주인에 대한 차별도 해소하기 위해 팔을 걷어붙였다. 에어비앤비는 주된 검색 페이지에서 주인의 사진을 없애라는 마이클 루카의 제안을 받아들였다. 따라서 손님이 주인의 사진을 보려면 굳이 한 페이지를 클릭해 들어가야 했다.

한 번의 변화로 끝낼 것인가?

마이클 루카의 실험을 본받아, 에어비앤비는 현안을 연구하고 가능한 해결책을 모색하기 위한 데이터 사이언스data science 팀을 창설했다. 예컨대 그들은 '예약 과정에서 손님 사진이 돌출되는 경우를 줄이기 위한 실험'에 몰두했다. 그리고 에어비앤비는 차별을 줄이기 위해 제안된 변화들의 효과를 검증하는 실험을 실시했다.

즉시 예약에 동참하는 집주인의 수를 늘리겠다는 목표를 예로 들어, 그들이 어떤 실험을 했는지 살펴보자. 이 목표를 달성하는 데는 많은 방법이 있었다. 첫째로는 집주인의 기본값을 '즉시 예약'으로 바꿔 놓고, 집주인이 즉시 예약을 원하지 않는 경우에만 설정을 바꾸게 하는 방법을 생각해 볼 수 있었다. 즉시 예약에 동참하는 집주인에게 보상을 약속하거나, 회사가 즉시 예약이 가능한 숙소들을 우선적으로 처리함으로써 시장의 힘에 의해 집주인이 어쩔 수 없이 즉시 예약에 가입하도록 유도하는 대안도 있었다. 에어비앤비는 이런 다양한 가능성을 검증하는 실험을 실시했다.

가능한 변화를 시험한다는 것은 결국 에어비앤비가 "어떻게 해야 집주인의 차별을 줄일 수 있을까?"라는 근본적인 문제에 도전하는 것이었다. 또한 "그런 변화가 회사에 불이익을 안겨주지는 않을까? 또 집주인이나 손님이 더 나쁜 상황을 경험하게 되지는 않을까?"라는 부차적인 문제도 고려해야 했다. 실험을 통해 이런 의문에 대한 답을 받았을 때, 차별이란 선택안을 유지하고 싶어 하는 사용자도 적지 않을 것이기 때문에 에어비앤비는 플랫폼에 어느 정도까지 차별을 유지하며 사용자에게 소외감을 주지 않는 수준에서 어떤 변화를 시행할지 결정해야 했다.

분명히 말하지만, 에어비앤비가 그 까다로운 문제의 답을 찾기 위해 실험을 실시했다는 사실은 마음에 들었다. 그러나 그들이 실험 결과를 감추고, 정책 결정자와 사용자에 관련된 사안임에도 최종적인 타협점을 감춘 것은 실망스러웠다. 물론 그런 변화가 전체적으로 어떤 영향을 미쳤는지 일반 대중에게 공개하지 않은 것도 실망스럽기는 마찬가지였다. 어떤 기업이 그런 비밀주의를 고집하면 무소식이 나쁜 소식이라 생각할 수밖에 없다. 에어비앤비의 경우에는 차별이 계속 일어날 것이다. 에어비앤비가 다음으로 취해야 할 중요한 조치는 투명성일 것이다.

정부 단속 기관들도 계속 주시했다. 2017년 봄 에어비앤비와 캘리포니아주가 맺은 합의에 따라, 앞으로 주정부는 에어비앤비의 플랫폼에서 차별이 있는지 테스트할 수 있었다. 루카 팀이 실시한 실험의 축소판이었지만, 그런 테스트를 통해 주정부는 지속적으로 차별 여부를 감시하며, 필요하면 규제를 강화할 수 있는 권한을 확보했다.

에어비앤비는 설계 변경을 지속적으로 시도했고, 2018년에는 집주인들에게 손님의 요청을 결정하기 전까지 손님의 사진을 볼 수 없다고 알렸다. 루카 팀이 에어비앤비의 직원들과 대화한 결과에 따르면, 그 회사에도 편견을 줄이기 위해 헌신적으로 노력하는 사람이 많았다. 한층 더 공평한 테크 분야를 만들기 위해서는 앞으로 풀어야 할 숙제도 많은 것이 분명하다.

실험의 가치

에어비앤비가 차별과 싸우는 과정에서 실험이 중추적 역할을 했다. 차별 문제를 처음으로 명확히 제시하며 에어비앤비에게 그 문제를 직시하게 만든 것도 실험이었다. 일련의 실험을 통해 에어비앤비는 어떤 설계를 선택하느냐에 따라 실제로 일어나는 차별의 수준이 영향을 받고, 결국에는 회사가 취해야 하는 변화도 달라진다는 걸 깨달았다. 물론 규제 기관들도 실험을 통해 플랫폼에서 차별을 찾아내고 규제할 수 있었다.

에어비앤비에 차별이 존재한다는 건 달갑지 않은 현상이지만, 다행히 우리는 실험을 통해 그 문제를 확인하고 줄일 수 있었다. 일반화해서 말하면, 에어비앤비 소동으로 실험이 우리 주변 세계를 명확히 밝혀 주고 개선할 수 있다는 게 입증되었다. 기업과 정부 기관은 실험의 가치와 위험만이 아니라, 실험을 적확히 실행하는 방법을 더 깊이 알아야 한다. 정책 입안자와 연구자 및 기업은 실험을 통해 더 많이 대화하며, 직관과 감정을 명백한 증거로 대체해야 한다.

특히 실험은 네 가지 방향에서 조직에 유익할 수 있다. 네 방향에 대해서 이 책의 곳곳에서 살펴볼 것이다.

실험의 용도 1: 가정과 메커니즘의 검증

앞에서 언급했듯이, 루카, 에덜먼, 스버스키의 에어비앤비 실험에서 집주인에게 아프리카계 미국인 손님을 받아 힘들고 어려웠던 경험이 있어 흑인을 차별하는 것이란 가정도 가능할 수 있었다. 루카 팀은 에어비앤비 집주인들이 선호하는 손님에 대한 데이터와 실험 결과를 결합해 그 가정을 검증한 결과, 실제로 그런 경우는 없었다는 걸 입증할 수 있었다.

일반적으로 말하면, 많은 경우에 관리자들은 어떤 특정한 상황에 일어날 수 있는 결과를 가정한다. 실험은 그런 가정의 타당성이나 부당성을 증명하고, 사회과학자들이 메커니즘 —달리 말하면, 외적으로 관찰되는 일정한 양상을 만들어 가는 것—이라 칭하는 것을 설명하는 데도 도움이 된다.

실험의 용도 2: 타협점의 파악

첫 에어비앤비 실험에 따르면, 아프리카계 미국인 손님이 다른 면에서 똑같은 백인 손님보다 집주인에게 거절되는 경우가 16퍼센트가량 많았다. 또 차별이 예비실을 예약하는 경우부터 널찍하고 값비싼 주택을 빌리는 경우까지 보편적으로 일어나는 현상이란 것도 첫 실험에서 확인되었다.

에어비앤비가 앞에서 언급한 변화를 시도한 후에는 플랫폼에 차별이 얼마나 남았을까? 5퍼센트? 10퍼센트? 안타깝게도 누구도 모른다. 에어비앤비가 자료를 공개하지 않았기 때문이다. 따라서 에어비앤비가 변화를 시도하며 받아들인 균형점도 알 수 없다. 예컨대 아프리카계 미국인이 거절되는 수준이 10퍼센트 정도 더 높고, 그 수준이 전체 거래에서 0.1퍼센트가량 더 높은 것이라면, 에어비앤비는 그 수준에서 만족했을 수 있다. 에어비앤비가 그런 타협점도 투명하게 논의했다면, 규제 기관이나 직원, 사용자와 지속적으로 대화하기가 더 쉬웠을 것이다.

설계가 변경되면 그때마다 그 결과를 두고 새로운 타협점을 찾아야 한다. 이때에도 실험이 도움을 줄 수 있다. 몇 번의 실험으로 타협점이 찾아지면, 실험마다 제시하는 최선의 방향이 다르더라도 그 차이는 추측의 차이 때문이 아니라 타협점에 대한 선호의 차이에서 비롯되는 것이라 말할 수 있다.

실험의 용도 3: 정책의 평가

에어비앤비는 어떤 변화를 실행하느냐를 두고 그때마다 결정을 내려야 했다. 검색 페이지에서 집주인의 사진을 없애야 할까? 숙소란에서 집주인의 사진을 없애야 할까? 즉시 예약을 늘리기 위한 조치를 취해야 할까? 아예 즉시 예약을 대폭 줄여야 할까?

이런 가능한 변화들을 고민한 끝에, 에어비앤비는 재설계한 플랫폼을 선보였다. 이번 변화들은 서로 영향을 미치기 때문에, 또 에어비앤비의 실험은 최종적인 플랫폼을 결정하기 전에 여러 선택안을 시험한 것이기 때문에, 개별적인 가정과 메커니즘, 수정안을 시험하는 것뿐 아니라 새로운 웹페이지를 전체적으로 평가할 수 있던 것도 중요한 의미가 있었다. 이렇게 실험한다고 에어비앤비가 어떤 수정이 어느 정도의 변화를 유도하는지 정확히 파악할 수는 없다. 그러나 이런 실험을 통해 일련의 변화가 회사에 전체적으로 어떤 영향을 주는지는 파악할 수 있다.

실험의 용도: 사실 확인

간혹 우리가 아무런 가정도 하지 않고, 아무런 이론도 갖지 않는 때가 있다. 예컨대 당신은 어떤 변화도 꾀하고 싶지 않고, 대단한 혁신을 기대하지 않을 수 있다. 또 과정을 약간 수정하면 어떻게 되는지 그저 알고 싶기만 할 수도 있다. 뒤에서 보겠지만, 이런 경우에도 실험은 유용하게 쓰인다. 과정이 중요하다고 생각하지만 정확히 어떻게 중요한지 알지 못하는 경우, 실험을 통해 사실을 확인할 수 있다. 예컨대 이베이가 글자체를 선택하는 걸 당신이 돕는다고 해 보자. 이베이가 쿠리어 글자체로 바꿔야 할까? 이에 대해 좋은 이론이나 가정을 갖고 있기는 힘들지만, 결과를 확인하기는 쉽다.

이베이의 광고비,
5,000만 달러

eBay's $50 Million Advertising Mistake

　　　　　　구글이 어떻게 돈을 버는지 생각해 본
적이 있는가? 여하튼 우리가 구글 플랫폼에 검색한다고 구글이
우리에게 돈을 청구하지는 않는다. 구글의 비즈니스 모델을 이
해하려면, 구글 플랫폼이 어떻게 운영되는지 알아야 한다. 구글
은 검색자에게 관련된 다른 사이트 목록을 제공하는 강력한 검
색 엔진으로 알려져 있다. 이런 목록을 찾아내려고 구글은 웹을
샅샅이 뒤지며, 구글 사용자들이 흥미롭게 생각할 만한 수백만
개의 웹사이트 —여행사부터 신문과 소매업자까지 모든 것—
를 빠짐없이 확인한다. 따라서 구글은 당신과 다른 사람이 과거
에 행한 검색 결과를 분석하고, 특정한 검색어에 어떤 웹사이트
가 가장 유용한지 알아내려는 알고리즘에 엄청나게 투자한다.

당신이 무언가를 검색할 때마다 당신 앞에 제시되는 결과는 이런 과정을 거친 끝에 나오는 것이다. 예컨대 '치즈버거 만드는 법'을 검색하면 온갖 요리법 웹사이트로 연결된다.

우리가 구글에게 검색 비용을 지불하지는 않지만, 우리가 검색하는 행위 자체가 구글에게는 돈이 된다. 구글이 우리 검색 결과 옆에 나타나는 광고를 팔기 때문이다. 직접 구글 검색을 시도하며, 구글의 광고 판매가 어떻게 이루어지는지 설명해 보자. 검색을 시도하면, '유기적 결과'organic result로 일컬어지는 주된 결과인 웹사이트가 눈에 들어온다. 그러나 적어도 일부 검색 결과에서는 앞쪽에 ad(광고)라고 쓰인 웹사이트가 있다. 그 광고가 구글이 검색 엔진을 통해 벌어들이는 수입이다.

당신은 구글을 검색 엔진으로 생각할지 모르지만, 기업계는 구글을 광고 플랫폼으로 생각한다. 기업들은 광고를 검색자에게 보여 주려고, 정교하게 짜인 광고 경매에 참여해 검색어에 입찰한다. 광고 경매는 수익성이 높은 사업으로 판명되었고, 2017년에만 구글은 광고 수입으로 약 1,000억 달러를 벌어들였다.

광고 판매는 구글에게 황금알을 낳는 거위이지만, 구글 플랫폼에 광고하는 기업에게도 그만큼의 수익을 안겨 주는지는 불확실하다. 아래의 결과를 예로 들어 보자. 의류 회사 갭Gap을 구글에서 검색한 결과이다. 처음의 두 링크는 모두 갭의 웹사이트를 가리킨다. 하나는 유기적 결과이고, 다른 하나는 갭의 광고이다. 유기적 결과가 갭 웹사이트로 연결되는 것은 이해가 된다. 누군가가 구글에서 갭을 검색한다면, 어떤 식으로든 갭과 관련된 사이트를 찾기 때문일 것이다. 따라서 갭이 자신의 상표 이름에 광고하는 행위는 합리적인 결정으로 여겨질 수 있다. 갭 경영진은 그런 광고로, 사람들이 갭을 검색할 때 갭이 가장 먼저 보이게 할 수 있고, 경쟁 기업들, 예컨대 제이 크루나 유니클로가 갭을 검색하는 고객을 빼앗아 가려고 광고하는 걸 더 어렵게 할 수 있을 거라고 생각할 것이다. 하지만 이런 광고의 실질적인 효과는 거의 확실하지 않다.

한 세기 전, 백화점 왕, 존 와너메이커John Wanamaker(1838~1922)는 말했다.

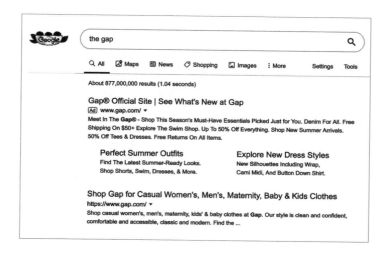

"내가 광고에 쓴 돈의 절반은 낭비한 것이다. 그런데 난처하게도 어느 쪽 절반인지를 모르겠다."

하지만 인터넷 시대는 조직에게 광고 효과를 평가하는 새로운 기회를 제공했다. 바로 '실험'이란 방법이다!

상관관계가 오해를 야기하는 이유: 이베이가 증거

갭처럼 이베이도 이미 널리 알려진 기업이다. 구글에서 이베이eBay, 이베이 슈즈eBay shoes 등을 검색하면, 상위 검색 결과가 이베이 홈페이지인 것은 당연하다. 따라서 현재 캘리포니아 대학교 버클리 캠퍼스의 경제학자로 당시 이베이 경제 팀을 이끌던 스티브 타델리스Steve Tadelis는 사용자들이 '이베이' 혹은 이베이와 관련된 핵심어를 검색할 때 이베이 홈페이지가 상위 검색 결과에 오도록 회사가 구글에 광고비를 지급하고 있다는 걸 알자, 광고 전략을 전환해야 하지 않을까 생각하기 시작했다. 마케팅 팀에게 받은 자료를 분석한 끝에, 타델리스는 회사가 구글 광고에 연간 5,000만 달러를 사용한다는 걸 알게 되었다. 마케팅 팀은 타델리스에게 그 정도의 광고비는 좋은 투자라 생각한다며, 광고를 클릭하는 많은 사용자가 결국 이베이에서 물건을 구입한다고 지적했다. 정말 좋은 투자였을까?

스티브는 미심쩍었다. 스티브는 선택 편향의 가능성을 염려했다. 광고 자체가 목표였다. 구글에서 이베이를 검색하는 사람, 따라서 이베이에서 물건을 사려는 사람에게 광고가 보이는 것이었다. 달리 말하면, 광고가 없어도 그들은 이베이에 접속할 사람일 가능성이 크다는 뜻이다.

다음 차례로 실험이 준비되었다. 이베이가 직관을 인과적 증거로 대체할 수 있는 데 굳이 추측할 필요가 어디에 있는가?

이베이의 광고 실험

이베이 경제 팀에서 일하던 경제학자들, 톰 블레이크와 크리스 노스코, 스티브 타델리스는 구글 광고에 대한 수익률을 정확히 알아내기 위해 일련의 실험을 실시했다. 그들은 구글 광고를 게시하거나 중단하며 시장에 변화를 주었고, 구글 광고를 통해 이베이에 접속하는 사람들을 추적했다. 물론 유기적 결과를 통해 접속하는 사람들, 즉 광고료를 지불하지 않는 구글 검색 결과를 통해 이베이에 접속하는 사람들도 추적했다.

그 차이는 극명했다. 당연한 결과였겠지만, 구글 광고를 중단한 시장에서는 광고를 통해 이베이에 접속되는 흐름이 완전히 사라졌다. 하지만 그 시장에서 유기적 검색 결과를 통한 접속은 확연히 증가했다. 대체 무슨 일이 있었던 것일까? 구글에서 '이베이' 혹은 이베이와 관련된 검색어를 검색하고는 광고보다 아래쪽에 위치한 유기적 결과를 보려고 아래로 스크롤할 이유가 없었던 사용자들이 상단의 유기적 검색 결과를 클릭한 것이었다. 그들은 어차피 이베이를 찾아 접속할 텐데 무의미한 광고를 집행한 셈이었다. 달리 말하면, 이베이가 매년 구글에 지불하던 거액의 광고비가 거의 낭비였다는 뜻이다. 하지만 경영진은 이베이와 그다지 관련되지 않은 품목의 광고라면 매출 확대로 이어질 수 있다고 판단했다. 예컨대 이베이는 '중고 깁슨 레스폴'Gibson Les Paul이란 검색어에 광고해 상당한 수익을 거둔 적이 있었다. 하기야 기타를 검색할 때 기타와 이베이를 관련 짓는 사람이 얼마나 있겠는가! 더구나 그런 광고는 이베이에서 구매해 본 적이 없는 사용자들에게 더욱더 효과가 있었다. 그들은 이베이에서 어떤 물건을 구매할 수 있는지도 제대로 몰랐던 사람들이었기 때문이다. 이런 일련의 실험 결과에서, 정보가 부족한 잠재 고객에게 다양한 정보를 제공할 때 광고가 더 효과적이라는 이론이 새삼스레 입증되었다.

이 실험을 근거로, 이베이는 구글 광고를 줄였다. 이제 구글에서 '이베이'를 검색하면 유기적 결과만이 나온다. 이베이가 '이베이'라는 검색어에 더 이상 광고하지 않기 때문이다.

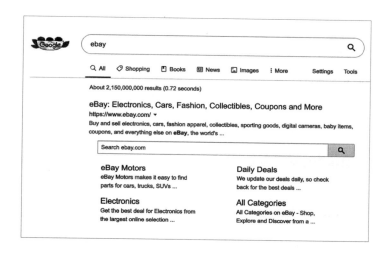

　이베이의 무의미한 광고비 지출은 상관관계에 의존한 의사
결정의 위험을 보여 준 극명한 증거, 또한 상관관계가 인과관
계는 아니라는 걸 보여 준 증거이기도 했다. 이베이의 경우에
광고 클릭과 구입의 관계는 상관관계에 불과했다. 이 광고 실
험을 계기로 이베이는 검색 광고에 대한 전략 전체를 재점검했
다. 일반화해서 말하면, 이베이의 사례는 중요한 경영 문제의
답을 구하는 데도 실험이 유용하게 쓰일 수 있다는 걸 보여 준
증거이다.

　저스틴 라오Justin Rao와 안드레이 시모노프Andrey Simonov의 연
구에 따르면, 이베이 실험이 공개된 후 핵심어 광고를 두고 경
쟁할 필요가 없는 대기업 중 11퍼센트가 핵심어 광고를 중단했

다. 하지만 그들의 연구는 기업들이 다른 중요한 교훈, 즉 자체적으로 광고 실험을 실시했어야 한다는 교훈을 배우지 못한 듯하다고 에둘러 지적했다.

소기업의 옐프 광고

이베이 실험은 유명한 대기업의 광고 효과를 평가한 것이었다. 마이클 루카는 데이지 다이와 김현진의 도움을 받아, 사람들이 표적 검색을 하는 경우에 검색 광고search advertising가 상대적으로 작은 기업들에게 더 효과적이지 않을까 생각하고, 그 생각의 검증에 나섰다. 그들은 옐프의 최고운영책임자, 제프 도네이커Geoff Donaker에게 도움을 요청했다. 옐프는 지역 기업과 서비스 사업체에 대한 리뷰를 게재하는 플랫폼으로, 그들에게 광고도 판매하는 온라인 기반 기업이다.

옐프는 루카 팀의 대규모 실험에 협력하며, 수천 곳의 식당을 석 달 동안 무료로 광고했다. 당시 옐프가 판매하던 일반적인 식당 광고, 즉 웹사이트에 해당 식당에 대한 광고가 1,000번 노출되는 혜택을 제공했다. 광고는 다양한 방식으로 노출되었다. 예컨대 피자를 검색하면 티 앤서니 피자 전문점의 광고로 연결될 수 있었다. 이베이가 구글에 광고한 경우처럼, 이 경우는 일종의 검색 광고와 다를 바가 없었다. 하지만 구글에 광고한 경우와 달리, 해당 기업이 핵심어를 선택하지는 않았다. 옐프가 알고리즘을 사용해 광고가 노출되어야 하는 곳과 때를 결정했다.

이베이 실험의 결과와 대조적으로, 옐프를 이용한 광고는 적어도 루카 팀의 표본에서 소기업들에 상당한 효과가 있었다. 광고 혜택을 받은 기업들은 웹페이지의 방문자 수에서는 물론이고, 옐프가 소비자 의도를 측정하는 데 사용하는 기준들 —예컨대 식당에 전화하거나 위치를 검색한 횟수— 에서도 급격한 증가를 보였다.

이런 결과는 두 실험 사이의 중대한 차이에서 비롯된다. 이베이는 경쟁자가 소수이고 다수에게 알려진 대기업이다. 반면에 옐프에 광고하는 소기업은 덜 알려져서, 광고로 인해 브랜드 인지도가 높아지는 효과를 고스란히 누릴 가능성이 크다. 이런 추정을 뒷받침하듯, 루카 연구 팀은 옐프 광고가 유명한 대형 체인점(맥도널드나 애플비스)보다 독립 자영업에 더 큰 영향을 준다는 걸 밝혀냈다. 게다가 옐프 광고는 리뷰에서 높은 점수를 받은 기업들에게 더 효과적이었다. 또 광고는 기업의 인지도를 높일 수 있다. 특히 품격을 높이려는 기업에는 인지도가 무척 중요하다. 예컨대 고급 식당은 광고를 통해, 이미 그 식당을 알고 있는 고객들을 다시 오게 하는 효과를 거둘 수 있다.[1]

요컨대 조직의 성격에 따라 유사한 실험을 시도하고도 확연히 다른 결과와 결론에 도달할 수 있다. 따라서 어떤 조직이든 광고 효과, 상여금의 가치 등 특정한 항목에 대해 어떤 행위가 갖는 영향과 방향을 제대로 파악하려면, 한 번의 실험에서 얻은 단일한 데이터에만 의존하지 말고, 다양한 상황에서 실험을 실시하며 여러 기준틀을 개발하는 데 초점을 맞추어야 한다.

예를 들면 마케팅 팀은 실험을 통해, 자체의 브랜드를 알리는 데 도움이 되는 들쑥날쑥한 핵심어들에서 공통분모를 찾아내고, 광고로 브랜드 효과가 얼마나 더 오랫동안 유지되고, 또 광고로 유인된 고객이 어느 정도나 다시 찾는 고객이 되는지를 알고 싶어 할 수 있다. 광고와 관련된 실험은 기업 브랜드에 따라, 시대에 따라, 또 플랫폼에 따라 달라진다. 광고 분야는 아직도 가야 할 길이 멀지만, 점차 과학적으로 변해 가고 있는 것은 사실이며, 실제로 아주 간단한 실험에서도 강력한 통찰을 얻은 경우가 적지 않았다.

알리바바의
초특가 할인
Deep Discounts at Alibaba

지금쯤이면 많은 독자가 짐작하겠지만, 루카와 나는 조직이 실적을 개선할 목적에서 실험을 실행한다는 이야기를 들을 때마다 무척 기쁘다. 그러나 실험이 비즈니스적으로 중대한 결정인 경우도 많지만, 모든 결정이 그런 것은 아니다. 이 장에서는 중요한 경영 목표에서 비롯된 실험을 다루어 보려 한다. 그 실험에서는 흥미로운 결과도 적잖게 확인되었지만, 실험 결과를 바탕으로 결정을 내릴 때 경영적 판단도 중요하다는 게 입증되었다.

중국 전자 상거래의 거인, 알리바바阿里巴巴는 기업 가치가 5,000억 달러 이상으로 평가되는 세계 최대의 소매 기업이다. 아마존처럼, 알리바바도 다른 소매업자들이 자체의 상품을 판매할 수 있는 온라인 플랫폼이다. 2016년 알리바바는 급속히 성장하며, 2년 연속 매출이 분기별로 50퍼센트 이상 성장하는 기록을 세웠다. 그 후로도 알리바바는 눈부신 성장을 계속할 수 있는 방법을 끊임없이 연구했다. 이 과정에서 전자 상거래를 개선하기 위한 실험도 상당한 역할을 했다.

이때 알리바바는 자체적으로 사용자들에게 제시하는 할인에 대한 실험도 실시했다. 소매업자들은 자체적으로 결정한 가격에 상품을 플랫폼에 올릴 수 있었지만, 알리바바는 판매자가 고객에게 할인권을 제공할 수 있는 때와 제공할 수 없는 때를 결정함으로써 사용자가 궁극적으로 지불하는 가격을 상당한 정도까지 통제할 수 있었다. 알리바바는 사용자 참여와 사용자 유지라는 면에서 할인이 가장 효과를 발휘하는 상황을 알아내고 싶었다.

대부분의 테크 기업이 그렇듯이, 알리바바에도 엄청난 양의 사용자 데이터가 축적된 상태였다. 그중에는 각 고객의 검색 기록, 과거의 구매 내력, 주소 등에 대한 정보도 있었다. 알리바바는 이런 데이터 보물 창고를 활용해, 할인권을 어떻게 발행해야 하는지를 알아냈다. 예컨대 고객들은 곧바로 구매하지 않을 물건들을 쇼핑 카트에 넣어 두는 경우가 많았다. 그런 고객은 나중에 쇼핑 카트에 돌아와 그 물건을 구매하기도 했지만, 대다수는 쇼핑 카트에 담아 둔 물건을 구매하지 않았다. 쇼핑 카트에 담긴 물건들을 실제 구매로 연결하기 위한 수단의 일환으로, 알리바바는 판매자들에게 고객이 24시간 이상 쇼핑 카트에 담아 둔 물건들을 대폭 할인해 판매하는 걸 허용했다. 고객이 구매를 망설이는 물건에만 할인이 제공되기 때문에 그런 할인은 고객의 결정을 앞당기게 할 수 있다. 따라서 할인이 없어도 물건을 구매하는 사람들과 달리 구매를 망설이는 사람들에게, 쇼핑 카트에 담긴 물건을 겨냥한 할인은 매력적으로 느껴질 수 있다. 유효 기간이 있는 할인 행사를 알리는 이메일 발송과 달리, 이 전략에는 고객에게 구체적인 물건의 구매 결정을 독촉한다는 이점이 있다.

초특가 할인이란 프로젝트에 소비자 심리가 영향을 받아, 실제로 고객 행동customer behavior이 달라졌을까? 2016년 초, 한 경영 연구 팀 —헹첸 다이, 링시우 동, 데니스 장— 이 알리바바 팀과 손잡고, 알리바바의 두 플랫폼에서 무작위 추출 현장 실험을 실시했다. 쇼핑 카트 판촉 프로젝트, 즉 초특가 할인의 효과를 정확히 측정하기 위한 실험이었다.

연구자들은 알리바바 플랫폼에서 하나 이상의 할인 제안을 받았던 고객 중에서 무작위로 100만 명을 선택해, 2016년 3월 12일부터 2016년 4월 11일 사이에 대조군이나 실험군에 배치했다. 실험군에 속한 고객들은 하루 이상 동안 쇼핑 카트에 넣어 둔 품목들에 대한 할인권을 받았고, 대조군에 할당된 고객들은 어떤 할인권도 받지 못했다.

알리바바와 연구 팀은 실험을 설계할 때 경영적인 측면에서 몇 가지 결정을 내려야 했다. 다시 말하면, 쇼핑 카트 판촉 프로젝트를 계속하거나 확대해야 하느냐를 결정할 때 어떤 결과에 초점을 맞추고, 어떤 요인을 고려해야 하는가를 결정해야 했다. 따라서 알리바바 연구 팀은 ⑴사용자가 할인을 받으면 쇼핑 카트에 넣어 둔 물건을 구매할 가능성이 높아지느냐, ⑵사용자가 알리바바에서 전체적으로 더 많은 물건을 구입하느냐를 살펴보기로 결정했다.

당연한 결과였겠지만, 사용자들은 쇼핑 카트에 담긴 물건에 할인권이 제공되면 그렇지 않은 경우보다 더 많은 물건을 구입하는 듯했다. 하지만 할인 기간이 지나고 적어도 한 달 동안의 데이터를 분석한 결과에 따르면, 사용자들이 장기적으로 알리바바에서 더 많은 돈을 지출하는 것 같지는 않았다. 따라서 할인 효과는 총 비용에 비하면 그다지 크지 않았고, 사용자가 할인되지 않는 물건에서 할인되는 물건으로 구매를 바꾸었다는 뜻일 수 있다. 결국 쇼핑 카트 판촉 프로젝트는 작은 청산에 불과하다는 뜻이었다. 어떤 판매자에게는 좋지만, 어떤 판매자에게는 나쁜 결과였고, 시장 확대는 없었다.

연구 팀은 다시 시야를 넓혀, 2016년 4월 12일부터 2016년 5월 9일까지, 즉 할인 기간이 끝나고 4주 동안의 구매 행태를 분석했다. 그 기간 동안, 사용자의 플랫폼 방문이 약간 증가했다. 예컨대 할인권을 받은 사용자는 플랫폼에서 더 많은 물건을 보았다. 대단한 변화는 아니더라도 분명히 좋은 징조였다. 그러나 이런 긍정적인 면에도 문제점이 있었다. 할인을 받은 고객들은 더 큰 할인을 기대하듯 쇼핑 카트에 더 많은 물건을 넣어 둘 뿐, 이를 구매하지는 않았다. 결국 쇼핑 카트 판촉 프로젝트는 사용자에게 원하는 물건을 정가에 구입하도록 유도하지 못하고 할인을 기다리게 할 뿐이었다. 이는 장기적으로 보면 좋은 것이 아니었다.[1]

데이터로부터 의사결정까지

알리바바가 초특가 할인 프로젝트를 계속 진행해야 할까? 우리가 어떤 관점을 취하느냐에 따라, 그 답은 달라진다. 예컨대 판매자는 할인을 제공할 수 있어, 할인이 이익까지는 아니어도 매출 확대로 이어지면 행복할 것이다. 따라서 판매자의 관점에서 보면, 그 프로젝트를 계속 진행하는 게 더 나을 수 있다(하지만 할인을 허용하지 않는 정책이 경쟁을 줄이면, 판매자는 그런 제도하에서 더 큰 이익을 얻을 수도 있다).

그러나 관점을 플랫폼 쪽으로 돌리면 상황이 어두워진다.

할인 판촉으로 전체적인 매출은 증가하지 않는 듯하기 때문이다. 할인 판촉은 파이의 크기를 키우지 않고, 파이를 쪼개는 방법을 바꾸는 것에 불과하다. 그 실험에서 할인 판촉의 장기적인 효과를 측정하기는 애매하다. 테크 기업의 많은 실험이 그렇듯이 알리바바도 어떤 조치의 단기적인 효과를 측정했다. 그러나 그 조치의 장기적인 가치에도 관심을 가져야 한다. 고객의 전략적 행동, 즉 쇼핑 카트에 물건을 넣어 두고 할인을 기다리는 행동이 증가하면, 계획한 목표가 악화되고 정가 판매에 재앙이 될 수도 있다.

이 실험과 내부 토론을 바탕으로, 알리바바는 쇼핑 카트 할인 프로젝트를 확대하지 않기로 결정했다. 알리바바가 실험을 실시하고, 그 실험이 원만하게 실행된 것은 대단했지만, 실험 결과를 경영 결정에 적용하는 데는 중대한 한계가 있었다. 그 이유는 알리바바의 실험에서 질문이 불완전했기 때문인 듯하다. 알리바바의 실험은 "이 프로젝트는 존재해야 하는가?"라고 묻지 않고, "이 프로젝트는 어떻게 설계되어야 하는가?"라고 물었어야 했다. 두 질문은 명백히 다르다. 쇼핑 카트 할인이 작은 효과밖에 거두지 못한 이유는, 그런 할인에 본질적인 결함이 있기 때문이 아니라 설계부터 잘못되었기 때문일 수 있다.

구체적으로 말하면, 쇼핑 카트 프로젝트를 설계할 때 알리바바가 더 깊이 생각했어야 할 요소들이 있다. 첫째, 할인 판촉의 노출이 상대적으로 낮았다. 따라서 할인 행사가 끝난 뒤에야 쇼핑 카트를 재방문한 사용자가 3분의 1에 달했다. 따라서 그들은 할인 행사가 진행되고 있다는 것도 몰랐다. 사용자에게 할인 행사를 알리는 이메일조차 보내지 않았고, 할인을 알리는 행사의 노출까지 억제한 까닭에, 쇼핑 카트 할인 프로젝트를 못 보고 넘겨졌을 것이다. 따라서 알리바바가 할인 행사의 노출 빈도를 높이는 등 다양한 방식으로 할인 인식도를 높였다면, 사용자 행동도 극적으로 달라졌을 수 있다.

둘째, 쇼핑 카트 할인 프로젝트에서는 판매자들이 자기 상품의 할인율을 결정할 수 있었다. 이 때문에 할인율이 구매 행위에 미치는 영향을 정확히 파악할 수 없었다. 이 실험을 진행한 연구자들의 결과 보고서에 따르면 다음과 같다.

"쇼핑 카트 판촉 프로젝트에서는 큰 폭의 할인이 제시되지 않는 경우가 많았다. 평균 할인율은 17퍼센트, 중간 할인율은 13퍼센트였다."

알리바바가 가용한 데이터를 활용해 판매자에게 어느 정도로 할인해야 하는지 조언했더라면, 쇼핑 카트 프로젝트는 훨씬 더 효과적이었을 것이다.

셋째, 할인 프로젝트가 사용자 만족도에 미친 효과도 역시 불분명하다. 물론 사용자와 알리바바의 관계에 대한 장기적인 예측도 불확실하다. 연구 팀은 이 점에 대해 "실험은 할인 프로그램의 장기적인 효과를 파악하기 위해 설계된 것이 아니다." 라고 솔직하게 말했다. (연구자들은 실험군의 사용자들이 그 후에 더 많은 상품을 검색했지만, 그 효과는 1년이 지나지 않아 사라졌다고 말했다) 쇼핑 카트 판촉 프로젝트가 전체적인 참여도를 바꾸는 데는 큰 효과가 없었지만, 그 프로젝트가 정교하게 설계되고 치밀하게 시행되었다면 알리바바에 큰 이익을 안겨 주었을 수 있다.

객관적으로 평가하면, 그 실험은 경영 결정에 활용되는 실험의 가능성과 한계를 동시에 보여 주었다. 그 실험으로 알리바바는 직관을 데이터로 대체할 수 있었다. 이런 변화는 올바른 방향을 향한 중대한 진전이었다. 그러나 알리바바에 실험을 진행하는 방법에 대한 기본 모형이 없다는 사실도 그 실험으로 드러났다. 알리바바가 기존 판촉 방법을 평가할 때 다양한 부분을 시험했더라면, 실험을 효과적으로 진행하는 메커니즘을 더 깊이 이해하는 데 필요한 교훈들을 배웠을지도 모른다. 2장에서 언급했듯이, 스탠퍼드의 경제학자로 노벨 경제학상을 수상한 앨빈 로스는 한 번의 특별한 실험보다 '일련의 실험'에서 배운 것을 자주 언급한다. 다양한 메커니즘을 알아내기 위해 실험을 되풀이할 때 더 많은 통찰을 얻을 수 있기 때문이다. 어쨌든 알리바바가 데이터에 근거해 결정을 내렸고, 연구자들이 무척 냉정하게 실험을 실시한 것은 칭찬받아 마땅하다. 다만, 할인 판촉 프로젝트와 그 가격 전략의 다른 부분들을 시험하고 다듬기 위해 더 많은 실험을 실시했더라면 그들의 플랫폼이 상당한 이익을 얻었을 것이다.

궁극적으로 조직이 실험을 성공적으로 해내려면, 올바른 대답을 얻는 것만큼이나 올바른 질문을 제기하는 게 중요하다. 관리자들은 상품 자체를 테스트하는 데도 주력해야 하지만, 올바른 결정을 내리는 데 도움을 주는 기준틀을 개발하기 위해 실험을 어떻게 활용한 것인지도 고민해야 한다. 달리 말하면, 경계적 조건과 메커니즘을 알아내려고 애써야 한다는 뜻이다. 알리바바의 경우로 말하자면, 특정한 가격 정책이 효과가 있는지 판단하는 데 그치지 않고, 전반적으로 할인이 어떤 이유에서 어떻게 효과가 있는지 알아내려고 애써야 했다는 뜻이다.

스텁허브의 비밀에
가려진 수수료

Shrouded Fees at StubHub

2016년, 저명한 거시경제학자 니컬러스 그레고리 맨큐Nicholas Gregory Mankiw는 『뉴욕타임스』에 기고한 글에서, 당시 브로드웨이에서 공연 중이던 뮤지컬 '해밀턴'의 비싼 입장권을 다루었다. 맨큐가 불평한 것은 장당 1,000달러를 웃도는 입장권 가격이 아니라, 턱없이 비싼 가격에도 불구하고 공연이 거의 언제나 매진된다는 사실이었다. 오히려 맨큐는 스텁허브에서 가족 모두를 위한 암표를 장당 2,500달러에 구입할 기회를 얻은 것에 고마워했다. 그 글의 제목? "나는 '해밀턴' 입장권을 2,500달러에 구입했다. 그래서 행복하다."였다.[1]

맨큐는 많은 경제학자가 적어도 부분적으로 자신의 의견에 동의할 것이라 주장했다. 입장권 암시장이 좋은 것일 수 있는 이유를 이해하는 데 도움이 되는 그의 배경 이야기를 들어 보자. 맨큐는 공연 이틀 전에 가족 모두를 위한 '해밀턴' 입장권을 스텁허브에서 구입했다. 온라인 시장, 스텁허브 덕분에 게임, 콘서트, 극장 등 흥미로운 행사의 입장권을 개인 사이에 되팔기가 수월해졌다. 스텁허브에서 판매자는 자신이 구입하거나 하여간 어떤 식으로든 획득한 입장권을 되팔 수 있다. 때로는 원래 가격보다 훨씬 높은 값으로 판매할 수 있지만, 어떤 때는 손해를 보고 팔아야 한다. 결국 수요에 따라 재판매 가격이 결정된다.

이런 식으로 입장권을 되파는 사람은 비윤리적으로 행동하는 것이라 주장하는 사람도 적지 않다. 여하튼 어떤 작품이나 게임을 만들어 내려고 땀 흘리는 사람들이 이런 행위에 의해 이익을 빼앗겨서는 안된다. 한편 입장권을 되팔아 돈을 벌지 못하도록 해야 더 많은 사람이 공연이나 행사를 즐길 수 있을 것이란 근거에서 입장권 되팔기를 반대하는 사람도 적지 않았다. 그러나 맨큐는 스텁허브 같은 시장이 판매자와 구매자를 연결해주며 경제적 효율을 높여 준다고 주장했다. 이런 추론은 경제학의 핵심 원리 ─ 두 사람의 거래는 양쪽 모두를 더 행복하게 해주며, 일반적으로 시장은 경제 행위를 조직하는 좋은 방법이다 ─ 를 반영한 것이다. 이 경우에서 맨큐는 '해밀턴'을 관람하지 않아 돈을 절약한 행복감보다, 2,500달러를 지불하고도 '해밀턴'을 관람한 행복감이 더 컸다.

"가격이 무척 높았기 때문에 나는 그렇게 촉박하게 입장권을 구입할 수 있었다. 법적 제약이나 도덕적 제재 때문에 판매 가격이 액면가를 크게 벗어나지 못했다면 내 가족이 뉴욕을 여행하려고 계획하던 즈음에 입장권을 구하지 못했을 것이다."

그 입장권의 원래 소유자도 그 뮤지컬을 관람하고(혹은 어떤 이유로든 뮤지컬을 보지도 못한 채) 2,500달러를 포기한 행복감보다 2,500달러를 손에 넣은 행복감이 더 컸을 것이다. 스텁허브는 이런 거래를 용이하게 해 주는 장터인 셈이다.

일반적으로 말하면, 맨큐의 주장은 시장의 효율성을 중시하는 경제학적 세계관의 전형이다. 수십 년 전부터 경제학은 시장의 효율성을 고려하는 데 그치지 않고, 시장을 더 효율적인 쪽으로, 더 많은 이익을 창출하는 쪽으로 설계하는 방법을 연구해 왔다. 뒤에서 보겠지만, 행동 경제학이 이런 결정을 유도하는 데 큰 역할을 하고, 기업의 정책에 따라 그 결과는 소비자에게 유리하거나 불리하게 작용할 수 있다.

이 장에서는 스텁허브가 시장을 설계할 때 내려야 하는 결정들과, 그 결정에서 실험이 차지하는 주된 역할에 대해 살펴보려 한다. 또 효율과 이익을 추구할 때 잊기 쉬운 중대한 변수들 —장기적인 관점에서, 어떤 정책 결정이 외부인들에게 가할 수 있는 잠재적인 피해와 금전적인 손해— 에 대해서도 살펴보려 한다.

수수료를 언제 공개해야 하는가?

이베이가 소유한 재판매 플랫폼인 스텁허브에서 개인 판매자는 약간의 제약이 있지만, 티켓 가격을 직접 결정할 재량권이 있다. 그 가격은 액면가보다 높을 수도 있고 낮을 수도 있다. 구매자는 티켓 가격 이외에 배송과 관리 및 스텁허브의 봉사료 등으로 구성되는 수수료를 지불해야 한다. 이베이 팀이 이 문제를 고심하던 2015년, 구매자는 배송료와 관리료 이외에 티켓 가격의 15퍼센트를 봉사료로 지불했다.[2]

스텁허브는 "사용자에게 그런 수수료를 언제 어떻게 제시해야 하는가?"라는 전략적 결정을 내려야 했다. 2013년 스텁허브는 수수료를 선지급하는 가격 전략을 사용했다. 따라서 고객이 티켓 재고 목록을 보는 순간부터 모든 수수료를 포함한 티켓의 최종 가격을 알 수 있었다. 이 전략은 수수료를 나중에야 드러내는 가격 전략backend fee(스텁허브가 과거에 사용하던 방법)과 정반대이다. 이 경우에 고객은 판매자가 요구하는 가격만을 처음에 볼 수 있고, 티켓을 선택하고 최종적인 결제 단계에 도달해서야 추가적인 수수료가 얼마인지 알게 된다.

스텁허브는 '수수료 때문에 결제 단계에서 놀랄 필요가 없습니다.'라는 광고 문구로, 선지급 수수료 정책을 대대적으로 알렸다. 이런 단순명료한 가격 정책의 잠재적 매력은 명확했다. 어떤 고객도 숨겨진 수수료 때문에 짜증 내지 않았다는 것이다. 그렇다고 스텁허브가 최고의 이익이 보장되는 가격 정책을 선택했다는 뜻은 아니다. 결제 단계까지 수수료를 감추고 드러나지 않도록 해야 구매자의 지불 의사가 높아지지 않을까? 여하튼 행동 경제학의 연구에 따르면, 총 가격만이 아니라, 가격을 구성하는 부분들이 얼마나 분명하게 드러나느냐에 따라 수요가 달라진다.[3]

이런 아이디어를 현실에 적용할 방법을 고민하던 이베이 경제 연구 팀, 즉 톰 블레이크와 세라 모스헤리, 케인 스위니와 스티브 타델리스는 선지급과 후지급 중 어느 수수료 전략이 회사에 더 이익인가를 알아내기 위한 연구에 돌입했다. 그 팀의 임무는 행동 경제학에서 얻은 통찰과 도구를 활용해, 이베이와 자회사들의 경영 정책을 수립하는 것이었다. 부가되는 수수료를 감추면 고객의 지불 의사가 올라갈 수 있다고 말하던 과거의 연구를 고려하면, 구매 단계에서 마지막 순간까지 수수료를 드러내지 않아야 구매자가 스텁허브에 더 많은 수수료를 지불할 것이란 추론은 충분히 타당하게 들렸다. 그런 결과는 스텁허브가 지향하던 목표였지만, 그 효과의 규모는 불분명했고, 그런 변화는 기존의 투명한 접근법을 높이 평가하는 고객들을 소외시킬 위험이 있었다.

따라서 실험이 준비되었다. 2015년 8월 후반, 2주일 동안 스텁허브는 일부 사용자에게는 선지급 수수료 —스텁허브의 당시 정책— 가 포함된 티켓을 보여 주었고, 다른 사용자에게는 수수료를 나중에 덧붙이는 티켓을 보여 주는 실험을 실시했다. 선지급 수수료 조건을 사용하면 사용자가 티켓을 처음 보는 순간 최종 가격을 알게 되는 것이고, 후지급 수수료 조건을 사용하면 사용자가 마지막 결제 단계에 도달해서야 최종적인 티켓 가격을 알게 된다.

앞에서 다룬 많은 실험에서 그랬듯이, 실험에는 경영과 관련된 중요한 문제가 포함된다. 궁극적으로 스텁허브는 어떤 데이터를 눈여겨보고, 어떤 결과에 관심을 두며, 실험을 통해 얻는 결과를 근거로 결정을 내릴 때 어떤 식으로 생각할지 결정해야 했다. 예컨대 이익만을 생각해야 하는가? 그렇지 않다면 무엇을 더 고려해야 하는가? 실험 결과는 잠시 후에 살펴보기로 하고, 먼저 실험이 지금도 계획 중이라고 상상해 보자. 스텁허브가 실험을 어떤 식으로 진행해야 하는지 당신의 생각을 써 보라. 연구 팀은 어떤 데이터에 초점을 맞추어야 하고, 스텁허브가 후지급 수수료 방식으로 전환해야 하는가를 결정할 때 관리자들은 어떤 기준을 사용해야 했을까? 이 책을 쓴 우리는 대학

교수이다. 달리 말하면, 질문하는 게 직업인 사람들이다. 요컨대 앞의 질문은 우리가 당신에게 부과하는 숙제이다. 이 질문에 먼저 답하고, 뒤를 읽어 가기 바란다.

결과들

당신 생각에 스텁허브는 어떤 데이터를 주목해야 했을까? 고객이 구매하느냐 않느냐를 연구 팀이 눈여겨봐야 한다고 생각하는가? 고객이 지불하는 액수에 주목해야 한다고 생각하는가? 스텁허브의 수익률은 어떤가? 숨겨진 수수료가 고객이 향후에 스텁허브 플랫폼을 다시 사용할 가능성에 영향을 미치느냐는 의문까지 장기적인 문제도 고려해야 하는가? 실험을 계획할 때, 이런 의문들을 미리 생각해 두는 것도 도움이 된다. 그래야 데이터를 손에 쥔 후에 결과를 왜곡하고 싶은 유혹을 피할 수 있기 때문이다.

스텁허브는 열흘 동안 실험을 실시(열흘이면 테크 분야의 실험에서 이례적인 시간이 아니다)하며, 몇몇 주된 기준 —예컨대 사용자가 결국 구매를 했느냐, 그랬다면 얼마를 지불했느냐— 을 추적했다. 그 결과는 놀라웠다. 선지급 수수료에 노출된 사용자보다, 후지급 수수료에 노출된 사용자가 스텁허브를 방문한 동안 티켓을 구매한 확률이 13퍼센트 더 높았다. 또 후지급 수수료에 노출된 사용자가 티켓값으로 5.42퍼센트를 더 지불했다. 수수료가 감추어질 때 사람들이 더 좋은 더 비싼 티켓을 구매한다는 결과였다.

지금까지 이런 결과는 스텁허브, 즉 단기적인 이익을 추구하는 기업에게 완벽하게 맞아떨어진다. 수수료가 마지막 순간에 더해질 때 고객이 티켓을 구매하고 더 많은 돈을 쓸 가능성이 높아지기 때문이다. 그러나 이 결과에는 더 많은 것이 있다. 이런 이유에서 더 많은 기준을 추적하는 게 필요하다. 이베이 연구 팀의 결론에 따르면, 수수료가 감추어질 때 사용자는 티켓당 더 많은 돈을 지불하지만, 향후에 스텁허브 웹사이트를 다시 방문하는 가능성은 약간 떨어졌다. 그러나 티켓 판매량과 티켓 가격의 상승으로 매출이 증가함으로써 그 영향은 뒤덮이고 말았다.

데이터로부터 의사결정까지

실험 결과가 나왔다. 그럼 이제는 결정을 내려야 할 시간이다. 스텁허브는 기존의 방향을 유지하며 투명한 가격 정책을 고수해야 하는가, 아니면 수수료를 마지막 순간까지 감추는 정책으로 전환해야 하는가? 실험을 통해, 연구 팀은 약간의 수정이 스텁허브에 중대하고도 미묘한 영향을 미친다는 걸 알아냈다. 다음 단계에서, 스텁허브는 종속 변인(예컨대 구매 확률, 구매당 지출액, 고객이 재구매를 위해 플랫폼에 돌아올 확률)을 회사의 관심사(예: 장기적인 수익과 성장)에 투영하는 방법을 알아내야 했다.

수수료를 숨기는 정책의 부정적인 면이 드러났지만, 전체적인 효과, 적어도 이익에서는 긍정적이었다. 실험이 없었다면, 스텁허브는 수수료를 감추는 정책이, 적어도 단기적으로는, 비용보다 이익이 크다는 걸 알지 못했을 것이다.

그러나 결과만 두고 보면, 가용한 데이터를 근거로 할 때 수수료 은폐가 비즈니스적인 면에서 이익이 가장 큰 선택이지만, 스텁허브가 수수료를 감추는 쪽으로 정책을 전환하는 걸 거북하게 생각한 이유를 짐작하기는 그다지 어렵지 않다. 순전히 비즈니스적인 관점에서도 그런 전환을 결단하기가 쉽지 않았을 것이다. 첫째로는 많은 실험이 그렇듯이 스텁허브의 실험도 상대적으로 단기적인 효과를 분석한 것이기 때문이다. 장기적으로 보면, 수수료를 감추는 새로운 정책과 그 효과에 대한 인지도가 높아지며 사용자가 스텁허브를 떠날 수 있었다. 이런 딜레마는 스텁허브와 구글 같은 기업의 관리자부터 연방 정부의 정책 결정자까지 실험주의자들이 끊임없이 직면하는 만성적인 문제이다. 단기적인 결과는 상대적으로 쉽고 빠르게 알아낼 수 있지만, 대부분의 지도자는 장기적인 결과에도 똑같은 정도로 관심을 가지기 때문이다.

따라서 실험을 실행할 때는 단기적인 결과와 장기적인 결과의 관계에 대해 신중하게 생각해야 하고, 장기적인 결과에 더 많이 투자할 필요가 있다. 예컨대 루카와 베이저만은 테크 기업들이 단기적인 사용자 기준(예: 특히 웹사이트의 클릭)과 사용자의 장기적인 행동 변화(예: 옐프에서 한 식당의 클릭 수와 그 식당의 매출) 간의 관계를 이해하는 데 도움을 줄 만한 도구를 개발하는 걸 지원한 적이 있었다. 스텁허브도 감추어진 수수료를 본 사용자들의 행동 변화를 1년가량 추적할 예정이었다. 하지만 시험 자체가 그처럼 오랫동안 실시되지는 않는다. 수수료를 감추었다는 부정적인 평판이 회사에 씌워지고, 그 새로운 정책이 시장에 미치는 효과가 완전히 나타나는 때까지는 계속할 예정이었다. 게다가 수수료 은폐 정책에서 비롯될지도 모를 부정적인 평판은 실험군과 대조군 모두에게 미칠 수 있지만, 실험에서는 그런 결과를 놓칠 가능성도 있었다. 정확히 말하면, 그 실험은 최고의 경제학자 팀이 실시한 경영과 관련된 중대한 실험이었다. 그렇지만 이런 실험을 근거로 경영 판단을 하려면, 실험의 강점과 한계, 실험의 설계, 현재 가용한 데이터를 따져 보아야 한다.

조직이 경영 결정의 결과로 마주하게 되는 타협점에 대한 뜻밖의 통찰도 실험을 통해 얻을 수 있다. 그와 동시에 실험은 의사결정자들을 단기적인 최적화로 유도하며, 장기적인 위험은 측정하기가 상대적으로 어렵기 때문에 그 위험을 간과하게 만들 가능성도 있다. 실험을 실시하는 대부분의 기업이 맞닥뜨리는 주된 문제가 바로 이런 딜레마이다. 일반적으로 말하면, 실험의 가치는 측정할 수 있는 결과에 의해 제한된다. 다행히 이런 한계를 완화하는 방법들이 있다. 실제로 연구자들은 그 방법들을 이용해, 상대적으로 장기적인 결과를 추적한다. 스텁허브 연구자들도 다양한 조건에서 회사의 평판을 측정할 목적의 데이터를 수집할 수 있었을 것이다. 스텁허브는 사용자들이 회사에 쏟아 내는 불평의 수와 내용, 언론 보도의 호감도 등을 시간의 흐름에 따라 추적했을 수 있다. 물론 그 하나하나는 결코 완벽하지 않지만, 그런 변인들을 종합하면 상황을 크고 넓게 볼 수 있었을 것이다.

결국 스텁허브는 실험 결과를 받아들이기로 결정하고, 선지급 수수료 정책을 포기했다. 투명성을 앞세우던 정책을 과감히 포기한 탓인지, 이제 스텁허브의 웹사이트에는 "스텁허브는 티켓 구매자와 판매자 모두에게 세계 최고의 목적지입니다. 가격은 액면가보다 더 높거나 더 낮을 수 있습니다."라고 간단히 쓰여 있을 뿐이다.

단기적으로 스텁허브는 이익이 증가할 것이라고 거의 확신하고 있다. 그러나 새로운 수수료 정책의 장기적인 영향은 여전히 예측하기 어렵다. 스텁허브가 이 의문의 답을 조금이라도 풀고 싶다면, 제3의 조건에서, 즉 수수료가 마지막 단계에 더해진다는 것을 고객에게 미리 알리는 조건에서 실험을 실시해 봐야 할 것이다. 고객이 그 메시지에 플랫폼을 떠나거나 구입을 중단하는 방식으로 거부감을 보이는 결과가 나오면, 새로운 수수료 정책은 장기적인 면에서 회사의 이미지에 부정적인 타격을 줄 수 있다.

실험은 기업의 성과를 개선하고, 더 나은 의사결정을 용이하게 해 주는 소중한 도구이다. 어떤 정책의 효과를 기업과 그 고객들이나 직원들이 분배해야 할 때, 실험은 당사자 모두에게 최적의 결과를 안겨 줄 수 있다. 그러나 고객과 직원에게 할당되는 몫은 분명하지 않은 반면에, 기업이 다른 변수들을 희생시키면서 재정적인 이익을 취할 가능성이 커지는 상황은 적지 않게 나타난다. 이런 상황에서, 기업의 평판과 고객의 만족 같은 다른 변수들과 금전적 이익에 각각 어떤 가중치를 두느냐는 전적으로 기업의 몫이다.

시장 전체를 대상으로 한 우버의 실험

Market-Level Experiments at Uber

인터넷 시대에 들어서자 새로운 정보가 봇물처럼 쏟아지며 의사결정을 내리는 새로운 방법, 사람들과 교감하는 새로운 방법, 심지어 에어비앤비와 우버 같은 완전히 새로운 시장도 생겨났다. 우버는 탑승자를 운전자에게 짝지어 주는 애플리케이션을 통해 만들어진 새로운 시장이었다. 맨땅에서 시장을 설계하기는 무척 복잡하고도 어렵다. 그 이유는 사람들을 우버의 규모로 짝짓는 게 어렵기도 하지만, 시장 설계자(예: 우버)가 만족시켜야 할 타협점도 적지 않기 때문이다. 차량 공유를 원하는 고객들은 더 빨리, 더 싸게 더 편안하게 이동하고 싶어 한다. 셋 중 하나만을 원하는 고객도 있겠지만, 셋 모두를 원하는 고객도 많다. 한편 차량 공유를 원하는 운전자는 더 많은 승객과 더 높은 임금을 더 빠른 방법으로 확보할 수 있기를 원한다. 물론 뒷좌석에서 참치 샌드위치를 먹지 않는 승객을 태우고 싶기도 하다.

결국 우버는 몹시 성가신 문제 ―어떻게 하면 각자의 목적에 합당한 방법으로 그들을 최적으로 짝지을 수 있을까?― 를 해결해야 했다. 달리 말하면, '운전자와 탑승자를 최적으로 연결하는 방법이 무엇일까?'라는 문제였다. 또 카풀 서비스인 우버 익스프레스 풀Uber Express Pool의 경우에는 '동일한 방향으로 가려는 운전자, 탑승자, 다른 탑승자를 어떻게 연결할 수 있을까?' 이 문제를 해결하기가 쉽지 않았다. 운전자마다 고유한 일과표와 목적이 있다. 또 도시마다 교통 상황이 다르다. 탑승자도 주머니 사정과 목적지, 시간적 여유가 저마다 다르다. 게다가 카풀의 경우에는 탑승자들의 출발 지역이 다르기도 하다.

우리가 앞에서 다룬 많은 테크 기업이 그렇듯이, 우버는 이런 쟁점을 해결하기 위해 매년 수천 건의 실험을 실시한다. 우버는 탑승자와 운전자 간의 상호작용을 통해 얻은 방대한 자료를 분석하여 더 원활하게 돌아가는 시장을 설계하고자 경제학 박사들과 데이터 과학자들로 구성된 연구 팀을 운영하고 있다. 우버는 신상품을 개발할 때 초기 설계와 출시부터 평가와 개선까지 신상품의 모든 면을 체계적으로 실험했다. 이 장에서는 우버가 신상품, 우버 익스프레스 풀의 출시 여부를 결정하기 위해 실시한 실험을 살펴보려 한다.

우버는 어떻게 실험하는가: 우버 익스프레스 풀의 경우

우버 앱(혹은 당신이 사용하는 차량 공유 앱)을 열어 보라. 일반적인 택시 같은 서비스를 요청할 수 있지만, 우버X도 교통수단으로 제공된다. 다른 선택도 가능하다. 몇몇 친구나 가족과 함께 이동할 때는 우버XL, 고급 차를 타고 싶으면 우버Select(예: 테슬라), 목적지에 가는 과정에서 다른 탑승자를 태우거나 내려 주는 걸 개의치 않으면 우버Pool을 선택하면 된다. 물론 출발지에서 도착지까지 우버 차량을 이용할 수도 있지만 시간이 약간 더 걸린다.

2018년 우버는 신상품, 우버 익스프레스 풀을 출시해야 하느냐를 결정하기 전에 시장 조사를 시작했다. 익스프레스 풀을 이용하면, 탑승자가 출발지에서 약간 더 오래 기다리고, 목적지까지 가려면 약간 더 걸어야 한다. 조금 지체되는 시간 동안, '특급'으로 지정된 장소에서 탑승할 사람들이 알고리즘에 의해 맞추어진다. 시간은 조금 더 걸리지만, 탑승자가 돈을 절약할 수 있는 카풀과 다르지 않은 서비스이다. 탑승자가 지정된 곳까지 걸어가야 하고, 다수의 탑승자가 비용을 분담하는 경우에는 상당한 돈을 절약할 수 있다. 또한 운전자의 경우도 차량의 운행이 한결 쉬워진다.

하지만 경제학 박사이자 우버 데이터 사이언스 팀의 관리자인 던컨 길크리스트Duncan Gilchrist가 우리(루카와 베이저만)에게 고백한 바에 따르면, 익스프레스 풀의 효과를 측정하고 파악하는 것은 '정말 복잡한 일'이다. 특히 여러 시장이 경쟁하는 상황에서의 실험은 파급 효과spillover effect를 어떻게 극복하느냐가 문제다. 우버의 경우, 한 시장에서 전부는 아니더라도 일부 탑승자나 운전자가 우버 익스프레스 풀을 사용할 수 있다면 시장 전체가 영향을 받아, 궁극적으로는 실험 결과를 왜곡할 것이기 때문이다. 따라서 우버의 데이터 사이언스 팀이 하나의 시장에서 운전자와 탑승자에 대한 조건을 바꿔 가며 항상 간단히 실험을 실시할 수 있는 것은 아니다. 예컨대 우버 탑승자 시장에서 일부가 새로운 가격 정보, 새로운 카풀 제안 등 흥미로운 처치를 받는다면, 그런 처치는 대조군에 속한 사람(기존 가격이나 다른 형태의 카풀을 이용하는 사람)에게도 영향을 미칠 가능성이 크다. 그 이유는 두 탑승자가 같은 시장에 있고, 같은 집단에 속한 운전자에게 서비스를 받기 때문이다.

우버가 파급 효과라는 문제를 더 자세히 분석하기 위해 이런 짝짓기 알고리즘을 빈번하게 실험한다고 해 보자. 예컨대 우버가 보스턴 탑승자의 절반을 새로운 알고리즘, 즉 탑승자가 적절한 우버X를 찾아낼 확률을 높인 알고리즘에 할당하고, 나머지 절반은 대조군에 할당했다고 해 보자. 이 실험에서는 모든 자동차가 실험군에 속한 탑승자를 찾아갈 가능성이 높아져 대조군은 실험군에 영향을 받을 것이고, 따라서 대조군에 속한 탑승자는 적절한 자동차를 만나기가 어려워진다. 이 경우에 새로운 알고리즘은 실험군에게 작은 이득, 대조군에게 큰 손실을 안겨 주며 서류상으로 성공으로 보일 수 있지만, 그 알고리즘을 시행하는 것은 전체적으로 나쁜 아이디어가 될 것이다.

또 다른 복잡한 문제는 신상품의 출시가 우버의 모든 상품에 악영향을 줄 수 있다는 것이다. 따라서 우버는 익스프레스 풀에서 일어나는 현상만이 아니라, 익스프레스 풀이 우버X, 우버XL, 우버Pool에 어떤 영향을 미치는지 추적해야 한다. 예컨대 새로운 알고리즘은 우버X(우버의 표준 서비스)의 서비스를 향상하는 게 목적이라고 해 보자. 이 알고리즘으로 우버의 다른 상품에 대한 수요가 줄어들지 않는다면 성공으로 보일 수 있다. 서비스가 더 좋아진 우버X가 우버블랙(우버의 프리미엄 서비스)으로부터 탑승자를 빼앗아 가지 않는다면 새로운 알고리즘은 계속 추진할 만한 가치가 있겠지만, 처음에 생각한 것만큼 수익성이 높지 않을 수 있다. 이런 이유에서, 테크 분야의 기업들은 모든 상품군을 신중하게 생각해야 한다.

우버 이외에도 많은 예가 있다.

- 옐프는 고객에게 음식 배달 사업을 강화할 때 배달 상황을 점검하는 데 그치지 않고, 플랫폼에서 식당 예약의 수가 어떻게 변하는지 조사함으로써 배달 역량의 개선이 다른 상품을 몰아내지 않는지 파악해야 한다.
- 에어비앤비는 '출장' 상품을 수정할 때 그 상품의 용도가 어떻게 변하고, 에어비앤비의 기본적인 상품에는 어떤 영향을 미치는지도 살펴봐야 한다.
- 아마존이 온라인 쇼핑에 변화를 주려는 실험을 한다고 가정해 보자. 쇼핑 행동이 크게 달라지면, 사용자가 플랫폼에 참여하는 방법 전체가 변할 수 있다. 따라서 아마존은 영화를 스트리밍하는 사용자의 수가 달라지는지 알고 싶을 것이다.
- 이런 우려는 테크 분야에만 그치지 않는다. 4장에서 다루었던 캠벨 수프의 예를 생각해 보라. 1970년대에 캠벨 수프는 일회분 반농축 수프가 다른 수프들을 밀어내지 않을까 걱정했었다.

따라서 우버는 어떤 상품을 출시하고, 그 상품을 어디에 출시하고 어떻게 설계해야 하는지 등 핵심적인 문제들에 대한 답을 실험에서 찾으며, 실험을 꾸준히 실시했다. 파급 효과를 피하고, 신상품이 상품 전체에 어떻게 악영향을 주는지 파악하기 위해 우버는 물리적인 시장에서 직접 실험하는 경향을 띤다. 예컨대 어떤 상품을 무작위로 선별한 몇몇 시장에만 출시하면서 그 시장 내의 모든 사용자에게 노출하는 방식이다. 구체적으로 예를 들면 신상품이 클리블랜드 전역에는 출시되지만, 보스턴에는 전혀 출시되지 않는다. 이 경우에는 보스턴이 대조군이 된다. 우버 익스프레스 풀의 경우, 우버는 상당히 많은 시장을 실험 대상으로 선택했고, 그렇게 선택한 집단에서 무작위로 선별한 여섯 도시에 그 상품을 출시했다.

최근 들어 실험 방법들이 발달한 덕분에 던컨 연구 팀은 신상품의 출시가 우버의 용도에 어떻게 영향을 미치는지 알아낼 수 있었다. 특히 통계적 방법의 발달로, 우버는 여러 도시의 가중치를 결합해 한층 적합한 '가상의 대조군'synthetic control group을 만들어 낼 수 있었다. 익스프레스 풀이 새로운 종류의 짝짓기를 만들어 낸 것은 조금도 놀랍지 않았다. 게다가 그 실험을 근거로, 익스프레스 풀이 우버의 기존 상품들에 미치는 영향을 설명하고, 익스프레스 풀의 출시가 비즈니스적으로 합리적이라는 것도 확신할 수 있었다. 따라서 우버는 익스프레스 풀을 많은 주요 도시에 자신 있게 도입할 수 있었다. 실험이 없었다면, 그런 확신과 자신은 가능하지 않았을 것이다.

익스프레스 풀은 우버에게 큰 성공이었다. 맥스 베이저만은 개인적으로 익스프레스 풀을 환영한다. 마이클 루카는 여전히 우버X를 더 좋아한다. 우버Select도 비싸지만 출장 다닐 때 이용할 수 있으면 그만큼의 돈 가치를 한다. 그러나 던컨 연구 팀은 그런 결과에 만족하지 않았고 실험을 중단하지도 않았다. 그들은 익스프레스 풀을 더욱 개선할 만한 요인들을 중심으로 실험을 계속했다. 많은 상품이 경쟁하는 복잡한 세계에서 우버는 한 실험에 대대적으로 투자했다. 던컨의 표현을 빌리면 이렇다.

"정말 반짝반짝 빛나는 실험이었다. 어떤 도시에서 탑승자에게 기다리라고 요구하는 시간을 대략 2분에서 4분 사이로 줄이는 실험을 실시하고, 그렇게 할 때 시장 전체가 어떻게 달라지는지 측정한다고 생각해 보라."

그런 실험에서는 고려해야 할 데이터가 많다. 더구나 우버는 수백 곳의 도시에서 서비스를 제공한다. 던컨은 푸념했다.

"도시마다 매개변수가 다르다. 따라서 실험이 더욱더 까다롭다."

이런 모든 변수와 다른 환경이 빚어내는 결과는 경이로울 정도이다. 던컨은 말했다.

"적절한 타협점은 교외 지역과 도심에서도 다르다. 물론 러시아워와 그 외의 시간에서도 다르다."

따라서 실험해야 할 것도 많고, 측정해야 할 것도 많다. 이런 이유에서도 복잡한 실험에 숙달된 경제학자들이 우버 같은 기업들에 필요하다. 우버는 데이터에 기반을 두기 때문에 많은 변수가 반영된 상황을 설명할 수 있고, 따라서 익스프레스 풀 같은 상품을 출시한다면 어떻게 출시해야 하는지를 알 수 있다.

결국 던컨의 실험으로, 익스프레스 풀이 우버의 상품 목록에 더해질 만한 훌륭한 상품이라는 게 입증된 셈이다. 어쩌면 그 실험을 통해, 탑승자가 우버의 상품들 중에서도 선택할 수 있고, 우버와 리프트Lyft, 택시와 버스, 지하철과 자전거 중에서도 선택할 수 있고, 심지어 걷는 쪽을 택할 수도 있어, 경쟁이 치열한 역동적이고 복잡한 시장에서 우버가 자사의 다른 상품들에 손해를 주지 않고 신상품을 개발하는 최선의 방법을 찾아낸 것이 더 중요할 수도 있다.

우버의 실험을 통해, 혁신을 시도하는 과정에서 실험이 어떤 도움을 줄 수 있는지 대략적으로 엿볼 수 있다. 우버에서 혁신 과정은 비용을 크게 들이지 않고 데이터를 수집하는 것으로 시작되는 경우가 많다. 예컨대 사용자들과 토론을 벌이고, 과거의 자료와 현재의 시장을 분석하고, 변화를 시도할 때 예상되는 결과를 파악하기 위해 모의실험을 실시한다. 또 어떤 신상품을 밀어붙이고 싶으면, 한두 도시에서 시험적으로 시도하며, 그 상품이 예상만큼 기능적인지 파악한다. 달리 말하면, 우버의 다른 상품에 아무런 피해를 주지 않는지 추적한다. 많은 기업이 오래전부터 이런 식으로 데이터를 수집해 왔다. 우버는 시장 전체를 대상으로 대규모 실험을 실시한 후에, 상대적으로 작은 실험들을 뒤이어 추진하며 해당 상품을 정교하게 다듬는다는 점에서 다르다. 게다가 필요한 경우에는 전 과정을 되풀이하기도 한다.

시간이 흐름에 따라 우버의 던컨 연구 팀은 혁신 과정을 꾸준히 개선하며, 실험이 회사 상품을 향상시키는 데도 도움이 된다는 걸 입증해 보였다. 시장 전체를 대상으로 한 실험은 중요하지만, 운영하기가 복잡하다. 그 때문에 우버가 실시할 수 있는 실험의 횟수도 제한을 받는다. 그러나 시장 전체를 대상으로 실험하면, 어떤 상품이 변형되거나 출시된 뒤에 개별 시장이 어떻게 변했는지 파악하는 데는 가장 좋다. 특히 그 실험이 충분한 시간 동안 실시되면 금상첨화이다. 따라서 우버는 중대한 변화를 시도하고 싶을 때 시장 차원의 실험에 의지하는 경우가 잦아졌고, 그 덕분에 테크 분야의 실험이 곧잘 부딪치는 문제들을 적잖게 극복할 수 있었다.

던컨 연구 팀이 이 프로젝트를 위해 실시한 일련의 실험들은, 우버가 가격 책정부터 신상품 출시와 리뷰 시스템의 변경까지 모든 것을 테스트하려고 매년 실시하는 수천 건의 실험 중 극히 일부에 불과하다. 예컨대 우버는 팁의 효과를 연구하기 위해서도 일련의 실험을 실시했다. 그 실험 결과에 따르면, 탑승 전에 팁을 승낙한 사용자가 거의 없었고, 팁이 운전자의 행동에 별다른 영향을 미치지 않아, 일부 경제학자들의 예측과는 완전히 달랐다. 또 배질 핼퍼린, 벤저민 호, 존 리스트, 이언 뮤어가 실시한 일련의 실험에서는 연착에 대한 운전자의 사과를 연구했고, 다음과 같은 결론을 끌어냈다.

"그런 나쁜 경험이 있은 후에 소액의 할인권을 제공하면 향후의 사용이 증가하는 반면에 아무런 판촉물이 없는 사과, 즉 말뿐인 사과는 아무런 효과가 없거나 때로는 역효과를 낳는다."

테크 기업들이 실험을 위한 경제학 도구들의 가치를 깨닫는 데는 오랜 시간이 걸리지 않았고, 그들은 경제학 박사들을 대거 고용했다. 경제학자들 중에도 던컨 길크리스트처럼, 학계에 들어가는 극히 좁은 문이 자신에게 열려 있는 때에도 테크 기업을 선택하는 경우가 증가하는 추세이다. 던컨은 하버드 대학교에서, 경제학부와 경영 대학원이 공동으로 진행한 프로그램, 경영 경제학으로 박사 학위를 받았다(이때 마이클 루카가 던컨을 가르치기도 했다). 던컨은 학위 논문 중 여러 부분을 유수한 학술지에 발표했고, 특허와 약물 혁신부터 영화 관람의 네트워크 효과까지 광범위한 분야를 연구했다. 따라서 던컨이 원했다면, 상위권 경영 대학원의 교수로 임용되었을 것이다. 그는 연구를 좋아하고 즐겼지만, 입버릇처럼 말했다.

"물리적인 세계에 속한 것을 더 많이 하고 싶다. 논문을 쓰는 것보다 더 많은 것을 이루어 내고 싶다."

따라서 던컨은 학위를 받은 후에 웰스프런트Wealthfront(행동 경제학을 이용해 고객의 의사결정을 돕는 금융 회사)를 선택했고, 다시 우버로 자리를 옮겼다. 현재 그곳에서 50명이 넘는 인원으로 구성된 팀을 관리하며, 데이터와 전문적인 지식, 창의성과 경영 능력을 활용한 실험을 매일 실시하고 있다.

경제학자들은 오래전부터 정부 기관과 기업에서 핵심적인 역할을 맡아, 대통령 경제자문위원회의 일원으로 경제 정책을 수립하는 걸 도왔고, 주요 항공사들이 가격 정책을 개발하는 것도 지원했다. 또한 노동과 차별에 대한 분쟁에서 전문가로서 증언하기도 했다. 그렇지만 경제학자들이 테크 분야에 대거 진출하는 현상은 처음이었다. 아마존과 이베이, 구글과 마이크로소프트, 페이스북, 에어비앤비와 우버 같은 주요 기업은 이제 경제학 박사들로 구성된 대규모 팀을 두고, 더 나은 설계 선택을 찾아 머리를 짜내고 있다. 예컨대 아마존에는 100명이 넘는 경제학 박사가 있어, 세계에서 가장 큰 대학 경제학부를 압도한다. 3장에서 보았듯이 그런 경제학자들은 많은 기업이 엄격한 실험 과정에서 공통적으로 부딪치던 장벽을 피하는 능력을 보여 주며, 테크 분야의 실험에서 중요한 역할을 해냈다. 또한 경제학자들은 테크 분야의 실험을 설계하고 해석하는 이론적 토대와, 실험에 언제 어떻게 투자해야 하느냐는 지침을 제공하는 데도 큰 역할을 해냈다.

페이스북 블루스
The Facebook Blues

페이스북 사용자인가? 그렇다면, 잠시 당신의 페이스북 계정을 열어 보라. 컴퓨터 화면의 가운데를 차지하는 당신의 뉴스 피드News Feed를 눈여겨보자. 무엇이 보이는가? 옛 친구가 올린 글이 눈에 들어올지도 모르겠다. 언론 기사들, 광고도 눈에 들어올 것이다. 이번에는 페이스북이 당신의 뉴스 피드에 담을 수 있는 많은 것에 대해 생각해 보자. 세상에서 일어난 새로운 사건들에 대한 기사나 다종다양한 광고들을 보여 줄 수도 있지만, 어쨌든 페이스북이 당신에게 보여 주기로 선택한 것이 지금 당신 눈앞에 띄워진 것이다.

그런 선택은 결코 우연한 것이 아니다. 페이스북은 당신에 대해 알고 있는 모든 것, 당신의 친구와 가족에게 일어난 모든 것, 주변 세계에서 일어난 모든 뉴스를 꼼꼼히 추려 내는 알고리즘을 사용해서, 당신에게 어떤 게시물을 보여 주고, 그 게시물을 얼마 동안이나 당신의 뉴스 피드에 게시했다가 지워 버릴 것인지를 결정한다.

페이스북은 이 힘든 작업을 무척 중요하게 생각한다. 뉴스 피드 팀의 공학자들, 데이터 과학자들, 경제학자들은 당신에게 미국과 중국 간의 무역 협상을 다룬 뉴스를 더 많이 보여 줘야 하는가, 아니면 숙모의 피칸 파이 사진을 더 많이 보여 줘야 하는가를 고민하며 하루를 보낸다. 어쩌면 그들의 하루가 쉽게 보일지도 모르겠다. 우리(루카와 베이저만)도 최근에 알았지만, 피칸 파이는 만들기도 상대적으로 쉬운 편이다. 그런데 당신은 숙모가 피칸을 동심원으로 정성스레 배치하는지, 아니면 무성의하게 파이 위에 흩뿌려 놓는지 알아야 한다고 해 보자. (우리는 개인적으로 피칸을 동심원으로 배치하려고 시도해 보았지만 항상 엉망으로 흩뿌려 놓은 모양이 된다. 피칸을 동심원으로 확실히 배치하는 요령을 알고 있는 독자가 있다면 언제라도 우리에게 알려 주기 바란다.)

다시 페이스북으로 돌아가자. 뉴스 피드는 2016년 미국 대통령 선거 이후에 큰 주목을 받았다. 도널드 트럼프에 우호적이었지만 훗날 가짜로 밝혀진 기사들을 페이스북 플랫폼이 본의 아니게 많이 다루었다는 게 알려졌기 때문이다. 그 기사들은 가짜이기도 했지만, 미국 정보기관들의 보고에 따르면, 트럼프가 유리하도록 선거에 영향을 주려는 블라디미르 푸틴의 명령을 받은 듯한 러시아의 악의적인 댓글 부대troll farm가 만들어 낸 기사이기도 했다.[1] 가짜 뉴스는 선거 기간 동안 페이스북을 통해 공유된 기사의 대략 1퍼센트를 차지했다. 선거의 당락을 결정할 만큼 큰 몫을 차지하지는 않았지만, 그런 작은 폭탄이 존재했다는 사실을 알게 되자, 페이스북 사용자는 말할 것도 없고 페이스북 스스로도 거북하기 그지없었다. 물론 회사의 평판도 큰 타격을 입었다. 따라서 페이스북은 기사를 조사해서 거짓으로 판명나면 삭제하고, 거짓된 내용의 제공자를 차단하는 등 뉴스 피드에 일련의 변화를 주었다.

가짜 뉴스의 처리는 페이스북 뉴스 피드 팀이 매일 직면하는 많은 과제 중 하나에 불과하다. 예컨대 뉴스 피드는 기사와 사진 중 무엇에 우선순위를 두어야 하는가? 『뉴욕타임스』가 먼저인가, 블로그가 먼저인가? 절친한 친구와 지인 중 누구를 앞에 두어야 할까? 절친한 친구에 대한 소식은 당신이 이미 알고 있을 수 있고, 지인에 대한 최신 정보는 당신에게 직접적으로 중요하지 않지만 지금까지 듣지 못했을 가능성이 높아 '뉴스 가치'가 있을 수 있다. 또 광고는 얼마나 자주 띄워야 할까?

누구나 이런 의문에 대해 저 나름의 의견을 갖고 있다. 그러나 페이스북은 추측을 최소화하며, 뉴스 피드가 회사의 손익에 어떻게 영향을 미치는지 알아내려 애썼다. 우버가 그랬듯이, 페이스북도 시간의 흐름에 따라 혁신 과정을 개선하려고 노력했다. 페이스북의 경제학자 알렉스 페이사코비치Alex Peysakhovich와 한때 구글에서 일했던 데이터 과학자 세스 스티븐스 다비도위츠Seth Stephens-Davidowitz는 그 개선 과정에 '오래된 접근 방식, 즉 질문하기'가 포함된다며, "매일 수백 명이 뉴스 피드를 로딩하고, 거기에 있는 기사에 대한 질문들에 답한다. 좋아요, 클릭, 댓글 같은 빅 데이터가 스몰 데이터(이 게시물을 당신의 뉴스 피드에서 보고 싶습니까?)에 의해 보충되고, 맥락과 관련지어진다(왜?)."라고 말했다.[2]

페이스북도 실험을 무척 중요하게 생각하며 매년 수천 건의 실험을 실시한다. 당신이 페이스북을 습관적으로 사용하면, 페이스북이 실시하는 많은 실험에 시시때때로 참가하고 있을 가능성이 크다. 예컨대 당신의 뉴스 피드를 약간 수정하면, 그런 수정이 당신의 플랫폼 참여에 어떤 영향을 미치는지 추적하고, 당신이 어떤 광고를 클릭하는지 추적하는 실험도 실시한다. 또 최적의 시각 효과를 끌어내기 위한 웹사이트의 전반적인 배치, 글자체의 크기를 알아내기 위한 실험도 계속된다. 즐거운 게시물과 슬픈 게시물이 사용자의 기분에 어떤 영향을 미치는지 알아보려는 실험도 실시했다. 그 결과는 페이스북의 예측과 너무나도 달랐다.

데비 다우너 효과

....

페이스북의 데이터 과학자, 애덤 크래머Adam Kramer는 즐거운 게시물과 슬픈 게시물이 사용자의 기분에 영향을 미치느냐는 의문을 품기 시작했고, 페이스북은 실험이란 도구를 사용해 그 답을 찾아보기로 결정했다. 크래머는 코넬 대학교의 연구자 제이미 길로리와 제프리 핸콕의 도움을 받아, 60만이 넘는 사용자의 뉴스 피드를 조금씩 수정하며 그들의 변화를 관찰하기 시작했다. 그 실험은 거의 호기심으로 실시된 까닭에, 페이스북은 그 실험 결과를 근거로 뉴스 피드에 즉각적으로 변화를 줄 계획이 없었다. 크래머를 비롯한 실험자들은 그 사용자 중 일부를 무작위로 선택해, 페이스북 친구들이 게시한 글에서 사용된 단어와 구절로 평가된 즐거운 게시물(예: "정말 달콤한 휴가였다.", "입 안에서 녹는 피칸 파이, 끝내준다!")을 주로 보여 주었다. 역시 무작위로 선택한 다른 사용자들에게는 역시 페이스북 친구들의 침울하고 부정적인 게시물(예: "이 새 모이는 쓸모가 없어. 내 카나리아가 이 모이를 너무 싫어해. ☹")을 보여 주었다.

연구자들은 사용자들이 친구들의 긍정적인 게시물을 읽으면 긍정적인 댓글을, 부정적인 게시물을 읽으면 부정적인 댓글을 쓰는지 관찰하려고, 그 사용자들이 새롭게 쓰는 게시물을 추적했다.

그 실험은 이제 고전이 된 2004년 『새터데이 나이트 라이브』에서 방영된 데비 다우너 촌극을 떠올려 준다. 데비 다우너는 부정적인 말로 분위기를 썰렁하게 만드는 극중 인물이다. 예컨대 디즈니 월드를 여행할 때 스테이크와 달걀을 눈앞에 두고, 레이철 드래치Rachel Dratch가 연기한 데비 다우너는 "미국에서 광우병이 발견된 이후로 지금껏 말할 기회가 없었는데, 광우병이 너희 뇌를 유린하려면 훨씬 전부터 너희 몸속에서 살아야 하는 거야."라고 말했다.[3] 묵직한 음향효과까지 더해진 이 말에 데비의 친구들은 한결같이 입맛을 잃은 표정이 되었다. 감정 실험은 결국 데비 다우너 효과가 페이스북에도 존재하느냐를 시험하는 것이었다.

그 결과는 어땠을까? 페이스북의 데비 다우너들은 우리 기분을 꺾어 놓지만, 적어도 크래머의 실험 결과에 따르면 약간의 정도에 불과했다. 사용자는 부정적인 게시글을 보면 10,000개 단어를 사용할 때마다 4개의 부정적인 단어를 더 쓰는 정도의 반응을 보였고, 긍정적인 게시글을 읽으면 10,000개의 단어를 사용할 때마다 7개의 부정적인 단어를 덜 쓰는 반응을 보였다. 일반적으로 『뉴욕타임스』의 기명 칼럼도 1,000단어를 넘기지 않는다. 따라서 긍정적인 글을 읽은 사용자와 비교할 때, 부정적인 글을 읽은 사용자는 기명 칼럼을 기준으로 할 때 하나의 부정적인 단어를 더 쓰는 정도에 불과하다.

미친 것이지 슬픈 것이 아니다

크래머 팀이 실험 결과를 발표했을 때, "페이스북이 실험을 명목으로 정서적 내용을 조작했다는 걸 알게 되자 사용자들은 충격을 받고 불쾌해했다."[4] 정보통신 분야의 시장 조사 회사, 가트너Gartner의 한 분석가는 『뉴욕타임스』에 기고한 글에서 "그들은 고객을 올바르게 대하지 않았다."라고 비판했고,[5] 거의 모든 언론이 페이스북의 실험을 비난하고 나섰다. 대표적인 예를 들면, 다음과 같다.

- 페이스북, 뉴스 피드로 감정 통제 가능성을 실험 -『가디언』
- 페이스북의 은밀한 기분 조작에 대해 알려진 모든 것 -『애틀랜틱』
- 사용자를 대상으로 은밀히 심리 실험을 실시한 페이스북 -『텔레그래프』

이런 종류의 심리 조작은 어떤 경우에도 윤리적으로 용서되지 않는다고 단호히 비판한 사람도 적지 않았다. 연구자들이 피험자의 동의를 구했어야 한다고 지적하는 사람들도 있었다. 적절하고 타당한 우려도 많았지만, 방향이 잘못된 지적과 비판도 적지 않았다.

먼저, 사용자 정서의 조작은 어떤 경우에도 용납되지 않는다는 비판부터 따져 보자. 엄격히 말하면, 광고업자는 자신의 목적에 맞도록 끊임없이 소비자의 정서를 조작한다. 예컨대 홀마크(미국 최대의 축하 카드 제조 회사_편집자)의 카드를 읽거나 축구 경기를 관람한 적이 있는 사람, 혹은 동물 학대 방지 협회의 광고를 본 적이 있는 사람은 상품과 서비스가 소비자의 정서에 영향을 주는 무수한 방법에 노출된 적이 있는 셈이다. 우리(루카와 베이저만)가 정서적으로 취약해서 그런지 모르지만, 재미있는 표정을 지은 시바견과 짧은 영어로 나누는 내적 대화로 유명한 인터넷 밈도 우리 심금을 울리며 감정을 뒤흔들어 놓는다.[6] (주: 우리가 각자 배우자에게 문의한 결과에서도 우리가 정서적으로 약하다는 확인을 받았다. 그렇지만 우리의 이론만은 확실하다고 생각한다.) 물론 우리 정서는 우리가 보는 내용에 영향을 받은 것이다! 뉴스 피드도 다르지 않다. 페이스북에 게시되는 모든 것이 필연적으로 우리 정서에 영향을 미친다. 게시된 글이나 이미지를 재미있고 흥미롭게 만드는 것은 그 안에 담긴 정서적 내용이다. 사용자들이 기분을 울적하게 하는 게시물을 좋아하지 않을 수 있지만, 즐거운 게시물에 비례하는 슬픈 게시물의 숫자는 페이스북의 설계 선택에 영향을 받는다. 따라서 페이스북의 설계가 의도적이든 아니든 간에, 사용자들이 페이스북에서 슬픈 게시물을 한꺼번에 금지하기를 바라는 상황을 상상하기는 힘들다.

당시 페이스북에는 두 가지 선택 방향이 있었다. 하나는 1장에서 다루었던 실험 전의 영국 국세청처럼 무지의 장막 뒤에 머물며 어떤 결정이 정서에 미치는 영향을 이해하려는 어떤 노력도 기울이지 않는 것이었다. 다른 하나는 그 실험이 언젠가 더 나은 설계를 선택하는 데 도움을 줄 것이라 기대하며 그런 결정의 결과를 평가해 보는 것이었다. 페이스북은 후자를 선택했던 것이다.

여기까지는 문제가 없을 수 있다. 그러나 피험자의 동의를 간과한 부분은 어떻게 평가해야 할까? 페이스북이 모든 사용자가 동의할 것이라 섣불리 추정하지 않고, 사용자에게 이메일이라도 보내 실험에 참여하겠느냐고 물어봤어야 하지 않을까? 여하튼 사회과학 연구자들은 실험실 실험의 경우에 참가자의 동의를 얻어야 한다.

실제로 동의는 실험실 실험에서 필수적인 규범이지만, 작업장과 길거리 같은 현실 세계를 상대하는 사회과학자들은 습관적으로 그런 동의를 얻지 않고 다양한 실험을 실시한다. 대학에서 인간을 대상으로 시행하는 많은 실험을 감시하는 기관 감사위원회Institutional Review Board, IRB는 현장 실험의 전반적인 계획이 무해하면 현장 연구의 경우에 동의 요건을 적용하지 않기도 한다. 피험자가 실험 목적을 알게 되면 결과가 왜곡될 수 있고, 그런 염려는 지극히 타당한 것이기 때문이다. 일례로 마이클 루카는 수백 명을 고용해 온라인 직업 알선 플랫폼, 오데스크oDesk(현재는 업워크)에서 일하도록 하며, 보수 수준에 따라 노력하는 정도를 측정하는 실험을 계획한 적이 있었다. 이때 IRB는 루카 연구팀에 피험자들에게 어떤 실험에 참가하는 것이란 사실을 알려야 한다고 요구하지 않았다.

페이스북의 경우에는 상황이 조금이지만 더 애매하다. 당시 페이스북에는 연구자들을 대신해 동의를 구해야 하느냐를 판단해 주는 감시 위원회 같은 것이 없었다. 따라서 동의를 구해야 하느냐를 결정할 때 연구자들은 이를 일종의 동어반복으로 받아들였다. 페이스북을 사용하고 있다면, 페이스북이 실시하는 실험의 피험자가 된다는 데 동의한 것과 매한가지이기 때문이다. 페이스북에 가입할 때 작은 활자로 쓰였지만 몇 페이지에 걸친 서비스 약관을 읽었다고 증언하지 않았는가? 당신이 그 조건을 진짜로 읽었든 읽지 않았든 간에 동의한 것은 분명하다. 한 연구에 따르면, 우리가 1년 동안 방문하는 웹사이트들의 사용자 보호 정책을 하루에 8시간씩 읽으면 76일이 걸리는 것으로 추정된다.[7] 눈을 힘들게 하는 그 단어 덩어리의 어딘가에서 당신은 페이스북이 시험과 연구를 위해 당신의 개인 정보를 사용할 권리가 있다는 걸 '인정'했다. 감정 실험에 대한 난리법석이 있은 후, 페이스북은 서비스 약관을 다음과 같이 개정했다.

"당사는 조사와 연구를 진행하고, 개발 중인 볼거리를 시험하며, 기존의 상품과 서비스를 평가해 개선하는 데 필요한 정보를 분석하고, 새로운 상품과 볼거리를 개발하고 자체 감사하며, 분쟁을 조정한다."

페이스북 사건을 계기로, 회사들이 사용자에게 참여하게 되는 실험에 대해 언제 어떻게 알리느냐에 관한 명확한 지침을 발표할 필요성이 부각되었다.

감정 실험에 대한 비판은 페이스북의 정책에도 영향을 주었다. 그 실험이 공개되기 전까지, 페이스북은 흥미로운 실험 결과를 공개한다는 점에서 당시 업계에서 아웃라이어였다(물론 무수한 실험 중 극히 일부만이 공개되었을 뿐이다). 그러나 감정 실험에 대한 거센 비판에 페이스북은 한동안 실험 결과의 공개를 전면적으로 중단했다. 그렇다고 실험 자체를 중단하지는 않았다. 여하튼 다른 기업들도 "투명성은 위험하다. 실험은 숨기는 게 최선이다."라는 기조로 변해 갔다. 이제 페이스북은 실험 결과를 다시 조금씩 발표하기 시작했지만, 한층 강화된 검토 과정을 거친 것만 공개될 뿐이다.

더 맑은 투명성을 향하여

페이스북 실험에서 무엇이 사람들의 성미를 건드렸던 것일까? 페이스북은 어떤 레드 라인을 넘었던 것일까?

한마디로, 그 실험에 대한 언론 보도가 문제였다. 언론 보도는 많은 사람에게 그 실험이 한 미치광이 과학자의 광기라는 인식을 심어 주었다. 믿음직한 친구이던 페이스북이 사용자의 감정을 장난감처럼 실험 대상으로 삼았다. 무척 고약하게 들린다. 그러나 뉴스 피드가 사용자에게 어떻게 영향을 미치는지에 관해 진행 중이던 모든 연구에 대해서 페이스북이 예전부터 한층 더 투명하게 밝혔다면 어땠을까? 또 페이스북이 "올해는 물론 매년 그렇듯이, 사용자의 기호를 조금이나마 정확히 파악해, 뉴스 피드에 게시되는 내용물을 개선할 목적에서 작년에도 약 500건의 실험을 실시했다. 또 지역적으로 가까운 곳의 친구가 올린 게시물과 멀리 떨어져 사는 친구의 게시물 중 어느 것에 우선권을 두어야 하는지, 어떤 게시물을 오랫동안 남겨 두는 게 나은지 아니면 사용자가 더 많은 게시물을 보도록 잠깐 동안만 게시하는 게 나은지, 또 긍정적인 게시물과 부정적인 게시물 중 어느 것을 우선시해야 하는지에 대해서도 상당한 규모로 실험했다. 우리는 그 과정에서 많은 것을 알아냈다. 예컨대 긍정적인 게시글을 우선시하면 그 글을 읽은 사용자가 더 즐거운 글을 게시하는 경향을 띠지만, 그 효과의 크기는 미미하다는 걸 알게 되었다. 우리가 지금까지 실시한 많은 실험의 결과를 요약해 놓은 블로그를 참고하기 바란다. 뉴스 피드를 개선하는 데 도움이 될 만한 제안을 가진 사용자께서는 언제라도 우리에게 이메일을 보내 주기 바란다. 그럼 뉴스 피드의 개선과 발전을 위한 향후 실험에 그 제안을 반영할 것이다."라는 식으로 말했다면 어땠을까?

차라리 이렇게 더 투명했더라면, 감정 전이 연구의 결과는 아리송하게 에둘러 표현되지도 않고, 분노의 반발을 불러일으키지도 않았을 것이다. 이 사건에서 우리가 배워야 할 교훈은 기업들이 실험 결과를 공개하지 않아야 한다는 게 아니라, 기업은 학술지나 블로그를 통해 더 많은 실험 결과를 투명하게 공개하여 고객에게 더 가까워져야 한다는 것이다.

비밀주의가 공개보다 더 위험하다. 에어비앤비가 자체 실험에서 숙소 예약 플랫폼에 차별이 존재한다는 걸 알았지만 묵살하다가, 결국 마이클 루카의 실험으로 밝혀진 경우를 기억해 보라. 에어비앤비는 처음에 그 문제를 일종의 역병처럼 언급조차 않으려 했다. 하지만 결국에는 그 문제를 부인하며 대응책을 마련하지 않았다는 이유로 비판을 받았다. 에어비앤비가 처음부터 차별 문제를 투명하게 공개하며 설계 변화를 도모했더라면 그 문제를 무리 없이 해결할 수 있었을 것이다.

일반적으로 말하면, 기업들은 실험이나 그 결과를 감추거나, 아무도 읽지 않는 약관에 변명거리를 몰래 묻어 두지 말고, 실험 방법을 받아들이는 데 그치지도 않고, 실험에 어느 정도나 개입했는지도 명확히 밝히는 투명한 과정을 확립해야 한다.

그런 노력에는 다음과 같은 구체적인 목표가 포함되어야 할 것이다.

- 기업은 고객의 반응을 살피기 위한 실험을 수시로 실행한다는 걸 인정해야 한다. 물론 고객의 정직한 반응을 파악하기 위해서 실험하는 것이다.
- 실험의 가치를 공개적으로 설명해야 한다.
- 가능한 범위 내에서 실험 목적과 실험 방법에 대한 토론을 최대한 독려해야 한다. 그러나 적잖은 기업이 자체의 실험 기반을 경쟁 기업보다 앞서는 이점이라 생각하며, 경쟁 기업에 감추고 싶어 하기 때문에 이런 토론은 실행되기 어려울 수 있다.
- 적절한 때 실험 결과를 투명하게 공개하라. 뒤에서 다시 언급하겠지만, 기업들은 자세히 밝힐 수 있는 수준보다 훨씬 많은 실험을 실시하고 있다. 따라서 기업들은 공개할 결과를 선별해야 한다. 실험에서 얻은 결과가 경쟁사에 감추고 싶은 이점이라면, 공개하며 공유하는 게 어렵지 않겠는가.

기업은 실험에서 얻은 정보를 포스팅하는 방법, 여하튼 어떻게든 기록으로 남겨 두는 방법을 고려해 볼 수 있다. 예컨대 요즘 페이스북은 연구 결과의 일부를 게시한다.[8] 실험에 투명성을 더하면 기업 정책에서 근본적인 변화, 일부 사용자에게 유의미한 피해를 줄 수 있는 논쟁적인 변화를 유발할 수 있다는 게 일종의 경험 법칙이다. 페이스북 같은 회사는 연례 공지를 통해 개인 사용자에게 몇 번이나 실험에 참여했는지 알릴 수 있다.

"작년에 고객님은 당사가 실시한 실험에 17번 참여하셨고, 그중 3번은 뉴스 피드를 통한 것이었습니다."

요즘에는 거의 모든 테크 기업이 실험을 실시하고, 앞으로도 실험을 계속할 것이다. 게다가 테크 기업은 끊임없이 실험해야 한다. 실험이 그들의 생명줄이기 때문이다. 테크 기업들은 상품과 서비스, 설계와 메시지 전달, 선호성과 접속 등을 끊임없이 테스트하며, 무엇이 효과가 있고 없는지를 추적해야 한다. 이런 실험은 테크 기업만이 아니라 사용자에게도 가치가 있다. 데이터를 근거로 삼으면 더 나은 결정을 쉽게 내릴 수 있을 텐데, 직관적 결정의 결과에서 비롯되는 저급한 서비스를 원하는 사용자는 없을 것이기 때문이다.

달리 말하면 사용자는 실험에 열린 마음을 가져야 하고, 기업은 실험 과정을 비밀로 감추지 않고, 실험과 관련된 의사소통도 게을리하지 않아야 한다는 뜻이다. 소비자는 영리하다. 소비자는 기업이 상품과 서비스를 조금씩 수정하며 고객의 반응을 살핀다는 걸 알고 있다. 기업은 높은 수준의 투명성과 윤리성을 준수하며 실험해야 한다. 결국 기업이 연구에 관해 감추는 것이 없다면 의혹을 떨쳐 내고 고객의 지지를 받아, 향후의 실험에 참여하는 고객의 적극성도 높아질 것이다.

테크 기업의 실험에서 얻는 교훈들

인터넷 시대를 맞아, 우리 삶은 많은 부분에서 더 나아졌다. 우리는 소파에 앉아, 옐프를 통해 주문한 피자를 먹으며 넷플릭스에서 『루크 케이지』의 마지막 시즌을 몰아 본다. 그와 동시에 다음 날 저녁에 멀리 출장 갈 때 비행기에서 사용할 만한 헤드폰, 그것도 당일 배송되는 헤드폰을 사려고 아마존을 뒤적거릴 수 있다.

물론 아마존 같은 플랫폼이 우리 삶에 엄청난 편의성과 효율성을 안겨 주었지만, 그 플랫폼들이 제공하는 상품에 긍정적인 방향으로 영향을 줄 수 있는 방법을 알아내기는 쉽지 않다. 기업만큼 이 문제를 해결하려고 노력하는 경제 주체는 없을 것이며, 실제로 많은 기업이 온라인 세계에서 우리 삶의 질을 향상시키려고 애쓰고 있다. 또 많은 기업의 목표가 오프라인에서 삶의 질을 높이는 것이지만, 때로는 기업의 선택이 우리 삶의 질을 악화시키기도 한다. 그런 경우에 기업의 결정을 올바른 방향으로 유도하고, 기업의 결정이 우리에게 어떻게 영향을 미치는지 판단하는 데 실험이 중요한 역할을 한다.

2부에서 지금까지 살펴본 실험들을 근거로 할 때, 테크 분야와 다른 분야의 실험에 적용될 수 있는 교훈은 다음과 같은 6가지로 정리될 수 있다.

- 교훈 1: 이베이의 광고 실험에서 보았듯이, 실험은 데이터로 직관을 보완함으로써 재정적으로 큰 이익을 안겨 줄 수 있다.
- 교훈 2: 실험은 4가지 핵심적인 용도 중 하나 이상의 역할을 해낸다.
  • 가정과 메커니즘의 검증
  • 규모와 타협점의 파악
  • 특정한 정책과 상품의 평가
  • 어떤 가정도 갖고 있지 않은 상황에서의 사실 확인
- 교훈 3: 한 번의 실험으로 경영과 관련된 중요한 의문을 제기하고 그 답을 찾는 것보다, 일련의 실험을 통해 기준틀을 개발하는 편이 더 낫다.
- 교훈 4: 때때로 실험은 지나치게 편협하고 단기적인 결과, 즉 깊이 생각하지 않아도 즉각적으로 머릿속에 떠오르고 쉽게 측정되는 결과에 초점을 맞출 수 있다. 기업은 지향하는 결과를 명확히 할 때, 또 현재 달성한 결과와 가장 원하는 결과를 접목하는 방법을 생각할 때 이익을 얻을 수 있다.
- 교훈 5: 파급 효과 같은 기술적인 어려움이 실험의 해석과 정확성에

악영향을 미칠 수 있다. 대체로 그 어려움을 극복할 만한 좋은 해결책이 있지만, 그렇게 하려면 실험을 실행하는 세세한 방법을 신중하게 생각해야 한다.

- 교훈 6: 실험은 공개되지 않는 경우가 많다. 그러나 투명성이 증가하면, 기업의 결정에 대한 기업과 고객 간의 의사소통이 한결 원활해질 수 있다.

3부에서는 테크 기업을 떠나 다시 행동과학적 실험으로 돌아갈 것이다. 많은 조직과 여러 분야에서 어떻게 실험 문화가 형성되기 시작했는지 살펴보며, 행동과학적 실험의 확산을 집중적으로 조명해 보려 한다. 또 보건과 교육 및 재정 분야의 의사결정에서는 어떤 유형의 행동과학적 실험이 적용되는지 살펴보려 한다. 그 과정에서 실험이 영향력을 발휘할 수 있는 이유 및 역할에 대한 교훈도 하나씩 끌어내 보려 한다.

공공선을 위한
실험

Experimenting
for the Social Good

공공선을 위한
행동과학적 실험

Behavioral Experiments for the Social Good

앞에서 보았듯이, 테크 분야는 실험 문화를 일찍 받아들인 얼리 어댑터였다. 그러나 2장에서 언급했듯이, 테크 분야에서 실험 혁명이 일어나기 훨씬 이전, 즉 테크 시대 이전부터 정부 기관들은 사회적 프로그램을 실험적으로 테스트해 보려는 아이디어를 조금씩 실천하며, 누가 보험에 들고, 사람들이 어디에서 살려고 하느냐 등 모든 것을 실험하기 시작했다. 최근 들어서는 새롭게 성장하는 분야들에 실험이 확산되며 눈에 띄게 늘었다. 요즘에는 조직이 어떤 식으로 실험에 접근하고, 실험 문화를 만들어 가는지 살펴보기 위해, 우리는 행동과학 통찰 팀이 우후죽순처럼 탄생하던 때로 되돌아가, 그 팀들이 실험 문화를 만들어 가던 상황을 되짚어 보려 한다.

그리고 '투표율 제고' 작전이 주로 명성을 지닌 지도자들의 영역에서, 정치권에서 고객을 끌어모으려는 실험주의자들에게로 넘어가고 있다는 걸 보여 주려 한다.

행동과학 통찰 팀의 확산

영국 행동과학 통찰 팀BIT은 정부 기구의 효율을 제고할 목적에서 설립되었다. BIT가 사용한 도구를 만들어 낸 핵심 개념들은 행동 경제학과 사회 심리학의 실험실 실험에서 비롯된 것이었다. 구체적으로 말하면, 로버트 치알디니, 대니얼 카너먼, 아모스 트버스키, 리처드 세일러 등이 제시한 개념적 아이디어를 현실에 적용한 것이었다. 많은 조직이 (1)회의적인 이해 당사자들에게 조직의 가치를 입증해야 하고, (2)어떤 통찰이 조직의 관심 영역에 적용되는지 정확히 알지 못하며, (3)학술 논문에서 조직이 가장 염려하는 문제에 대한 해답을 충분히 찾을 수 없다는 걸 깨닫게 되자, 실험을 통한 시험experimental testing이 행동과학적 통찰에서 핵심적 부분이 되는 데는 오랜 시간이 걸리지 않았다. (물론 세 이유는 행동과학적 통찰을 넘어선 영역에서도 실험이 필요한 이유이기도 하다.)

새롭게 설립된 행동과학 통찰 팀들은 처음에 존재 가치를 입중할 만할 소규모 실험 작업으로 시작했고, 따라서 효과가 있을 것이라 확신하는 조치에 초점을 맞추는 경우가 많았다. 예를 들어, 1장에서 보았던 세금 독촉 편지로 다시 돌아가 보자. 영국 행동과학 통찰 팀은 여러 형태의 편지를 시험했지만, 그 편지들이 얼마나 영향을 발휘하고, 상환율을 조금이라도 유의미하게 상승시킬 수 있을지 거의 확신할 수 없었다. 하지만 결과적으로 그 편지들은 효과가 있었고, BIT에게 큰 승리를 안겨 주었다. 시간이 지난 후에 다른 정부 기관들에도 행동과학 통찰 팀이 설립되었고, 그들은 BIT와 별개로 활동하며 자체적으로 작성한 세금 독촉 편지를 수시로 테스트했다. 어느 시점부터 그들의 생각은, 세금 독촉 편지가 체납자의 행동을 바꾸지 못할 것이란 강한 의심에서, 정확한 규모는 모르지만 그런 편지가 효과적이라는 상당한 수준의 확신으로 바뀌었다. 많은 팀이 처음의 세금 독촉 편지 실험을 되풀이했고, 질적으로 일관된 결과를 얻었다. 그들은 효과가 정확히 1퍼센트인지 2퍼센트인지 알아내려고 그 실험을 계속한 것이 아니었다. 그들이 원했던 것은, 주어진 상황에서 최종 결과를 개선하는 데 도움을 주는 방향으로 행동과학적 통찰을 적용할 수 있다는 개념적 증거를 찾아내 이해 당사자들에게 보여 주는 것이었다.

BIT는 다른 조직에서 행동과학 통찰 팀을 설립하는 데도 큰 역할을 했지만, 그 팀들이 처음으로 실험할 때도 많은 조언과 지원을 아끼지 않았다. 2017년쯤에는 세계 전역의 중앙 정부나 지방 정부에 설립된 행동과학 통찰 팀이 수십 곳에 이르렀다.

많은 국가가 행동과학 통찰 팀, 즉 넛지 유닛을 계속 운영하고 있으며, 비영리 단체와 컨설턴트 회사가 이 시장에 뛰어들었다. 넛지 유닛의 목표는 정부의 운영에서 지속 가능한 발전을 모색하는 것이다. 따라서 영국 BIT가 현장 실험을 황금 기준으로 삼았던 선례를 따라 넛지 유닛들도 현장 실험을 통해 지속 가능한 발전 모델을 찾으려 한다.

2014년, 영국 BIT는 오스트레일리아 뉴사우스웨일스 주정부, 싱가포르 넛지 유닛, 하버드 대학교 행동과학 통찰 그룹 Behavioral Insights Group(루카와 베이저만도 이곳의 팀원)과 손잡고 연례 회의를 개최했다. 그 분야의 최근 발전상을 집중적으로 논의하는 연례 회의로, 당시에도 약 800명이 참가할 정도로 규모가 큰 집회였다. 행동과학 통찰을 현장에 접목하는 데 적극적인 또 하나의 조직은 아이디어스42 Ideas42이다. 아이디어스42는 여러 대학의 학자들과 국제 금융 공사 International Finance Corporation, IFC(세계은행에 소속된 세계 개발 기관)가 '과학적 통찰을 이용해 국내외에서 혁신적인 정책과 상품을 설계할 목적'으로 2008년 6월 하버드에서 발족시킨 사회과학 연구개발 실험실이다. 오랜 시간이 지나지 않아, 아이디어스42는 빈민층의 재정적 지원, 개발도상국가에서 식량 수확의 증진에 효과적인 테크놀로지의 보급, 미국의 의료 제도, 저소득 공동체의 교육 기회 등과 같은 영역에서 새로운 해결책을 모색하려는 비영리 조직으로 변해 갔다. 이런 목표를 위해서도 실험이 필요했다. 아이디어스42는 여전히 비영리 조직이지만 행동 경제학에 기반을 둔 컨설턴트 회사라는 점에서 영국 BIT와 유사하다. 게다가 두 조직은 경쟁 관계에 있는 것으로 여겨지기도 한다. 또한 영리를 추구하는 컨설턴트 기업들이 이 새로운 컨설팅 분야에 꾸준히 진입하고, 대중에게 공개된 주요 회의에도 빠짐없이 참석하는 추세이다.

이런 조직이 하루가 다르게 증가함에 따라, 실험의 목적도 다양해지고 명확해졌다. 조직은 실험을 통해 어떤 프로젝트가 효과적인지 알아내고, 이해 당사자들에게는 자신의 존재 가치를 입증할 수 있다. 또 이런 행동 경제학에 기반을 둔 조직들에서, 실험은 정책 목표를 달성할 목적에서 사용되기도 한다.

투표율 제고를 위한 조언

BIT와 아이디어스42 같은 조직들이 요즘 들어 정책 입안자들과 협력해 공동선을 대상으로 실험하고 있지만, 정치 과정에서는 훨씬 일찍부터 실험이 상당한 역할을 해 왔다. 유권자들을 투표장으로 향하게 하는 방법에 대한 실험이 대표적인 예이다.

투표율 제고 운동이 실험에 크게 의존하게 된 과정을 파악하려면, 유권자 행동과 투표율을 폭넓게 분석하는 것도 도움이 될 것이다. 물론 사람들은 투표라는 행위를 긍정적으로 해석한다. 2004년 당시, 오스트레일리아와 브라질, 아르헨티나를 비롯한 적잖은 민주 국가에서는 투표율이 무척 낮았다. 미국에서는 대통령 선거의 투표율도 54~58퍼센트 사이였다. 2004년 대통령 선거 기간에도 많은 '전문가'들이 투표율을 높이는 방법에 대해 조언했지만, 그들이 제안한 전략이 성공했다는 증거는 거의 찾을 수 없었다. 틀리는 경우가 다반사이지만, 그들의 조언이 전문가 판단이었다는 점이 달랐을 뿐이다.

연구자들은 유권자들을 투표장으로 유도하는 것을 알아내기 위해 많은 실험을 실시했다. 시카고 대학교의 정치학자 해럴드 고스넬Harold Gosnell(1896~1997)이 1927년에 발표한 논문에서 언급된 실험은 최초의 현장 실험 중 하나로, 무작위로 선택한 시카고 시민들에게 투표하지 않은 사람을 애국심이 없는 게으름뱅이로 묘사한 만평을 보낸 실험이었다.[1] 그 논문은 그 후로도 수십 년 동안 거의 유일한 학술 논문이었다. 당시에는 직업적인 여론 조사원과 정치학자 간의 교류가 거의 없었기 때문이다.

1990년대에 들어서며 변화의 조짐이 보이기 시작했다. 예일 대학교의 정치학자들, 앨런 거버Alan Gerber와 도널드 그린Donald Green이 유권자들을 투표장으로 유인하는 동기를 조사하기 시작했다. 1998년 11월 미국 중간 선거가 다가왔을 때 거버와 그린은 여성 유권자 연맹League of Women Voters과 손잡고, 3만 명의 뉴헤이븐 시민을 네 집단으로 나누었다. 한 집단에는 투표를 독려하는 커다란 엽서를 보냈고, 한 집단에는 똑같은 메시지를 전화로 독려했다. 세 번째 집단에 속한 사람들에게는 직접 집을 방문해 투표를 독려했고, 마지막 집단, 즉 대조군에게는 어떤 형태의 접촉도 시도하지 않았다. 1998년 11월 투표일이 지난 후, 거버와 그린은 코네티컷 전체의 투표 상황을 점검하며 누가 실제로 투표했는지를 조사했다. 투표자가 누구에게 투표했는지는 기록되지 않지만, 투표를 했는지 여부는 기록에 남는다. 직접적인 대면 유세, 즉 세 번째 집단의 투표율이 대조군에 비해 9.8퍼센트나 높았다. 엽서를 받은 집단의 투표율은 대조군에 비해 겨우 0.6퍼센트 높았을 뿐이고, 전화 독려는 아무런 효과도 없었다. 거버와 그린이 그런 연구 결과를 2010년에 발표했을 때, 일부 선거 관계자는 학계가 그들의 노력을 공격하는 것이라 믿었지만,[2] 디렉트 메일 회사들은 그들의 연구를 선택적으로 인용해, 전화를 이용한 선거 운동은 돈을 낭비하는 짓에 불과하다고 주장했다.

2003년, 갓 윌리엄스 칼리지를 졸업한 민주당계 젊은 여론조사원 토드 로저스Todd Rogers는 행동주의가 정치 과정, 특히 여론조사 산업에 통찰을 제공할 가능성을 엿보고, 하버드의 사회 심리학 박사 과정에 입학했다. 로저스는 사회심리학 교육 과정이 지나치게 제약적이어서, 그가 박사 과정에서 연구하려던 주제, 즉 유권자들을 민주당에 투표하도록 유도하는 방법에 집중할 수 없다는 걸 깨닫고, 하버드 내의 조직 행동 프로그램(하버드에서 경영 대학원과 인문과학부의 심리학과와 사회학과가 공동으로 운영하는 프로그램)으로 전과했다. 이때 맥스 베이저만이 토드의 지도교수가 되었다. 맥스의 설득에 토드는 유권자들을 투표장으로 유도하는 방법으로 연구 방향을 바꾸었고, 그것으로 민주주의의 발전에 기여했다.

새로운 프로그램에서, 토드는 당시 맥스의 또 다른 제자이던 케이티 밀크먼Katy Milkman(현재 휘턴 경영 대학원 교수로, 그 이름은 12장과 13장에서 더 자주 언급된다)과 함께 작업하며, 사람들이 순간적으로 하고 싶은 것보다 반드시 해야 할 것이라 생각하는 것을 행하도록 유도하는 방법에 대한 일련의 논문을 발표했다. 그러나 그 이후에도 토드는 더 많은 유권자를 투표장으로 유도하는 방법을 계속 연구했다.

2006년, 방송인 크레이그 폭스Craig Fox가 뉴욕에서 열린 민주당 성향인 사회 심리학자들과 행동 경제학자들의 모임에 맥스를 초대했다. 훗날 '행동과학 협의회'Consortium of Behavioral Scientists로 알려지게 된 그 모임은 민주당 후보들이 학술 연구의 결과를 선거 운동에 적용해 더 많은 선거구에서 승리할 수 있도록 도왔다. 맥스는 크레이그에게 그 모임의 목적에 관심이 많은 하버드 박사 과정 학생을 데려가도 괜찮겠느냐고 물었고, 크레이그는 흔쾌히 허락했다. 그 학생이 바로 토드였다.

회의실에 모인 사람들은 선거 과정에 대해 아는 것이 거의 없어, 곧바로 난관에 부딪쳤다. 그때, 그날 아침에 토드를 잠깐 만났을 뿐인 한 저명한 사회 심리학자가 회원들에게 더 이상 근거도 없이 거들먹거리며 자기주장을 내세우지 말고, 그 문제를 오랫동안 연구한 데다 현장 지식까지 겸비한 토드의 의견을 들어 보자고 권했다. 당시 대학원 3년 차이던 토드의 실무적인 조언은 그 협의회에 중대한 기여를 했다. 언론인 사샤 아이센버그Sasha Issenberg의 『빅토리 랩: 대중의 심리를 조종하는 선거 캠프의 비밀』에서 언급되었듯이, 행동과학 협의회는 2008년 버락 오바마를 위한 대통령 선거 운동을 성공적으로 끌어가는 데 큰 역할을 해냈다.

토드는 학위 논문을 작성할 때 논문 심사위원단에 예일 대학교 교수 앨런 거버를 추가했다. 앞에서 보았듯이, 거버가 투표 연구의 권위자였기 때문이다. 대학원 마지막 해이던 2007년 말, 토드는 하버드 케네디 공공정책 대학원Kennedy School of Government으로부터 정교수직에 초빙하는 인터뷰 요청을 받았지만, 그 요청을 정중히 거절하고 워싱턴 DC의 일자리를 받아들였다. 앨런 거버가 토드를 '애널리스트 인스티튜트'Analyst Institute

의 창립 사무총장으로 추천했기 때문이었다. 애널리스트 인스티튜트는 미국노동연맹-산별노조협의회American Federation of Labor and Congress of Industrial Organizations, AFL-CIO와 진보적인 단체들이 그해 초에 설립한 좌익 성향의 조직이었다. 그 연구소의 창립자들은 도널드 그린과 앨런 거버의 저작에서 영감을 받아, 유권자들과 상호작용하는 경험적으로 증명된 최선의 방법을 찾아내고자 현장 실험에 주력하는 조직을 만들어 내는 게 목적이었다. 그 연구소는 재정적으로 넉넉한 지원을 받아, 학교보다 훨씬 빠른 속도로 현장 실험을 실시할 기회를 토드에게 제공할 수 있었고, 그 결과를 기다리는 사람들에게 지체 없이 전달할 예정이었다. 그 연구소의 목적은 민주당 후보의 당선을 돕겠다는 토드의 정치적 목표와도 맞아떨어졌다.

토드는 그 자리를 받아들였고, 민주당 내에서는 물론이고 사회과학이 투표율을 높이는 데 유용하게 쓰일 것이라 믿던 학계에서도 신속히 명성을 얻었다. 그 후로 수년 동안, 토드는 투표율을 높이는 방법과 진보적인 후보자에 대한 지원을 강화하는 방법에 대한 300건 이상의 현장 실험을 실시했다. 대부분의 연구에는 소유권이 있었고, 그 결과는 애널리스트 인스티튜트와 관련된 좌익 성향의 집단에게만 전달되었다. 그 때문인지 아이센버그는『빅토리 랩』에서 다음과 같이 말했다.

"워싱턴에는 두 종류의 선거 운동원이 있는 듯하다. 하나는 토드 로저스가 선거 운동을 혁신적으로 변화시킨 천재라고 생각하는 사람들이고, 다른 하나는 토드의 존재에 대해 전혀 듣지 못한 사람들이다."

훌륭한 정치적 감각을 지닌 영리한 수완가이던 토드는 자신의 연구에 관심을 끌어오고, 때로는 정치 지도자들의 직관이 틀렸다는 걸 입증하는 데 실험을 전략적으로 사용했다. 많은 선거 운동원이 사회과학적 연구를 이용할 필요성을 느끼지 못했고, 대체로 직관에 의존하는 경향을 띠었다. 토드는 선거 운동원에게 많은 선택의 여지를 허용하지 않으려 했다. 따라서 때때로 선거 관련자들에게 어떤 방법이 투표율을 높일 수 있고 유권자를 설득하는 데 가장 좋겠느냐고 예측하게 한 후에, 실험 결과를 이용해 그들의 예측이 틀렸다는 걸 보여 주었다.

다른 실험주의자들이 그랬듯이, 토드가 실험을 이용한 이유도 애널리스트 인스티튜트라는 조직이 제안하는 변화의 가치를 입증하기 위한 것이었다. 예컨대 2007년 4월, 토드는 펜실베이니아주 대통령 예비 선거를 앞두고 민주당원으로 등록된 19,411가구에 전화할 대본을 작성했다. 그 실험에서 토드는 등록된 유권자에게 "화요일 몇 시쯤에 투표소에 가실 예정입니까? 화요일에 투표소에 가실 때 어디로 가실 예정입니까? 투표소에 가시기 전에 무엇을 하고 있을 것이라 생각하십니까?"라는 세 가지 질문을 물었다. 실험의 목적은 세 질문에 대한 답을 알아내는 게 아니라, 시민들이 투표를 어떤 식으로 해야겠다고 생각하거나 계획을 세웠을 때 투표율이 올라가는지 시험하려는 것이었다. 실제로 투표율이 올라갔다. 이런 아이디어는 심리학에서 새로운 것이 아니었고, 뉴욕 대학교 심리학과의 페터 골비처Peter Gollwitzer가 제시한 '실행 의도'Implementation intention라는 개념에 기초한 것이었다. 그 기본적인 개념은, 사람들에게 구체적인 계획을 세우도록 자극하면 목표를 실제로 달성할 가능성이 높아진다는 것이다. 토드의 실험은 정치 후보자들이 그 개념을 이용해 투표율을 높여 정치적 이득을 꾀할 수 있도록 돕는 데 큰 역할을 했다.

결국 토드의 실험으로, 직감에 의존하던 과거의 정치 컨설턴트들이 적잖게 일자리를 잃었다. 반면 토드는 기존의 통찰을, 자신이 관심을 두는 분야에 어떻게 적용해야 하는지도 실험을 통해 정밀하게 조절해 나아갔다. 구체적으로 말하면, 토드는 사회 심리학에서 유용한 결과를 받아들여, 투표율을 개선하는 도구로 바꾸었고, 그 과정에서 선거 운동을 전개하는 방법까지 바꿔 놓았다.

2008년 가을쯤, 토드가 워싱턴에 전해 준 계획 수립 전략 등은 많은 좌익 성향의 후보들에게 표준적인 도구가 되었다. 토드는 로버트 치알다니의 연구를 사회적 규범에 적용해, 사람들이 다른 사람의 행동을 보고 따르는 경향을 띤다는 걸 알아내고는 전화 대사에 "요즘에는 투표율이 오르는 추세입니다."라는 말을 덧붙이기도 했다. 이런 전략은 2004년 선거에서 민주당 대통령 후보이던 존 케리의 선거 전략과 완전히 대조되는 것이었다. 당시 케리는 많은 미국인이 투표하지 않는다는 사실에 맞추어 선거 전략을 짰기 때문이다. 그러나 토드의 실험에 따르면, 투표하려는 시민에게 초점을 맞추는 것이 선거권을 포기하려는 시민에게 초점을 맞추는 것보다 더 효과적이었다.[3]

애널리스트 인스티튜트의 옛 동료들이 이제는 그곳을 떠나 민주당이나 진보적인 조직에서 일하고 있다. 토드와 그 동료들이 만들어 낸 도구와 대사는 전체적인 선거 전략에서 작은 부분에 불과하지만, 정당의 차이를 넘어 여전히 효과적인 것으로 인정받고 있다.

행동과학적 실험을 사용해 투표율을 높인 것이 사회적으로 좋았던 것일까? 오바마의 지지자에게는 좋았던 것일 수 있다. 또 행동과학적 실험에서 드러났듯이, 공공선social good의 향상을 원하는 사람들에게도 좋았던 것일 수 있다. '투표율의 상승'은 결국 '내가 승리하기를 바라는 후보에게 투표할 사람들에게 투표를 독려한다.'라는 뜻이기 때문이다. 예컨대 투표율 제고를 위한 당파적 접근은 좌익 성향의 이웃에게는 투표를 독려하지만, 우익 성향의 이웃을 무시하게 된다. 민주당 후보와 토드 로저스의 연구를 지지하더라도, 정치적 의도를 지닌 행동과학자들에게 투표 결정을 맡길 때는 잠재적 위험이 뒤따른다는 것을 인정해야 한다. 실험을 통해 기업이 더 영리하게 처신하게 되었듯이, 투표율을 높이려는 민주당의 노력도 더욱 효과를 발휘했다. 투표율의 제고가 사회에 얼마나 좋은 것인지는 민주당 정책의 큰 줄기가 사회적 복지의 성취에 적합하다고 생각하느냐에 달려 있다. 대안적 목표가 있다면, 특정한 정당을 지지하는 사람들만의 목소리보다 모두의 목소리를 들으려는, 초당적 조직들이 투표율을 높이려는 운동에 나서는 것이다.

건강하고 부유하고 현명하게

Healthy, Wealthy, and Wise

토드 로저스는 더 많은 표를 얻는 선거 운동 방법으로 사회 심리학적 통찰을 간결하게 압축하는 능력 덕분에 정치 운동원으로 성공했지만, 인간의 다양한 행동에 내재한 심리적 과정을 이해하고 그런 행동을 이해하는 연구가 그리웠다. 그래서 그는 워싱턴 정계를 떠나 학교로 되돌아갔다. 다행히, 과거에 그에게 관심을 보였던 학교가 다시 문을 열어주었다. 2011년 조교수로 케네디 공공정책 대학원에 합류한 토드는 연구 분야를 투표에서, 행동과학적 통찰이 눈에 띄는 효과를 낳을 수 있는 다른 영역으로 돌리고 싶었다(이때 맥스 베이저만이 그 대학원의 교수였다).

나중에야 알았지만 그가 케네디 공공정책 대학원에 합류한 때가, 그곳의 교수들이 유사한 관심사를 점차 공유하던 때였다. 토드는 투표율 제고에 사용하던 방법론을 다시 적용해 하나의 핵심적인 문제에 집중하기로 마음먹었지만, 환경과 교육이라는 두 분야를 두고 망설였다. 토드는 환경 연구의 세계에 잠시 발을 담갔지만 곧 발을 빼고, 교육을 새로운 연구 과제로 삼았다. 교육 분야의 기존 연구자들에게도 매료되었지만, 행동과학을 이용해 교육을 연구하는 학자들이 점차 증가하는 추세였고, 연구 결과를 현장에 즉각 반영할 수 있는 가능성도 열려 있었기 때문이다. 게다가 당시는 학교들이 학생들의 성적 향상을 위해 행동과학적 통찰을 이용하는 방법을 배우려고 적극적으로 나서기 시작하던 때였다.

이때 토드가 함께한 학술 단체는 급성장하던 모임으로, 여러 조직과 협력해 교육, 건강, 금융과 관련된 결정을 내리는 방법을 주로 연구하는 곳이었다. 따라서 이 장에서는 세 분야에서 행해진 실험들과, 그 실험들이 실험주의자들에게 남긴 교훈들을 대략적으로 살펴보려 한다.

현명하게

벤 캐슬먼Ben Castleman과 린지 페이지Lindsay Page가 『넛지』를 처

음 읽은 것은 하버드 교육 대학원 박사 과정에 재학 중인 때였다. 대학원에 입학하기 전에, 벤은 학교 행정가로, 린지는 교사와 앱트 어소시에이츠Abt Associates의 교육 정책 분석가로 일한 까닭에 미국 교육 시스템을 깊이 이해했고, 학생들이 당면한 어려움도 잘 알았다. 특히 그들의 주된 관심사는, 대학에 진학해 능력을 발휘할 자질을 지녔지만, 어떤 이유로든 대학에 진학하지 않는 고등학생들이었다. 대학에 등록하지만, 정작 대학이 시작하기 전, 여름 동안에 진학을 포기하는 게 너무도 흔한 현상이어서 '섬머 멜트'smmer melt라는 단어까지 생겼을 정도였다.

진학 포기율을 줄이겠다는 열의 덕분에 문제의 규모에도 주눅 들지 않고, 캐슬먼과 페이지는 행동과학적 실험을 이용해 학생들이 대학에 입학해 졸업할 때까지 장래의 이력을 만들어 가는 과정을 돕겠다는 목표로, 여러 학교와 비영리 조직과 손잡고 야심찬 공동 작업을 시작했다. 2011년 여름, 그들은 조지아 풀턴 카운티 학교들과 보스턴에 본부를 두고, 학생들에게 멘토링과 재정을 지원하는 비영리 조직 uAspire의 협력을 받아 첫 실험을 시작했다. 그 실험에서 그들은 보스턴과 풀턴 카운티에서 무작위로 선택한 고등학생들에게, 학교를 졸업한 직후의 여름 동안에 대학 진학을 위한 상담을 제공했다. 상담은 고등학교의 상담 교사들이나 지역에 기반을 둔 재정 지원 상담가들이 맡았다. 원칙적으로, 모든 학생이 상담 교사나 상담사에게 조언을 받을 수 있었지만, 실험군에 속한 학생들에게는 선제적으로 접촉을 시도했다. 상담사들이 문자 메시지와 이메일 및 페이스북을 이용해 학생들에게 접촉했다. 상담사들은 학생들이 학비 지원 신청서를 작성하도록 도왔고, 학비 등 중요한 사항의 마감 시간을 상기시켜 주었으며, 학생들이 대학에 다니는 걸 방해하는 사회적이고 정서적인 장벽이 있는지를 파악했다. 이렇게 상담사들은 학생당 2~3시간을 할애했다.

그 결과는 놀라웠다. 그런 간섭의 결과로, 대학에 등록한 학생의 비율이 3퍼센트가량 증가했다. 대학에 진학한 학생당 100~200달러의 비용을 썼다는 뜻이었다. 특히 저소득층 학생의 대학 등록률은 8~12퍼센트까지 증가했다. 벤과 린지는 그 학생들을 여러 학기 동안 추적했다. 그 결과 선제적 상담을 받지 않은 학생들보다 대학에 계속 재학한 확률이 더 높다는 것을 확인했다.

그 결과에 고무된 벤과 린지는 더 많은 학교를 접촉했고, 학생들의 성공을 돕는 다른 방법들에 대해서도 생각하기 시작했다. 그들이 2014년에 발표한『섬머 멜트: 저소득층 학생이 대학에 진학하도록 지원하는 방법』에서 밝혔듯이, 교과서 보조 장치 같은 간편한 교육 도구를 고안했고, 미국 전역의 학교들과 협력했다.

벤 캐슬먼은 현재 버지니아 대학교 교수이고, 린지 페이지는 피츠버그 대학교 교수이다. 행동과학에 근거한 교육 혁신 분야의 선구자로서, 벤은 버지니아 대학교에서 행동 경제학을 기반으로 하는 '넛지4 솔루션 랩'이란 프로젝트를 시작했고, 미셸 오바마의 '더 높은 목표에 올라서기'Reach Higher Initiative에 조언했으며, 린지는 현장 종사자와 가족부터 통계 전문가까지 모든 교육 관계자를 위한 논문을 꾸준히 발표했다. 그들의 작업 덕분에 미국의 교육 시스템이 한결 포용적이고 효율적이 되었다.

출석률을 높여라! 하버드 공공정책 대학원에 발을 들여놓은 토드 로저스는 교육 분야에서 행동과학을 이용한 실험에 대해 생각하기 시작했다. 구체적으로 말하면, 토드는 학생들을 지원하는 사회 시스템의 효율성을 높이기 위해 관련 조직들을 결집시키면서도 그들에게 권한을 부여하는 방법을 찾아내기로 마음먹었다. 지금까지 그는 미국과 영국에서만 2,000곳이 넘는 중고등학교와 대학교에서 실험을 실시했다. 이에 대한 계획은 투표율 제고를 위한 작업과 무척 유사하다. 요컨대 비용을 적게 들이고 결과를 측정할 수 있는 실험 방법(행동과학 통찰 팀이 규범적 편지를 조금씩 수정하며 몇 퍼센트가 세금을 납부하는지 추적한 방법)을 찾아내고, 그 실험 결과를 계량화하기 위해 여러 조직과 협력하며, 궁극적으로는 개별 조직의 영향을 평가하는 조직을 설립하는 것이다. 토드는 작업 전략을 명확히 수립하고 충분한 연구비를 모금한 후에, 여러 학교에서 출석률 제고를 위한 넛지를 실행할 소규모 회사를 세웠고, 그가 투표율을 높이는 데 성공한 방법을 이제는 교육에 차근차근 적용하고 있다.

토드는 적잖은 학교가 당면한 공통된 문제, 즉 학생들의 높은 결석률에 주목했다. 영국의 경우, 매년 초중등학생의 10퍼센트 이상이 상습적으로 결석한다. 구체적으로 말하면, 18일 이상을 학교에 나오지 않는다. 이런 현상은 저소득 도시 구역에서 특히 높다.[1] 상습적인 결석은 낮은 학업 성취도와 낮은 졸업률로 이어졌고, 마약과 알코올 남용, 범죄율 등 훗날의 부정적인 결과와도 관계가 있었다.[2]

토드는 학생들의 출석률 제고에 관심을 두었다. 한 연구에서, 토드와 에비 펠러Avi Feller는 28,080명의 학부모에게 한 학년 동안 세 종류의 가정 통신 자료를 보냈다. 한 집단에게는 정상적인 통신 자료(예컨대 성적표, 학교에서 알리는 공문, 사친회 회의) 이외에 어떤 자료도 보내지 않았다. 두 번째 집단은 출석의 중요성, 학생의 출석에 미치는 부모 역할의 중요성, 그해 자녀의 총 결석일에 대한 정보를 담은 우편물을 다섯 번이나 받았다. 마지막 집단은 두 번째 집단과 똑같은 정보 이외에, 다른 학생과 비교한 자녀의 결석률에 대한 정보를 추가로 받았다.

그 결과에 따르면, 부모가 추가로 정보를 받은 두 경우에 대조군과 비교하여 총 결석률이 6퍼센트가량 줄었고, 상습적인 결석은 10퍼센트 이상 줄었다. 특히 공립학교에 대한 재정 지원이 만성적으로 부족한 현실을 고려하면, 이런 개선은 저비용으로 이루어 낸 훌륭한 성과였다. 구체적으로 말하면, 학생의 출석일을 하루 늘이는 데 6달러밖에 들지 않았다. 반면에 학생들의 출석률 제고를 위해 상담자와 멘토를 교육시키고 그들에게 지불하는 비용은 수업일당 121~500달러에 달한다.[3]

홍미롭게도 로저스와 펠러의 예측과 달리, 자녀를 다른 학생과 비교한 정보를 추가로 받은 세 번째 집단에서 학생들의 결석률이 추가로 줄지는 않았다. 행동 개선을 위해 사회적 비교나 사회 규범을 사용하자고 주장하는 사람들에게 이 결과는 실망스러울 것이다. 이 결과는 실험실 연구나 다른 현장 연구에서 얻은 아이디어를 다른 영역에 곧이곧대로 적용하지 말고, 새로운 영역에서는 여러 결과를 끊임없이 검증할 필요가 있다는 증거로 여겨진다. 때때로 어떤 것이 일부에서만 효과가 있는 이유를 설명하기 위해 우리는 가설을 세운다. 이 경우에는 결과가 실험자들에게도 뜻밖이어서, 그들이 더 깊이 연구하는 자극제가 되었다. 그들은 후속 연구를 근거로, 도무지 따라잡을 수 없는 친구와 비교하는 것(예: "학부모님의 자녀는 20일을 결석했지만, 반 친구는 4일밖에 결석하지 않았습니다.")은 오히려 의욕을 꺾는 결과를 초래할 수 있는 반면, 더 낮지만 따라잡을 만한 친구와의 비교(예: "학부모님의 자녀는 20일을 결석했고, 반 친구는 18일을 결석했습니다.")는 동기부여가 될 수 있다고 결론지었다.[4]

토드와 펠러의 연구에서 얻은 또 하나의 교훈은 기업이나 정책 입안자가 혁신을 추구할 때, 의도하지 않는 결과에 곧잘 부딪친다는 것이다. 실제로 몇몇 부모는 자녀가 자주 결석한 이유가 중대한 질환이나 큰 부상(암이나 골절) 때문이었다며, 자녀의 낮은 출석률을 나무라는 듯한 편지를 받고 기분이 몹시 나빴다고 항의하기도 했다. 이런 항의에 자극을 받아, 토드와 그의 공동 연구자들은 그런 가족을 찾아내 실험군에서 배제하는 도구를 개발하고, 그래도 걸러지지 않은 경우에는 부모의 불만을 신속히 해결하는 더 나은 절차를 고안해 내려고 애썼다. 그들은 미국 전역의 학군에서 실험을 시작한 때였기 때문에 문제점을 찾아 개선하려는 이런 노력이 무척 중요했다. 요컨대 실험을 실시해야 문제점이 표면화되고, 혁신적 조치의 어떤 면이 효과적이고, 어떤 면이 의도하지 않은 결과를 낳으며 역효과를 불러일으키는지 알아낼 수 있어, 관련된 프로젝트를 확대해 실시하기 전에 수정할 수 있다.

관련된 연구에서 토드는 칼리 로빈슨, 모니카 리, 에릭 디어링과 협력해 유치원과 초등학교의 출석률을 집중적으로 다루었다. 이 시기에 형성된 습관이 특히 중요하다는 가설에 근거해, 그들은 캘리포니아의 10개 학군에서 출석률이 하위 60퍼센트에 속한 10,967명을 무작위로 선정해 현장 실험을 실시했다. 대조군에 속한 가정N=4,388은 학교에서 일반적으로 보내는 통지

문 이외에 추가로 어떤 정보도 받지 않았다. 제2집단, '우편물' 집단은 저학년 시기에 학교를 빠지지 않는 습관의 중요성을 강조하며, 자녀가 결석한 날수의 정보를 제공하는 우편물을 추가로 받았다. 한편 제3집단, '우편물+응원단'은 제2집단과 동일한 정보 이외에 '출석 응원단', 즉 출석과 관련된 문제를 지닌 가정을 지원하는 친척과 친구 및 학교 구성원으로 구성된 모임에 관심을 가져 달라고 요청하는 보충 자료를 추가로 받았다.

출석의 중요성을 강조하며, 자녀의 출석 상황에 대한 자료를 제공받은 두 집단은 학년 내내 좋은 출석률을 보여 주며 결석일이 0.53일 미만이었다. 대조군에 속한 학생들과 비교할 때 결석률이 7.7퍼센트나 줄었으며, 상습적인 결석도 14.9퍼센트가 줄었다. 실험 비용을 환산하면, 출석일 하루를 늘리는 데 10.69달러가 쓰였다. 그런데 놀랍게도, 사회적 지원을 요청하며 제3집단에 추가로 제공된 보충 자료는 통계적으로 유의미한 출석률 개선을 이루어 내지 못했다. 직관에는 결함이 있어, 직관을 따르면 잘못된 길을 취할 수 있다고 경고하는 실험이었다. 달리 말하면, 실험으로 그런 잘못을 예방할 수 있다는 또 하나의 증거인 셈이다.[5]

실험적으로 유사한 전략을 사용했지만, 우편물을 문자 메시지라는 한층 효율적인 수단으로 교체한 컬럼비아 대학교의 피터 버그먼Peter Bergman과 에릭 찬Eric Chan은 결석과 숙제, 성적 등에 관련된 정보를 부모에 보내면 출석률이 크게 향상된다는 결론을 얻었다.[6] 또 버그먼과 로저스의 연구에서는 그런 프로그램에 부모를 자동으로 가입시키는 옵트 아웃 방식이 사전 동의를 구해야 하는 옵트 인 방식보다 출석률을 높이는 효과가 훨씬 낫다는 게 확인되었다.[7]

전반적으로 이런 연구들에서 확인된 것은 실험의 유용성이다. 실험은 일반적인 기준들도 정교하게 조정할 수 있다. 예컨대 토드의 실험이 있기 전에는 과거의 연구를 근거로 우리가 사회 규범에 상당한 영향력이 있다고 생각했다. 그렇다고 사회 규범이 모든 가능한 상황에 영향을 미친다고 생각한 것은 아니었고, 사회 규범을 효과적으로 전달하는 방법을 어떻게든 알아낼 수 있다고 생각한 것도 아니었다. 물론 사회 규범이 실험의 상황에서 얼마나 중요한지도 몰랐고, 사회 규범을 최적으로 시행할 방법을 아는 것도 아니었다. 하지만 토드와 공동 연구자들은 실험을 통해, 사회적 비교가 적어도 출석률 제고에서는 아무런 효과가 없는 전략이라는 걸 밝혀냈고, 그 결과로 다른 방법들을 자유롭게 생각하게 되었다.

학교는 실험의 도움을 받아, 의도한 결과뿐 아니라 그렇지 않은 결과까지 고려하며 특정한 상황에서 사회 규범을 사용해야 하는지, 사용하면 어떻게 사용해야 하는지 판단하게 된다. 학교가 모든 학부형에게 많은 메시지를 보낼 때도 어떤 메시지가 상대적으로 더 효과적인지 알아내는 데 실험이 큰 역할을 할 수 있다. 따라서 실험은 학교가 사명을 성취하는 데 무척 소중한 도구이지만, 학교가 언제 어디에서나 선반에서 꺼내 사용할 수 있는 도구와는 다르다.

『그릿』의 저자 앤절라 더크워스Angela Duckworth는 컨설턴트로 잠시 일한 후에 중학교 수학 교사가 되었다. 가장 성적이 좋은 학생이 반드시 가장 아이큐가 높고 영리한 사람은 아니라는 걸 알게 되는 데 그리 오랜 시간이 걸리지 않았다. 성적이 좋은 학생은 대체로 끈기가 있는 학생이었다. 그 후, 더크워스는 대학원에 진학했고, 펜실베이니아 대학교에서 교수를 지냈다. 이때 그녀는 '그릿'grit이란 개념을 전개하며, '무척 중요한 목표[특히 아주 오랜 시간이 걸리는 목표]를 성취하려는 열정과 끈기의 결합체'로 정의했다.[8]

더크워스는 성공을 예측할 때 지능을 측정하는 전통적인 수단보다 그릿이 더 유용한 경우가 적지 않다는 걸 알아냈다. 그릿의 예측력으로, '그릿'이란 개념만이 아니라 더크워스도 유명해졌다. 교육 개혁가들도 그릿에서 큰 영감을 받았다. 특히 그릿이 측정할 수 있지만, 융통성도 띤다는 주장에 교육 개혁가들은 크게 고무되었다. 그 주장이 맞는다면, 학생들의 그릿을 향상시킴으로써 그들의 성공 가능성을 높이는 훈련 프로그램을 만들어 낼 수 있다는 뜻이었다. 따라서 교육 개혁가들은 그릿을 어린아이들에게 심어 줄 수 있는 자질로 해석했다. 더크워스는 유익한 사회 변화를 끌어내기 위해, 상대적으로 비용을 덜 들이는 현장 실험을 실시하려는 운동에서도 중심적인 역할을 했다. 어떤 조치가 어디에서 어떻게 효과적일 수 있는가를 알아내기 위해 실험을 사용했다는 점에서, 더크워스의 작업은 우리가 다른 분야에서 보았던 실험들과 다르지 않았다.

교육계의 정책 입안자들과 학자들 사이에는 지능이나 그릿 같은 개인적 자질이 상대적으로 고정된 것이란 믿음과, 자질로 여겨지는 많은 것이 개발되고 향상될 수 있다는 믿음을 두고 끝없이 밀고 당기는 실랑이가 있었다. 이런 실랑이는 심리학에도, 구체적으로 말하면, 상당히 안정된 성격 특성이란 것을 찾아 측정해 보려는 성격 심리학자와, 환경이 일반적인 예상보다 인간에게 큰 영향을 미친다고 믿는 사회 심리학자 사이에 존재한다. 이런 통찰은 행동과학의 세계에서도 똑같이 반복되며, 환경에 작은 변화를 주면 행동에서 놀라울 정도의 큰 변화를 일으킬 수 있다는 게 확인된다. 따라서 더크워스와 교육 개혁가들은 그릿을 가르칠 수 있는 것이라 확신하고 있으며, 적잖은 증거가 초창기부터 이런 믿음을 뒷받침해 주었다.

하지만 하나의 간단한 조치만으로 그릿이 어린아이들에게 심어지는 것은 아니다. 이른바 '성장 마인드셋'growth mindset과 '동기화된 의도적인 연습'이 채택되어야 한다. 심리학자 캐럴 드웩

Carol Dweck은 성장 마인드셋이란 개념의 개척자로, 열심히 노력하면 기본적인 능력을 향상시킬 수 있다고 믿을 때, 배우는 즐거움을 만끽하며 회복 탄력성도 키울 수 있다고 주장했다. 드웩의 저작에서 영감을 받은 2016년의 연구에서, 심리학자 데이비드 예거David Yeager와 그의 팀은 중학교 3학년 학생들에게 한층 성장 지향적인 마인드셋을 갖도록 훈련시키는 순서를 개발해 냈다. 3단계로 이루어진 그들의 성장 마인드셋 훈련법은 '당신은 당신의 지능을 더 높일 수 있다'라는 제목의 짤막한 과학 논문을 읽게 하는 것으로 시작된다. 뇌는 단련을 받을수록 더 좋아진다고 주장한 논문이다. 다음 단계에서는 학생들에게 자신의 삶에서 학습을 통해 더 똑똑해진 사례 하나를 적어 보라고 한다. 마지막 단계에서는 성적 부진으로 허우적대는 미래의 학생을 격려하는 편지를 쓰게 한다. 이 훈련법을 적용한 결과는 놀라웠다. 지극히 단순한 조치만으로, 실험이 시행된 해에 학생들의 평점이 0~4.33이란 잣대에서 0.13점만큼 높아졌다.[9]

로런 에스크레스-윈클러Lauren Eskreis-Winkler가 주도하고, 앤절라 더크워스도 참여한 다른 연구팀도 6학년과 7학년에게 '의도적 연습'을 가르치는 훈련 모형을 개발했다. 약점에 중점을 두고, 피드백을 받으며, 숙달될 때까지 집중해서 반복하는 훈련법이었다. 25분이나 50분 동안 지속되는 훈련을 다수의 현장에서 실험적으로 시도한 결과, 이 연구팀은 학생들의 평균 평점을 한

한기에 약 0.1점 올리는 성과를 거두었지만, 상대적으로 낮은 학생들에게는 약간 높아진 정도에 불과했다.[10]

0~4.0(혹은 4.33)이란 잣대에서 0.1의 변화는 대단한 개선으로 보이지 않을 수 있고, 실제로도 대단한 성과는 아니다. 그러나 이런 결과가 다수의 연구에서 되풀이되었고, 그 실험에 소요된 비용과 시간이 극히 적었다는 사실을 고려하면 인상적인 성과이다. 일반화해서 말하면, 벤 캐슬먼과 린지 페이지, 토드 로저스와 앤절라 더크워스 등이 교육 분야에서 이루어 낸 변화는 교육 현장에 만연해 있지만 엄격한 현장 실험으로 검증되지도 않는 고가의 훈련법들보다 비용 효과가 뛰어나다고 생각할 만한 충분한 근거가 있다. 출석률 제고를 위한 실험이 그랬듯이, 그릿 실험을 통해서도 학교는 그릿이 중요한 이유만이 아니라 그릿을 학생들에게 심어 주는 방법까지 배울 수 있었다.

이런 실험도 교육 현장에서 무작위 대조 시험이 증가하는 추세의 일환이었다. 최근 들어 교육계에서 실험의 가치가 재평가되고 있는 것은 사실이며, 기금 제공자, 학교와 비영리 기관도 실험을 통해 새로운 아이디어를 직접 시험하고 의사결정에 도움을 받으려는 추세이다.

부유하게

....

기원전 13년, 로마 황제 아우구스티누스는 은퇴한 병사들이 가난해지면 반란을 일으키지 않을까 걱정했다.[11] 아우구스티누스가 생각해 낸 해법은 군인들을 위한 연금을 마련하기 위해 세금을 부과하는 것이었다. 군대에서 16년 이상 복무하고, 추가로 4년 동안 예비군으로 지낸 병사는 한번에 3,000데나리온을 연금으로 받았다. 군인 평균 연봉의 13배에 달하는 액수였다. 이처럼 오랫동안 봉사한 대가로 확정된 반대급부를 받는다는 아이디어가 '확정 퇴직 연금'defined retirement account으로 알려진 공통된 형태의 은퇴 준비 제도로 발전했다. 1974년경 퇴직연금의 3분의 2가 확정급여형에 속했다.[12] 물론 그 개념 자체는 2,000년 동안 많이 바뀐 까닭에, 요즘의 확정급여형 제도는 당사자에게 평생 동안 매달 혹은 매년 보장된 액수를 지급한다. 그러나 급여를 확정한다는 핵심 원칙은 그대로 유지되었다.

확정급여형 제도의 매력은 쉽게 찾을 수 있다. 고용주(혹은 정부)가 피고용인의 투자 결정을 책임지고 관리하며, 피고용인은 보장된 액수의 지불금을 받는다. 그가 장수함에 따른 비용 증가는 고용주나 정부가 떠안는다. 수십 년 전부터, 퇴직 연금 제도의 상당한 부분이 확정기여형defined contribution으로 옮겨 갔다. 달리 말하면, 기업이 퇴직 연금에 기여하는 몫은 고정되고, 투자하는 기회(혹은 부담)는 피고용인에게로 옮겨 간 제도이다.

확정기여형 제도에는 피고용인의 적극적이고 자발적인 참여가 필요한 경우가 많다. 어떤 경우에는 고용주가 피고용인의 기여 중 상당 부분을 떠안는다. 고용주가 무척 많은 몫을 감당해 주는 경우에도 적잖은 피고용인이 그런 사실을 도외시하며 퇴직 연금 제도에 가입하지 않는다.[13] 퇴직 이후를 생각해 저축하지 않고, 뒤에서 살펴볼 건강한 행동에도 소홀한 주된 원인 중 하나는 심리학에서 흔히 '현재 편향'present bias(미래에 닥칠 상황을 무시하며 현재의 비용과 편익을 지나치게 중시하는 경향)이라 일컬어지는 것이다. 또 다른 원인을 꼽자면, 퇴직 연금 제도에 가입할 의도가 있는 사람도 단지 잊었다는 이유로 실제로는 가입하지 않는 것이다. 일반적으로 말하면, 많은 사람이 더 많이 저축하라는 독려가 좋은 것이라는 데는 동의할 것이다.

이런 관찰을 근거로, 행동과학적 통찰을 이용해 저축률을 높이는 방법에 상당한 노력이 집중되었다. 프랑스 경제학자 에스테르 뒤플로Esther Duflo와 에마뉘엘 사에즈Emmanuel Saez는 한 대학의 협력을 얻어, 세금 유예 퇴직 연금에 가입하도록 사람들을 독려하는 실험을 실시했고, 그 결과를 2003년에 논문 형식으로 발표했다. 그 실험에서 두 저자는 몇몇 부서에서 표본으로 추출한 직원들에게 참가비까지 지급하겠다며, 퇴직 연금 박람회에 참석하라고 독려했다. 그 인센티브 때문인지, 참가를 독려받은 사람들의 참석률이 꽤나 높았다. 그러나 더 흥미로운 사실은 그 소식이 다른 사람들에게 확산되었다는 것이다. 따라서 참가비를 제시받은 사람들뿐만 아니라, 그들의 동료들도 상당히 많이 참석했다. 그 결과로, 박람회 이후에 퇴직 연금 가입률도 덩달아 높아졌다.[14]

조지 워싱턴 대학교의 경제학자, 안나마리아 루사르디 Annamaria Lusardi와 그녀의 동료들도 비슷한 접근법을 제시했다. 그 팀은 신입 직원들에게 퇴직 저축 제도의 가입을 권유하는 한 페이지짜리 간결한 안내서를 제공했고, 그 결과로 67퍼센트가 가입하는 반응을 얻어 냈다.[15]

이런 전략들은 피고용인에게 직접 정보를 제공하는 방식에 의존하지만, 펜실베이니아 대학교의 브리짓 매드리언Brigitte Madrian과 유나이티드헬스 그룹의 데니스 셰이Dennis Shea는 훨씬 더 간단한 전략을 제안했다. 퇴직 연금 제도에 가입하는 걸 기본값으로 두자는 것이었다. 그들의 실험 결과에 따르면, 퇴직 연금 제도를 기본값으로 두는 변화만으로 직원들의 저축이 크게 증가했다. 제임스 최와 그의 동료들은 퇴직 연금 자동 가입 방식을 받아들인 세 기업을 장기적으로 추적했는데, 4년 후에 사전 승인 방식을 고수한 기업들과 비교했을 때 세 기업에서 퇴직 연금 제도에 가입한 직원의 비율이 28퍼센트나 더 높았다.[16]

리처드 세일러와 슐로모 베나르츠Shlomo Benartz의 '내일을 위해 더 많이 저축하기' 계획에서는 퇴직 이후를 대비해 저축을 늘릴 수 있는 색다른 방식을 제안했다. 임금이 증가하면 퇴직 연금 저축도 똑같은 비율로 올리겠다고 직원들이 미리 약속할 수 있지 않겠느냐는 것이다.[17] 지금보다 나중을 위해 더 많이 저축하는 쪽을 선택하면, 저축하지 않고 소비하려는 유혹이 그만큼 줄어들지 않겠느냐는 생각에서 비롯된 제안이었다. 베나르츠와 그의 동료들은 이 방식을 기본값으로 하면 '내일을 위해 더 많이 저축하기'에 참여하는 비율이 83퍼센트까지 치솟는다는 사실을 확인했다. 직원들에게 사전 동의를 받는 경우에 27퍼센트에 불과한 참여율과 비교하면 엄청나게 높은 비율이었다.[18]

이런저런 실험으로 퇴직 연금을 독려하는 무수한 방법이 연구되었고, 이 분야도 행동과학에 근거한 실험으로 삶을 더 윤택하게 해 줄 수 있는 영역으로 여겨졌다. 그러자 연구자들은 재정적 의사결정에 관련된 더 복잡한 문제, 예컨대 급여 담보 대출payday loan로도 관심의 눈을 돌렸다.[18]

급여 담보 대출기관은 단기간에 충격적으로 높은 이율을 부과하는 경우가 잦다. 따라서 많은 사람이 빌린 돈을 제때에 갚지 못하고, 그로 인해 극단적으로 높은 이율로 돈을 계속 빌리게 된다. 시카고 대학교의 경제학자들, 마리안 베르트랑Marianne Bertrand과 어데어 모스Adair Morse는 실험을 통해, 차용인이 급여를 담보로 빌린 돈을 다음 급여일에 갚을 가능성을 과대평가하는 경향을 띤다는 걸 알아냈다. 그들은 많은 지점을 둔 대형 급여 담보 대출 회사와 손잡고, 갚을 수 없는 돈을 애초부터 빌리지 않도록 막을 수 있는지 실험해 보았다. 이런 목표를 염두에 두고, 베르트랑과 모스는 표본으로 선택한 잠재적 차용인들에게, 그들과 유사한 사람들의 실제 상환율을 정리한 그래프를 보여 주었다. 그렇게 간단한 정보를 전달했을 뿐인데도 실험 결과에 따르면, 실험 이후로 넉 달 동안 급여 담보 대출자가 대조군에 비해 11퍼센트가량 줄어들었다.[19]

물론 모든 처치가 성공적이지는 않았지만, 그 이유가 실험에는 중요하다. 세계은행의 수석 경제학자, 미리암 브룬Miriam Bruhn은 동료들의 협력을 얻어, 금융 교육에 대한 대규모 무작위 대조 실험을 실시했다. 892개 고등학교가 한 학급을 17개월의 금융 교육 프로그램에 참여시키는 데 동의했다. 그 프로그램에 72~144시간이 할애되었고, 학생들에게는 집에서 부모와 함께 해결해야 할 과제도 주어졌다. 그 광범위한 교육을 받은 학생들은 금융 이해력 시험에서 높은 점수를 받았고, 전반적인 학교 성적도 나아졌으며, 취업과 관련된 능력도 향상되었다. 게다가 실험군에 속한 학생들의 부모도 금융 이해력에서 평균적으로 더 높은 점수를 보여 주며, 더 많이 저축할 가능성까지 보여 주었다. 하지만 실험에 참가한 학생들은 할부 판매와 신용카드 대출에도 상대적으로 적극적이었다. 달리 말하면, 누적된 빚도 더 많다는 뜻이었다.[20] 이런 현상은 어떤 처치의 효과를 이해하는 게 단순하지 않다는 걸 가리킨다. 브룬의 연구팀이 초기의 자료만을 보았다면, 금융 교육 프로그램을 명백한 성공이라 생각했을 것이다. 그러나 신용카드 대출까지 신중하게 추적한 덕분에 그들은 전체 그림을 볼 수 있었다,

세계은행의 두 개발 경제학자, 군힐트 베르크Gunhild Berg와 빌랄 지아Bilal Zia는 무척 특이한 방법으로 금융 교육의 효과를 실험했다. 그들은 무작위로 선정한 남아프리카 공화국 사람들에게 도박과 빚 관리에 대한 메시지가 담긴 연속극을 보여 주었다. 그 연속극을 시청한 사람들은 금융 이해도가 평균적으로 더 높았고, 돈을 빌리더라도 낮은 이율로 빌리는 결과를 보여 주었다.[21]

한 걸음 뒤로 물러나 생각해 보면, 실험이 교육 현장과 금융 이해력에 미치는 효과 사이에는 비슷한 면이 있다. 교육의 경우에 그랬듯이, 금융과 관련해 의사결정을 내려야 하는 상황에서 어떤 기준틀이 유효한지 파악하는 데도 실험이 도움을 주었다. 최근에는 프랑스 공공투자은행Bpifrance, Banque publique d'investissement부터 오스트레일리아의 코먼웰스 은행까지 많은 은행이 금융과 관련된 의사결정에 도움을 받을 목적으로 자체적인 실험을 실행하기 시작했다.

그리고 건강하게

앞에서 보았듯이, 많은 사람이 '현재 편향'에 사로잡혀 미래를 생각하는 건전한 금융 결정을 내리지 못한다. 현재 편향은 우리의 건강까지 방해하기도 한다. 예컨대 많은 사람이 운동보다 텔레비전을 시청하고, 샐러드보다 감자튀김을 더 즐겨 먹는다. 그런 선택이 장기적으로 미치는 영향을 간과하기 때문에 그렇게 행동하는 것이다. 또 미국인들은 약을 처방대로 복용하지 않아, 순전히 그 때문에 연간 1,000억 달러의 병원비를 지급한다.[22] 의약품의 단기적인 부작용만이 아니라 단기적인 금융 비용도 미래까지 고려한 영리한 결정을 방해한다. 물론 약을 복용하는 걸 망각하는 문제도 건강한 삶을 방해하는 요인이다. 약을 복용할 시간을 알려 주는 저가의 전자 장치 같은 간단한 해결책을 이용하면 되지만, 아직도 그런 장치가 폭넓게 사용되지 않는 편이다.[23]

10년 전부터 심리학자들과 행동 경제학자들이 건강한 삶의 방식을 권장하는 전략들을 폭넓게 연구해 왔다. 행동과학에 근거한 건강 연구라는 분야를 끌어가는 세계적인 지도자, 케빈 볼프Kevin Volpp는 의사이자 펜실베이니아 대학교의 행동 경제학자이다. 케빈과 동료 연구자들은 약을 처방받은 환자들만을 대상으로 추첨하는 특별한 실험을 실시했다. 약을 제때에 복용하는 환자들은 낮게나마 추첨에 당첨되어 상을 받을 확률이 있었다. 반면에 약을 복용하지 않은 환자는 추첨에 당첨되더라도 상을 받지 못했다. 그들은 상을 받지 못하는 이유가 약을 복용했어야 하지만 복용하지 않았기 때문이라는 걸 알았다. 볼프의 실험에서, 추첨이 환자들에게 약을 제때에 복용하겠다는 동기를 부여한다는 게 입증되었다.[24] 볼프는 다른 연구에서, 추첨이 다이어트하는 사람들에게도 효과가 있다는 걸 입증해 보였다. 볼프의 연구는 인지 편향cognitive bias에 대한 깊은 이해를 바탕으로 한 것이며, 그런 연구 결과를 이용해 사람들이 더 나은 결정을 내리도록 돕는다.[25] 추첨을 이용해 약 복용률을 높이려는 실험은, 확률이 낮은 사건이어도 실제로는 더 자주 있을 것이라 믿으려는 경향이 우리에게 있다는 경험적 연구에 근거한 것이다. 사람들이 복권 구입에 많은 돈을 쓰는 이유도 다를 바가 없다. 복권에 당첨될 가능성을 지나치게 높게 보기 때문이다. 볼프는 복권에 끌리는 마음을 건강이란 긍정적인 세계로 돌려놓을 수 있었다. 게다가 앞에서 언급한 것처럼 우리에게는 얻는 것보다 잃는 것에 더 많은 가중치를 두는 경향이 있다. 이른바 '손실 회피'loss aversion로 알려진 현상이다. 따라서 사람들은 추첨에 당첨되어도 상을 받을 수 없다는 걸 알게 되는 불쾌함을 피하기 위해서라도 약을 복용하게 된다.

실험을 통해 입증된 또 하나의 전략은 휘턴 경영 대학원 교

수 캐서린 밀크먼이 '유혹 함께 묶기'temptation bundling라 일컬은 것
이다. 그 실험에서, 피험자들은 체육관에서 운동할 때 유혹적인
오디오북을 들을 수 있었다. 그런 유혹적인 오디오북이 담긴 아
이팟은 체육관에만 있었고, 체육관에서 운동하는 동안에는 어
떤 오디오북을 들을 것인지 선택할 수 있었다. 밀크먼의 실험
결과에 따르면, 피험자들은 그런 오디오북이 체육관에만 있다
는 걸 알게 되자 체육관에 출입하는 횟수가 더 잦아졌다.[26]

밀크먼과 동료들은 토드 로저스가 투표율 제고를 위해 사용
한 방법론을 채택해 백신 접종률을 높이는 방법을 연구하기도
했다. 밀크먼 연구팀은 사람들에게 언제 백신을 맞을 계획인지
생각하고 기록해 두게 함으로써, 그들이 계획을 실제로 실천할
가능성을 높였다. 여기에서도 계획 수립이 비용을 적게 들이면
서도 높은 효과를 기대할 수 있는 방법이라는 게 다시 입증되었
다.[27]

사용할 넛지를 선택할 때, 어떤 넛지, 즉 자극법이 시간이 지
나도 유지하기 쉬운가를 고려해야 한다. 예컨대 특별히 거부하
지 않는 경우에 퇴직 저축 제도에 가입하는 걸 기본값으로 하는
게 효과적인 이유 중 하나는, 우리가 퇴직 저축 제도에 일단 가
입하면 현재 편향 때문에 가입된 상태를 유지하려는 경향을 보
이기 때문이다. 존 베시어스John Beshears와 그의 동료들은 금융과
관련된 넛지의 세계를 주로 연구했지만, 처방약을 가정에 배달

하는 시스템을 기본값으로 두면 건강 유지에도 도움이 된다는 점도 밝혀냈다. 이 방법은 환자의 입장에서 약국에서 약을 수령하는 것보다 비용도 적게 들 뿐만 아니라, 환자가 약을 제때에 충실히 복용할 가능성도 높아진다.[28] 기본값이 좋은 습관 형성에도 도움을 주는 셈이다.

이 장에는 실험주의자들이 되새겨야 할 중대한 교훈이 있다. 결과를 추적할 때는 충분한 시간을 두고 신중하게 생각해야 한다는 것이다. 그 시간은 연구하려는 문제가 무엇이냐에 따라, 또 단기적인 결과와 장기적인 결과 사이의 관계에 따라 달라진다. 실험은 단기간에 지나치게 많은 것을 추구하면 위험할 수 있다. 이런 경우에는 장기적으로 해로울 수 있는 방법이 동원되기에 십상이기 때문이다. 또 13장에서 보겠지만, 행동주의에 근거한 조치가 단기적으로는 효과가 있어 보이더라도 장기적인 행동 변화를 유도하는 데는 그다지 성공적이지 않은 경우가 많다.

좋은 계획을 위한 행동 변화

The Behavior Change for Good Project

　　앞 장에서 언급된 펜실베이니아 대학교의 두 교수, 케이티 밀크먼과 앤절라 더크워스는 함께 걸으며 학교에 가는 걸 좋아한다.[1] 케이티는 휘턴 경영 대학원 교수이고, 앤절라는 심리학과 교수이다. 필라델피아 센터 시티에 있는 그들의 집에서 학교까지는 걸어서 25분 정도밖에 걸리지 않는다. 그 짧은 시간 동안 그들은 삶과 연구에 대해 이야기를 나눈다. 때로는 필라델피아 식당 풍경을 화제로 삼고, 때로는 주변 세계를 조금이나마 더 낫게 만들려는 목적에서 실시하고 있는 실험이 화제에 오른다.

　　2016년 여름, 케이티와 앤절라는 뜻밖에 그들에게 주어진 기회를 두고 오랫동안 상의를 거듭했다. 맥아더 재단이 주된 사회 문제에 대해 실현 가능한 해결책을 하나 제시할 때마다 1억 달러의 상금을 주겠다며 100&Change라는 계획을 발표했기 때문이었다. 펜실베이니아 대학 당국은 하나의 제안서만을 제출할 것이라고 지체 없이 공고했다. 케이티와 앤절라는 행동과학에 대한 열의와 자체적으로 구축한 네트워크의 강점을 활용하면 그 상을 받을 수 있지 않을까 생각해 보았다.

세계 전역에서 달려들 수백 팀의 경쟁자를 물리칠 가능성이 극히 희박하다고 생각했지만 케이티와 앤절라는 "어쨌든 해보자!"라고 합의했다. 그들이 제안한 계획, '항구적인 행동 변화'Behavior Change For Good, BCFG는 건강과 교육과 저축의 영역에서 긍정적이고 지속적인 행동 변화를 유도하기 위해 사회과학자들과 현장 전문가들을 하나로 모은 것이었다. 특히 그들이 여기에서 사용한 '항구적'이란 개념은 어떤 조치가 있은 후로 적어도 1년 동안 유지되는 행동 변화를 뜻했다.

BCFG에 내재한 아이디어는 간단했다. 누구나 자신의 교육과 운동과 은퇴에 투자해야 한다는 걸 알고 있다. 그러나 12장에서 보았듯이, 최선의 계획도 단기적인 유혹에 의해 탈선할 수 있다. 늦잠으로 수업을 빼먹고, 체육관에 가는 대신에 넷플릭스를 시청한다. 또 퇴직 연금에 가입할 돈으로 카페 라테를 즐긴다. 결국 수백만 미국인이 근시안적인 의사결정의 결과로 고통받거나, 죽음을 맞는다. 케이티와 앤절라는 여러 조직이나 학자들과 협력해서, 사람들이 더 나은 결정을 내리도록, 특히 서서히 습관을 바꿔 가도록 유도하는 효과적인 방법을 찾아내고 싶었다.

아이디어는 단순했지만, 프로젝트 자체는 무척 복잡했다. 현장 전문가와 연구자로 구성된 단체에 가입한 후, 그들은 건강, 교육, 저축 세 영역에서 각각 다년간 수십 건의 현장 실험을 동시에 실시할 예정이었다. 응용 연구 단체들의 실험이 흔히 그렇듯이, 케이티와 앤절라의 실험도 행동과학 분야에서 수십 년 동안 축적된 연구 결과를 이론의 근거로 삼았다. 그러나 BIT와 아이디어스42 같은 조직과 달리, BCFG는 학문 연구로 이어지는 다양한 프로젝트에 초점을 맞추었고, 그 프로젝트들은 궁극적으로 케이티와 앤절라가 실험에 어떤 방법을 도입하느냐를 결정할 때 도움을 주는 것이어야 했다.

케이티와 앤절라

BCFG에 대해 더 깊이 다루며, 그 프로젝트가 어떻게 전개되었는지 살펴보기 전에 케이티와 앤절라에 대해 먼저 알아 두는 것이 순서인 듯하다. 케이티는 프린스턴 대학교를 졸업한 뒤, 하버드에서 컴퓨터 공학과와 경영 대학원이 공동으로 개설한 박사 학위 프로그램에 입학했고, 이때 맥스 베이저만에게 지도를 받았다. 판단과 의사결정에 대한 케이티의 연구는 개인적인 경험에서 큰 영향을 받았다. 잘 먹고 운동하며 충분한 돈을 저축하기 위한 자신의 '라이프 핵'life hack(생활의 일부분을 더 쉽고 효율적으로 만드는 도구나 기술_옮긴이)을 되돌아볼 때마다, 케이티는 좋은 결정을 내리는 걸 힘들게 하는 유혹들만이 아니라, 장기적인 관점에서 결정을 내리는 능력과 자제력을 드높일 수 있는 전략들까지 생각하게 되었다.

케이티는 사람들이 반드시 해야 한다고 생각하는 것(예: 체육관에서 운동하기)과 단기적으로 하고 싶은 것(예: 피자 주문) 사이에서 갈등하는 상황들을 눈여겨보기 시작했다. 맥스 베이저만과 토드 로저스와 공동으로 작업한 프로젝트, 즉 우편으로 주문하는 DVD 대여 상황을 분석한 케이티는, 사람들이 저급한 영화(보고 싶은 영화)를 주문한 때보다 고급 영화(반드시 봐야 한다고 생각하는 영화)를 주문한 경우에 반환하는 시간이 더 걸린다는 걸 알아냈다.[2] 또 식료품점을 연구했을 때는 향후의 쇼핑을 위해 일정한 액수를 적립해 주는 것보다 당장의 10달러 할인권 같은 작은 횡재가, 정상적인 경우였다면 구입하지 않았을 품목까지 구매하게 한다는 것도 알아냈다.[3] 이런 연구를 반복하는 과정에서 케이티는 사람들이 장기적인 관점에서 의사결정을 내리도록 유도하는 방법에 대해 생각하게 되었다. 펜실베이니아 대학교 휘턴 경영 대학원에서 종신 교수로 의과 대학에서도 강의하는 케이티는 독감 백신 접종률을 제고하는 방법부터[4] 퇴직 연금 프로그램의 가입까지 다양한 주제를 연구하며,[5] 사람들이 더 나은 결정을 내리도록 돕는 방법을 찾아내려고 꾸준히 노력해 왔다.

한편 앤절라 더크워스는 앞에서 언급했듯이 그릿에 대한 선구적인 연구자이다. 앤절라는 2013년에도 그릿에 대한 연구로 맥아더 '천재 기금'genius grant을 받았고, 그릿을 본격적으로 다룬 베스트셀러를 출간하기도 했다. 게다가 그릿에 대한 그녀의 테드 강연은 1,300만 명 이상이 시청한 것으로 여겨진다.

"우리가 행동과 행동 변화를 연구하는 학문을 생각해 낼 수 있다면, 결국 무엇이 동기이고 어떻게 하면 사람들에게 동기를 부여할 수 있는지 알아낼 수 있다면, 또 좌절이 무엇이고 좌절을 관리할 수 있는 방법, 유혹이 무엇이고 유혹에 굴복하는 이유를 알아낼 수 있다면, 우리가 반도체와 다를 바가 없을 듯하다."

이렇게 말한 앤절라 더크워스는 현재 펜실베이니아 대학교 심리학과 교수로 경영 대학원에서도 강의하고 있다.[6]

결국 케이티와 앤절라는 사람들이 장기적인 관점에서 더 나은 의사결정을 내리도록 유도하는 방법을 다른 관점에서 접근했지만, 그 의문에 대한 답을 찾으려는 열의에서는 누구에게도 뒤지지 않았다. 이런 공통된 열의가 그들을 BCFG에서 함께 작업하도록 이끌었다.

야심찬 목표

케이티와 앤절라는 건강, 교육, 저축 분야의 상황을 조금이라도 바꾸는 데 필요한 전문 지식을 갖춘 연구자가 한 명도 없다는 걸 알았다. 기업계에서도 세 부분 모두의 개선에 관심을 갖고 연구에 참여할 만한 마땅한 기업이 생각나지 않았다. 따라서 처음에 케이티와 앤절라는 그 분야에서 자신의 아이디어를 테스트하고 싶은 연구자들을 제공할 수 있는 조직들을 모으고 조율하는 센터로서의 BCFG를 생각했다. 하지만 케이티와 앤절라가 과거에 맡았던 어떤 프로젝트보다 BCFG가 더 커졌다. 이런 결과는 그들이 BCFG를 시작할 때 예상한 것이었다. 실제로 앤절라는 BCFG의 발족을 알리며 참여를 독려하는 비디오에서 "단 하나의 해결책으로 21세기의 모든 주된 문제에서 유의미한 진전을 이루어 낼 수 있다면 어떻게 하시겠습니까?"라고 물었을 정도였다.[7]

케이티와 앤절라의 생각에 이런 꿈을 실현하려면, 3가지 목표를 이루어 내야 했다. 첫째는 다른 연구자들과 협력하며 행동과학적 실험에 적용할 처치에 대한 아이디어를 개발하는 것이었고, 둘째는 그 처치를 테스트하는 연구에 참가할 잠재적 학자들을 모집하는 것이며, 셋째는 실험을 조정할 수 있는 중추적 조직을 설립하는 것이었다.

행동과학 통찰 팀BIT은 행동과학에 근거한 실험을 실행하는데 앞장섰지만, 케이티와 앤절라는 연구에 더 집중하는 조직을 설립할 기회를 엿보았다. 따라서 그들의 BCFG는 행동주의에 근거한 실험을 설계하며 점점 커져 가던 대학 생태계에 자리 잡을 예정이었다. 예컨대 MIT가 2003년에 발족한 압둘 라티프 자밀 빈곤 퇴치 연구소J-PAL(2장 참조)에는 당시 7곳의 해외 연구소와 많은 주요 대학교에 소속된 400명이 넘는 전문가들이 참여하고 있었다. J-PAL은 여러 조직과 협력하며, 세계 전역에서 빈곤을 퇴치하고 삶의 질을 향상시키기 위한 실험을 실시하는 데 전력을 다했다. 따라서 창립 이후로 그때까지 수백 건의 실험을 진행하며 경제 개발의 풍경을 바꿔 놓았다. 게다가 얼마 전에는 하버드 대학교가 행동과학 통찰 그룹(루카와 베이저만도 이곳의 팀원)을 설립했다. J-PAL에 비하면 이 조직은 무척 작은 연구소여서, 공익을 위한 현장 실험에서 행동과학적 통찰을 사용하는 40명의 대학 교수가 비공식으로 참여하고 있을 뿐이다. 하버드 대학원생들이 자매 조직으로 설립한 '행동과학 통찰 학생 그룹'에는 700명 정도가 참여했다.

BCFG를 통해 케이티와 앤절라는 이 풍경에 중요한 붓질을 더하고 싶었다. 구체적으로 말하면, 많은 대학의 연구자들에게 자신의 아이디어를 실제 조직에서 실험에 참여하는 피험자들을 상대로 테스트할 수 있는 플랫폼을 제공할 계획이었다. 또 기존 연구소들과 달리, BCFG는 행동 변화를 연구하는 데 전적으로 집중할 예정이었고, 케이티와 앤절라는 BCFG를 통해 시작된 모든 프로젝트에도 협력할 생각이었다. 따라서 BCFG는 점점 성장하던 현장 실험 생태계에 색다른 조직이 되기에 충분한 조짐을 보여 주었다.

건강 분야에서, 케이티와 앤절라는 체육관 출석률을 높이고, 흡연을 줄이며, 약 복용률을 개선하고, 열심히 걷도록 독려하며, 건강한 식단을 권고하고 싶었다. 교육 분야에서는 출석률과 숙제 완성도를 높이고, 학원 내의 사고를 줄이는 데 주력할 수 있기를 바랐다. 저축 분야에서는 지출과 현금 인출을 줄이고 저축을 늘리는 걸 목표로 삼았다. 그 명칭에서 짐작되듯이, BCFG의 목표는 '항구적'for good으로 유지되는 긍정적인 변화, 즉 적어도 1년 동안 지속되는 변화를 끌어내는 것이었다.

꿈에서 현실로

케이티와 앤절라는 아침에 학교까지 걸어가는 동안, 그 후에
는 그들의 연구실에서, 100&Change에 응모할 자료를 준비하
며 큰 꿈을 꾸었다. 케이티는 당시를 회상하며 '1억 달러의 상금
은 우리가 누구에게나 전화할 수 있는 면허증'이었다고 말했다.
케이티와 앤절라는 학계와 대학의 경계를 넘어 최고의 과학자
들을 설득할 수 있었다. 예컨대 노벨상을 수상한 제임스 헤크먼
James Heckman과 리처드 세일러, 맥아더 '천재 기금'을 받은 콜린
캐머러와 센딜 멀레이너선,『뉴욕타임스』베스트셀러의 저자들
인 애덤 그랜트, 로버트 치알디니, 캐럴 드웩이 BCFG에 참여했
다. (지금은 마이클 루카와 맥스 베이저만도 이 프로젝트와 인연을 맺고 있
다.) 케이티와 앤절라를 향한 존경심 때문에 그 프로젝트에 참
여한 학자들도 많았다. 물론 BCFG의 독특한 구조에 대한 호기
심이나, 순전히 학문적 관심 때문에 참여한 학자들도 많았다.
그 관심은 케이티와 앤절라에게 동기를 부여했던 관심과 다를
바가 없었다. 그러나 대규모 현장 실험을 설계하고 실시하는 일
상의 과제에 많은 시간을 할애한 참가자는 손가락으로 꼽을 정
도였다.

그와 동시에 케이티와 앤절라는 17개의 공공 기관이나 민간
조직과도 협력하기로 합의했다. 그 기관들은 최고의 행동과학

연구자들과 협력한다는 생각에 기꺼이 BCFG에 참여했다. 건강 분야에서는 24시간 피트니스, 블링크 피트니스, 휴매나Humana, CVS 케어마크CVS Caremark, 웨이트 워처스Weight Watchers, 호울 푸즈 Whole foods가 참여했고, 교육 분야에서는 미국의 가장 큰 공립 대안 학교 네트워크인 '지식이 힘'Knowledge is Power Program, KIPP과 더불어 뉴욕 교육국, 서밋 공립 교육구, 필라델피아 교육구, 대학 위원회가 참여하기로 합의했다. 끝으로 저축 분야에서는 뱅크 오브 아메리카Bank of America, 헬로월렛HelloWallet, 에이콘스Acorns, 자동차 보험회사인 USAA의 지도자들이 고객을 상대로 한 현장 실험의 가능성에 관심을 표명했다.

연구자들이 실제 조직에 자신의 아이디어를 적용하는 걸 돕기 위해 케이티와 앤절라는 소수의 직원을 고용했다. 한 명의 사무총장과 두 명의 연구 조정관이 BCFG의 근간이라 할 수 있는 많은 절차와 회원을 관리했고, 한 명의 생산 관리 책임자와 두 명의 애플리케이션 개발자가 이메일과 문자 메시지로 수십만 명의 피험자에게 임의의 처치를 실험할 수 있는 웹 플랫폼을 개발했다.

펜실베이니아 대학 당국이 BCFG를 맥아더 재단에 제출할 하나의 제안으로 선택할 때 케이티와 앤절라는 전율감을 느꼈다. 언론인으로 공영 라디오 프로그램 『괴짜 경제학 라디오』를 진행하는 스티븐 더브너Stephen Dubner는 케이티와 앤절라가 제시한 프로젝트에 반색하며, 그들의 연구를 처음부터 추적해 보도하겠다고 방송했다.[8] 결국 맥아더 재단은 BCFG를 1억 달러 프로젝트로 선정하지 않았지만, 펜실베이니아 대학 당국이 케이티와 앤절라의 노력과 과거의 성공을 높이 평가하며 수백만 달러를 지원하기로 약속했다.

건강 개선을 위한 넛지

케이티와 앤절라가 운동 참여율을 높이겠다는 일차적인 목표로 건강 분야에서 시작한 프로젝트를 중심으로, BCFG가 어떤 절차로 운영되는지 설명해 보자. 그들이 운동 증진에 주목한 데는 미국인들의 운동 습관을 다룬 문헌이 증가하던 당시 추세가 큰 영향을 미쳤다. 적어도 한 달이란 시간이 운동에 할애된다는 것은, 인센티브가 사라진 후에도 행동 변화가 지속된다는 증거로 보기에 충분했다.[9]

게다가 통계 자료에서도 성인 미국인은 개선의 여지가 많은 것으로 확인된다. 거의 절반에 가까운 성인 미국인이 연방 정부가 권하는 유산소 육체 운동의 기준을 충족시키지 못한다.[10] 유산소 운동과 근력 강화 운동, 둘 모두를 고려하면, 실패율이 88퍼센트까지 치솟는다. 미국인들은 자신이 충분히 움직이지 않고 있다는 걸 알고 있고 조금이나마 개선하고 싶어 한다. 닐슨이 실시한 전국 조사에서도 66퍼센트의 미국인이 충분히 운동하지 않고 있다고 대답했다.[11]

장기적인 관점에서 볼 때, 운동 계획을 충실히 따르지 못하면 치명적인 결과를 맞을 수 있다. 육체 운동의 부족은 심장 질환의 주된 요인으로 여겨지고, 뇌졸중과 제2형 당뇨, 몇몇 암, 관절염과 우울증, 조기 사망의 위험을 높이는 원인이기도 하다.[12] 따라서 운동 부족 현상을 점진적으로 줄이면 적잖은 생명을 구할 수 있다는 소식은 긍정적인 신호였다. 연구자들의 추정에 따르면, 1980년과 2000년 사이에 운동 부족이 전국적으로 평균 2.3퍼센트 감소한 덕분에 관상동맥성 심장 질환으로 인한 17,445명의 사망을 예방할 수 있었다.[13]

요컨대 케이티와 앤절라는 운동 습관을 개선하는 게 가능할 뿐더러 미국인의 의지에도 맞아떨어지고, 당장에 필요하다는 것도 알았다. 따라서 사람들을 운동하도록 넛지하기 위해 그들은 두 기업, 24시간 피트니스와 블링크 피트니스에게 협조를 구했다. 두 곳은 건강 개선에 관심이 많은 사람을 회원으로 받아들이고, 그들의 운동 습관에 대한 자료를 확보하고 있는 프랜차이즈 피트니스 센터였다.

24시간 피트니스24Hour Fitness는 13개 주의 420곳 이상에서 체육관을 운영하는 전국적인 피트니스 센터로, 총 회원수가 370

만 명에 이른다. 앤절라가 그곳의 최고경영자, 크리스 루소스 Chris Roussos에게 협력이 가능하겠느냐는 이메일을 보냈을 때 루소스는 때마침 그녀의 책『그릿』을 회사의 리더십 팀에게 읽게 할 계획이어서 그 제안을 지체 없이 받아들였다. 그들이 만나 대화를 나누기 시작하기 무섭게, BCFG가 24시간 피트니스의 리더들에게 줄 수 있는 잠재적 혜택이 명확히 드러났다. 적극적 협력에서 비롯되는 따뜻하고 화목한 분위기는 덤이었고, 펜실베이니아 대학이 부담해야 하는 실험 비용이 낮아졌으며 그들의 협력은 24시간 피트니스의 회원들에도 도움을 주었다. 24시간 피트니스의 사장, 프랭크 나폴리타노Frank Napolitano는 회원권의 판매만이 아니라 회원의 관심을 끄는 것도 회사의 성장에 도움이 된다고 생각한다며 "회원들이 적극적으로 운동해서, 더 튼튼하고 건강하게 장수하기를 바랍니다. 정말입니다. 그래서 회원들이 피트니스 센터의 어떤 일에든 관여하면 좋겠습니다." 라고 한 인터뷰에서 말하기도 했다.[14]

심지어 24시간 피트니스는 회원의 참여가 회사의 손익에도 도움을 줄 수 있다고 말한다. 24시간 피트니스는 운동 프로그램을 개발하고 회원을 대상으로 설문조사를 하느라 오래전부터 연구자들과 협력했지만, BCFG와 협력 관계를 맺고 실시하는 대규모 실험과 데이터 공유는 회사의 30년 역사에서 처음 있는 사례였다. 따라서 경영진은 세계에서 손꼽히는 행동과학자들과 함께하는 협력으로부터 무엇을 얻을 수 있을까에 대한 기대로 한껏 부풀었다.

블링크 피트니스Blink Fitness는 뉴욕에 본사를 둔 고급 프랜차이즈 피트니스 클럽이며, 4개 주의 60곳 이상에서 연간 25만 명의 회원을 관리한다.[15] 블링크 피트니스는 기본 시설, 즉 운동기구와 탈의실만을 사용하는 조건으로 월 회비를 낮추어 준다. 블링크는 이것이 유령회원(등록만 하고 서비스를 이용하지 않는 회원)을 장려하는 것이 아니라고 단호하게 주장한다. 따라서 블링크의 마케팅 담당 부사장, 엘런 로그만Ellen Roggemann이 한 인터뷰에서 "우리는 품격 있는 피트니스를 제공하고 싶다."라고 말한 것도 이런 맥락이었다.[16] 케이티와 앤절라가 블링크 피트니스에 협력 관계를 제안했을 때 그곳의 경영진은 회원에 대해 더 깊이 알 수 있고, 체육관에서만이 아니라 밖에서도 운동하도록 독려하며 '블링크'라는 상표에 더 큰 가치를 부여하는 기회를 가질 수 있기를 바랐다.

BCFG 발족

2017년 5월, 케이티와 앤절라는 BCFG에 참여한 학자들의 첫 모임을 펜실베이니아 대학교에서 개최했다. 그 학자들은 '팀과학자'team scientist라 일컬어졌고, 며칠간 계속된 워크숍에서 그들은 서로 소개하며 친목을 다졌다. 이때 케이티와 앤절라는 BCFG의 개발자들이 웹에 기반을 두고 자체적으로 개발한 플랫폼, 셋업Setup을 시연해 보였다. 학자들이 운동 참여율을 높이기 위해 설계한 처치법들을 관리하기 위한 플랫폼이었다.[17] 그때서야 과학자들은 케이티와 앤절라가 BCFG에 쏟는 열정과 그들의 계획을 온전히 인식하기 시작했다.

셋업 프로그램은 컴퓨터와 스마트폰 모두에서 구동되고, 28일 동안 피험자들을 관리한다. 체육관 회원이 셋업 웹사이트를 방문해 등록하면, 그 이후는 학자들의 몫이다. 셋업 플랫폼을 이용해, 학자들은 사람들에게 운동하도록 동기를 부여하는 것들에 대한 연구에서 찾아낸 온갖 그럴듯한 아이디어를 시험할 수 있다. 학자들은 피험자가 등록 과정에서 답해야 하는 질문을 덧붙일 수 있고, 피험자에게 보내는 이메일과 문자 메시지를 원하는 대로 바꿀 수도 있다. BCFG팀(케이티와 앤절라 및 그들의 팀)은 어떤 처치가 시행되었고, 각 처치를 얼마나 많은 사용자가 참여했는지 관리하기 위해 모든 처치를 빠짐없이 추적했다.

첫 모임이 있고 한 달 후, 케이티와 앤절라는 팀 과학자들에게 후속 이메일을 보내, 24시간 피트니스와 블링크 피트니스의 협력을 받아 첫 실험이 곧 시작될 것이라고 알렸다. 달리 말하면, 이제는 팀 과학자들이 피트니스 클럽 회원에게 운동하라고 넛지할 만한 처치법에 대한 아이디어를 이메일이나 문자 메시지로 공유할 시간이었다. 처치법은 간단하고 측정될 수 있고, 셋업에서 관리될 수 있는 것이어야 했다. BCFG팀이 실험을 실시하는 메커니즘을 단순하게 만들어 놓은 까닭에, 팀 과학자들은 최대한 효과적인 처치법을 고안해 내야겠다는 동기를 부여받기에 충분했다.

이쯤에서 잠시 짬을 내어, 당신이라면 효과적인 처치로 어떤 방법을 제안했을지 생각해 보라.

많은 실험이 즉각적으로 크고 작은 효과를 보였다. 그러나 적잖은 행동과학적 처치가 단기적으로는 이익이지만, 수개월이 넘는 기간을 관찰하면 효과가 떨어진다는 과거의 사례가 있었다. 단기적인 결과에 주로 초점을 맞추는 분야에서는 간과하지 않아야 할 통찰이었다. 결국 단기적인 결과가 오해를 불러일으킬 수 있으므로 장기간 동안 데이터를 추적하는 게 중요하다는 것은 실험주의자들도 가볍게 넘겨서는 안 되는 교훈이다. BCFG의 맥락에서 보면, 이 통찰은 장기적인 효과를 측정하려는 연구의 방향을 결정하는 데 도움이 될 것이라 생각된다. (이 책이 마무리되기 전까지 이 실험들의 결과가 완전히 분석되지 않았다. 자세한 분석 내용을 알고 싶으면 https://bcfg.wharton.upenn.edu/을 방문하기 바란다.) 앤절라의 표현을 빌리면, "행동 변화는 정말 *#$@하게 어렵다."

BCFG는 실험주의자들이 기억해야 할 두 가지 교훈을 추가로 제시한다.

첫째, 케이티와 앤절라가 사용한 실험 방법은 토드가 교육과 투표 실험에 사용한 접근법과 무척 달랐다. 케이티와 앤절라는 어떤 새로운 처치가 아무런 효과가 없을 것처럼 보이더라도 어떻게든 그 처치에 초점을 맞추려 했다. 이런 실험들의 목적이 새로운 학문적 기준틀을 개발하는 데 있기 때문이다. 반면에 토드의 투표 실험은 새로운 처치법의 설계보다 기존의 기준틀을 세밀하게 다듬고, 애널리스트 인스티튜트의 잠재력을 잠재적인 고객에게 입증하는 데 더 주력했다. 두 실험이 다른 방식으로 사용되었지만, 둘 모두 나무랄 데 없이 타당한 것이었다.

BCFG에서 얻은 또 하나의 교훈이라면, 실험의 설계가 조직의 목표에 따라 달라질 수 있다는 것이다. 24시간 피트니스가 자체적으로 실험을 실시했다면, 십중팔구 학문적 참신함보다 고객에 대한 영향을 극대화하는 데 초점을 맞추었을 것이다. 물론 24시간 피트니스의 목표를 고려하면 당연한 것이다. 그렇다면 기업이 BCFG의 실험에 협력한 이유가 궁금할 수 있다. 기업이 자체적으로 실험했다면 다른 처치를 선택했을 것이고 다른 목표를 세웠겠지만, 그런 선택을 하는 데는 충분한 이유가 있다. 어쨌든 BCFG와 협력하면 새로운 아이디어를 잔뜩 얻을 가능성이 있었다. 게다가 연구자들과 연구비 지원 단체들이 애플리케이션을 개발하고 실험을 실행하는 비용을 부담했다. 기업은 기업의 이익에 가장 유용한 연구 과제에 집중할 수밖에 없지만, BCFG는 관심도가 높은 연구 과제에 주력할 수 있었다. 따라서 협력이 이해 당사자들 모두에게 이익이고, 세상에 유용한 통찰까지 전해 줄 수 있는 이유가 쉽게 이해된다.

실험 윤리
The Ethics of Experimentation

실험은 오래전부터 상당한 반발에 부딪쳤다. 다양한 프로젝트로 여러 정부 기관과 함께 작업한 우리 경험에 따르면, 문화적 규범을 이유로 실험이 중단되고 방해받은 경우가 한두 번이 아니다. 대외적으로 발표한 실험의 목적이 더 나은 결정을 하도록 돕기 위한 것인 경우에도 마찬가지였다. 예컨대 네덜란드 정부의 여러 기관과 함께 작업할 때, 실험 참가자들을 다른 조건에 두고 다르게 처치하는 것은 모두를 똑같이 대하는 네덜란드의 문화 규범에 어긋난다는 이야기를 귀에 딱지가 앉을 정도로 들어야 했다. 우리는 다른 문화적 규범을 존중하지만, 불평등한 처치를 이유로 실험을 혐오하는 현상은 두 가지 이유에서 잘못된 것이라 생각한다.

첫째로 우리는 실험을 학습의 한 형태로 간주한다. 실험을 통해 우리는 더 많이 배울 수 있고, 장기적으로는 제품이나 정책 혹은 의학적 치료법도 개선할 수 있다. 물론 어떤 조건이 궁극적으로 더 나을 것이라고 추측할 수 있고, 당신 생각에 더 나쁠 것 같은 처치를 받은 불운한 사람도 있을 것이다. 그러나 결국에는 실험을 통해 어떤 처치가 최선인지를 더 확실하게 알 수 있고, 다수의 사람에게 더 많은 제품과 정책을 제공할 수 있다. 따라서 어떤 실험이 윤리적인지 판단할 때는 단기적인 기회비용보다 장기적인 이득을 중요시하는 게 낫다.

공공선과 무관한 실험

불평등한 처치에 대한 우려는, 공공의 이익에 도움을 주는 것을 알아내려는 실험에도 제기될 수 있다. 하지만 실험을 통해, 공공선과 별로 관계가 없는 목표를 지향하는 조직과 관련한 우려도 있다. 예컨대 요즘에는 대부분의 기업이 이익을 극대화하는 결정을 내리기 위해 실험을 실행한다. 이익을 극대화하려는 많은 선택이 그렇듯이, 그 선택이 고객에게 좋을 수 있지만 그렇지 않을 수도 있다. 당신의 목표가 최선의 제품이나 서비스를 설계하는 것이라면, 당신이 효과적으로 그렇게 해낼 수 있도록 실험이 도울 수 있다. 우리는 영리 조직의 리더들이 정직하게 회계하고 정확히 소통하기를 바라듯이, 그들이 새로운 아이디어를 실험으로 신중하게 점검하기를 바란다.

하지만 때때로 기업은 소비자에게 마지막 한 푼까지 끌어내고, 수익률을 높이는 방법을 알아내기 위해 실험하기도 한다. 소비자에게 손해를 안기더라도 기업의 이익을 극대화하려는 목적에서 실험을 실행하면, 윤리적 문제가 자연스레 제기되고, 관리자들은 현실적인 타협점을 모색하게 된다. 실험을 이용해 기업의 이익은 증대하면서 소비자에게 손해를 안긴다면 윤리적으로 괜찮은 것일까? 이 질문은 실험에만 국한된 것이 아니지만, 실험은 관리자가 자신의 의지와 상관없이 목표와 타협점을 명확히 파악할 수 있는 유일한 기회일 수 있다. 또 우리 경험에 따르면, 실험은 관리자가 다른 경우였다면 감추었던 염려를 드러내고 해결하는 걸 도와줄 수도 있다.

실험 혐오

또 다른 우려는 '실험 혐오'experiment aversion(조직들의 실험에 기니피그가 된다는 두려움)라 일컬어지는 것이다. 실험을 본능적으로 혐오하면서도 조직이 새로운 아이디어를 시험하는 걸 인정하는 사람이 적지 않다. 요컨대 무엇을 어떻게 시험할 것인지 체계적으로 생각하고, 새로운 아이디어를 아무런 검증도 없이 내놓는 것보다 상대적으로 소수에게 시험하고, 거기에서 얻은 자료를 체계적으로 분석하는 것은 인정한다는 뜻이다. 하지만 그런 시도들을 모두 합하면 실험하는 과정이 된다. 간단히 말하면, 실험은 새로운 아이디어를 체계적으로 테스트하는 방법이다.

실험 혐오는 새삼스러운 것이 아니다. 해리 마크스Harry Marks는 의학 실험의 역사를 다룬 책에서 미국 재향 군인 관리회 American Veterans Administration의 1940년대 자료를 인용해 "재향 군인 관리회에서는 '실험'이란 단어를 사용하는 걸 좋아하지 않는다. '조사'investigation나 '관찰'observation이란 표현이 재향 군인 병원에서 시행되는 연구에 적절한 표현인 듯하다."라고 말했다.[1] 이와 유사하게 기업에서 시행하는 실험들을 완곡하게 'A/B 테스트'라고 묘사하는 경우도 많다. 우리가 최근에 인터뷰한 한 테크 기업은 실험하지 않고 'A/B 테스트'를 시행할 뿐이라 주장하기도 했다. 실험의 가치와 위험을 더 깊이 이해할 때 조직들은 그런 완곡어법을 넘어 실험에 대해 한층 직접적이고 솔직하게 대화할 수 있을 것이다. 다시 말하면, 불필요한 위험을 피하면서도 무엇인가를 배우려는 데 실험의 목적이 있다고 정직하게 말할 수 있을 것이다.

실험의 도덕적 의무

행동과학 통찰 그룹은 2013년 하버드 케네디 공공정책 대학원의 공공 리더십 센터Center for Public Leadership, CPL 내에 설립되었다. 행동과학 통찰 그룹이 CPL에 설립되며, 리더십의 성격에 대한 여러 의문이 제기되었다. 그 이전까지 CPL은 카너먼과 트버스키 및 세일러의 작업과 밀접한 관계가 없었다. 물론 실험이 CPL과 관련된 교수들의 공통된 방법론인 것도 아니었다.

CPL에 행동과학 통찰 그룹이 설립된 이후로 초기에 맥스 베이저만이 주재한 토론회에서 CPL의 한 교수가, 실험의 필요성을 역설한 발표를 무척 흥미롭게 들었지만, 전통적으로 리더십은 추종자들의 마음과 정신을 움직이는 데 주력하는 것이라며, 실험이 리더십 도구의 일부가 될 수 있을지 의심스럽다고 우려를 감추지 않았다.

이런 우려는 중요한 핵심 —리더는 실험과 증명에 충실한 조직을 만드는 데 중심이 되어야 한다는 것— 을 간과한 것이다. 데이비드 핼펀은 행동과학 통찰 팀을 창설할 때 리더십을 발휘했고, 할 바리안은 구글에서 실험을 요구하고 밀어붙일 때 리더십을 보여 주었다. 앤절라 더크워스와 케이티 밀크먼은 '항구적인 행동 변화'의 핵심 개념을 실험할 때 리더십을 입증해 보였다. 훌륭한 리더라면, 모르는 것을 인정하는 겸손함이 있어야 하고, 실험을 통해 불확실한 세계에서 최선의 선택안을 찾아내려고 노력해야 한다. 훌륭한 리더가 인도하는 조직은 항상 배우고 적응하는 조직이며, 실험은 그 과정에서 빼놓을 수 없는 부분이다.

우리가 새로운 아이디어를 시험할 때, 그로 인한 변화가 실제로 효험이 있는지 알아낼 수 있는 방법으로 시험하지 못할 이유가 어디에 있는가? 실험을 회피하는 태도는 조직의 자원을 낭비하는 짓이고, 그로 말미암아 우리가 시도하는 전략으로부터 아무것도 배우지 못하기에 십상이다. 또한 실험 회피는 쉽게 얻어질 수 있는 증거를 무시한다는 점에서 윤리적인 문제로 비화되기에 충분하다.

실험과 관련해 반드시 기억해야 할 교훈들

A Final Case for Experiments and Some Concluding Lessons

이 책을 여기까지 읽었다면 당신도 무엇인가를 실험해 보고 싶을지도 모르겠다. 가령 납기 기한을 넘긴 사람들에게 어떤 식으로든 독촉 편지를 수정해서 보내야 하지 않겠느냐고 경리부의 빌에게 묻는다고 가정해 보자. 빌이 난색하며 망설이더라도 놀랄 것은 없다. 빌은 머릿속으로 온갖 생각을 떠올릴 것이다. 괜히 긁어 부스럼을 만드는 짓이 아닐까? 비용이 많이 들지는 않을까? 고객들이나 직원들에게 몹쓸 짓을 하는 것은 아닐까? 이런 이유에서, 이유가 있든 없든 간에 많은 관리자가 현상을 유지하려 한다. 관리자들은 직관에 근거해서만 새로운 아이디어를 받아들이려 할 뿐, 실험을 겁낸다.

이 책에서 지금까지 보았듯이, 이런 실험 회피는 부적절하고 근거 없는 짓이다. 엄밀히 말하면, 많은 관리자가 의식하지 못한 채 항상 실험을 실시하며, 상당한 실익을 거두고 있다. 이런 우연한 실험incidental experiment(마이클 루카와 그의 동료 올리버 하우저Oliver Hauser가 만든 용어)이 어떻게 이루어지는 것일까? 대학에서 학생들에게 기숙사 룸메이트를 짝지어 줄 때 직면하는 문제를 예로 들어 설명해 보자. 대학은 그 과정을 용이하게 하려고, 학생들에게 설문지를 써 내게 한다. 그 설문지를 근거로 학생들의 개인적인 기호를 파악하고, 비슷한 기호를 지닌 학생들끼리 대략적으로 짝을 지어 준다. 그러나 여기에서 멈추지 않고, 대학은 많은 그럴듯한 선택 가능성을 염두에 두고 룸메이트를 짝지어 주는 방법을 찾아내야 한다.

대학은 여러 방법으로 짝짓기를 해낼 수 있다. 하나는 시장 주의적 해결책을 시도하는 것이다. 요컨대 '최적'의 기숙사 건물에 있는 '최적'의 방을 경매로 처분하고, 그 결과를 군말 없이 받아들이는 방법이다. 그러나 이 방법은 계급 제도를 조장하는 듯한 냄새를 풍기기 때문에 많은 대학이 이 방법을 꺼린다. 따라서 대안으로 대학은 학생들을 인터뷰해서 학생들의 기호를 파악한 후에 기호의 공통성이나 상보성만을 기준으로 짝지어 주는 방법을 생각해 볼 수 있다. 그러나 이 방식은 복잡하기도 하지만 비용도 많이 든다. 따라서 대부분의 대학이 공정하면서도 간단하고 비용도 적게 드는 방법, 즉 먼저 심사 과정을 거친

후에 무작위로 룸메이트를 짝지어 주는 방식을 시행한다.

그 결과로, 무척 사교적인 학생이 조용한 방을 좋아하는 학생과 짝지어져서 엉겁결에 열심히 공부하는 기회를 얻게 된다. 또 인구통계적으로 유사한 특징을 지닌 학생들끼리 룸메이트가 되기도 하지만, 전혀 다른 특징을 지닌 학생들끼리 짝지어지기도 한다. 물론 학구적인 학생이 투쟁적인 성격을 지닌 학생과 룸메이트가 될 수도 있다.

이런 대학들이 실험을 실행한 것은 아니었다. 그저 공정성을 지키겠다며 룸메이트를 무작위로 짝지은 것에 불과하다. 그러나 룸메이트들이 성격적으로 뚜렷이 다른 세계에서, '무작위 배정'random assignment은 결국 일종의 실험이 된다. 그러나 대학은 학생들을 구분한 변인들이 무엇인지도 모르고, 그 변인들이 결과에 미친 영향도 연구하지 않겠지만, 부지불식간에 '우연적 실험'을 실행한 것만은 분명하다.

다트머스 대학의 경제학 교수, 브루스 사서도트Bruce Sacerdote는 이런 무작위 배정의 가치에 주목했다. 다트머스에서 석사 학위를 받고 하버드에서 경제학 박사 학위를 받은 사서도트의 연구 결과에 따르면, 무작위 배정 덕분에 학생들은 대학 생활을 더 즐겁게 해내고, 더 많은 것을 배울 수 있다. 사서도트는 다트머스 대학에서 무작위로 배정된 비슷한 성격의 룸메이트 집단과 다른 성격의 룸메이트 집단을 비교한 결과, 룸메이트들이 학점에 영향을 미친다는 걸 알아냈다. 무작위로 배정된 룸메이트들은 동아리의 선택에도 영향을 미쳤다. 룸메이트끼리 같은 동아리에 가입할 확률이 9퍼센트가량 더 높았다. 사서도트는 학교의 입학 예정자 설문 조사를 이용해 이 영향의 성격을 더욱 심도 있게 연구했다. 설문 조사에서 입학 예정자들에게 우등으로 졸업할 가능성에 대한 개인적인 생각, 동아리에 가입할 가능성 등에 대한 일련의 질문이 주어졌고, 각 질문에 '전혀 없음', '아주 적음', '약간 있음', '아주 많음'으로 답하게 했다. 졸업 성적에 관하여 어떤 학생들은 친구들의 영향을 더 많이 받았다. 우등으로 졸업할 것이라 확신하거나 졸업만 하면 된다고 생각하며 입학한 학생들은 그런 생각 없이 입학한 학생들에 비해 친구들의 영향을 덜 받았다. 동아리 가입에 관련한 대답은 약간 달랐다. 동아리에 가입하겠느냐는 질문에 대한 대답은 실제 행동을 예측하지 못했다. 그리고 친구들과도 큰 상관이 없었다.[1]

이런 우연한 실험들은 지금도 언제 어디에서나 진행된다. 1952년에 시작된 철자법 대회National Spelling Bee를 예로 들어 보자. 철자법 대회 운영자들이 대회 참가자에게 제시되는 단어들의 순서를 어떻게 선택하는지 생각해 본 적이 있는가? 무작위 배치가 가장 공정한 방법이고, 대부분의 철자법 대회가 선택하는 방법일 것이다. 이번에도 우연한 실험이 개입된 셈이다! 조지아 주립대학교의 경제학자 조너선 스미스Jonathan Smith가 전국 철자법 대회에 대한 자료들을 분석한 결과에 따르면, 앞선 학생이 틀리게 대답한 경우보다 올바르게 대답하면 다음 학생이 잘못 대답할 가능성이 13~64퍼센트까지 높아졌다.[2] 철자법에 뛰어난 학생도 압박감을 받으면 실력을 완전히 발휘하지 못한다는 뜻이다. (매년 전국 철자법 대회가 열릴 때가 되면 조너선은 이런 문제점을 지적하는 불만을 트위터에 올린다.)

정부 기관부터 기업까지 많은 조직에서 우연한 실험은 흔하디흔한 것이다. 부족한 자원을 할당할 때 주로 사용되는 추첨이 대표적인 예이다. 실제로 파키스탄 정부는 추첨으로, 하즈 기간에 메카를 순례하려는 시민에게 제한된 수의 비자를 할당한다. 경제학자 데이비드 클링잉스미스David Clingingsmith, 아심 크와자Asim Khwaja, 마이클 크레이머Michael Kremer는 그런 추첨 결과를 근거로, 하즈가 순례하는 사람에게 어떤 영향을 미치는지 분석했다. 그들의 분석 결과에 따르면, 메카를 순례하지 않은 무슬림과 비교할 때 순례를 마친 무슬림은 인종 간의 평화와 평등에 대한 믿음이 더욱 깊어졌고, 여성을 교육하고 고용하는 사례에 더 너그러운 태도를 보였다.[3] 시카고 공립 교육구도 추첨으로 학생을 학교에 배정한다. 경제학자 줄리 베리 컬런Julie Berry Cullen, 브라이언 제이컵Brian Jacob, 스티븐 레빗Steven Levitt은 추첨 결과의 차이를 기준으로, 상대적으로 좋은 학교에 추첨된 경우가 학생들에게 미친 영향을 연구했다. 연구 결과에 따르면, 좋은 학교에 진학했다고 학업 성적에서 큰 차이가 있지는 않았다. 적어도 그들이 분석 대상으로 삼은 학교들에서는 그랬다. 하지만 추첨으로 좋은 학교에 진학한 학생들은 그렇지 못한 학생들보다 다른 차원에서 더 나았다. 예컨대 징계를 받을 만한 사고에 연루되거나 체포되는 확률이 더 낮았다.[4]

눈여겨보기 시작하면, 어디에서나 우연한 실험을 쉽게 찾을 수 있다. 당신이 소속된 조직에서 그런 실험을 찾을 수 있겠는가? 그렇다면, 그 실험에서 어떤 통찰을 얻을 수 있는가?

우연한 실험이란 존재 자체가, 실험이 어떤 희생을 치르더라도 피해야 하는 거추장스러운 야수라는 생각을 뒤집는 증거이기도 하다. 비용을 줄이고, 피고용자와 고객을 위한 공정한 과정을 정립하며 이익을 증진할 수 있는 실질적인 과제들을 학습해야 지식을 구하려는 목적에 합당하다는 것도 명백하다.

우연한 실험을 중단해야 할 하등의 이유가 없다. 물론 계획적인 실험이 효과적이고 비용도 적게 드는 방법일 수 있다. 따라서 무엇이 효과가 있는지 알아내는 게 목표라면, 우연한 실험만을 반복하지 말고 계획적인 실험으로 전환해, 무엇이 효과가 있는지 가장 정확히 알아낼 수 있는 방법으로 무작위를 설계할 수 있어야 한다.

실험도 리더십 도구의 일부

이 책의 곳곳에서, 우리는 실험의 결과로 정책과 경영 방침이 바뀌기 시작한 사례를 무수히 보았다. 즉 실험의 가능성과 힘을 보았지만, 아직도 조직에서는 실험이 시작 단계에 불과하다는 것도 보았다. 또 실험이 효과를 거두려면, 경영적 판단, 결과의 신중한 해석, 실험의 강점과 한계에 대한 평가가 뒤따라야 한다.

리더들이 미래에 대한 결정을 내릴 때 잘못된 직관에 의존하는 경우는 아직도 빈번하다. 그러나 4장에서 말했듯이, 이런 사실을 인정하는 분위기가 조성된 덕분에 실험 혁명이 꿈틀대고, 조직에서도 실험이 시작될 수 있었다. 간단히 말하면, 어려운 결정을 내려야 하는 책임은 리더의 몫이지만, 리더가 더 나은 결정을 내리도록 도움을 줄 수 있는 것이 실험이다. 리더에게는 모르는 것을 인정하는 겸손함과, 어려운 질문에 답을 구하는 도구의 일부로써 실험을 활용하겠다는 확신이 필요하다.

또 리더에게는 조직원들이 실험을 학습하고 적응하기 위한 정상적인 방법으로 받아들이도록 설득하는 힘도 있어야 한다. 실험이 어떤 조직에서는 당연하게 여겨지지만, 여전히 실험을 생경하게 생각하는 조직이 많은 것도 결코 우연은 아니다. 리더가 분위기를 만든다. 실험을 달갑게 생각하지 않는 리더는, 조직을 더 효율적으로 운영할 방법을 찾는 걸 방해하는 장벽이기도 하다. 달리 말하면, 리더가 실험을 경영적 결정과 무관한 기술적인 도구에 불과하다고 생각한다면 큰 실수를 하는 셈이다.

이 책에서 언급한 실험들을 돌이켜보면, 리더들에게 필요한 교훈들이 찾아진다. 물론 이 교훈들은 실험을 실행하는 사람들, 실험의 시대를 이해하려는 사람들에게도 필요한 것이다. 아래에 5가지로 정리한 내용은 조직에서 실험을 활용하려는 사람들이 반드시 기억해야 할 중요한 교훈이다.

교훈 1: 지금은 실험 혁명이 시작된 초기에 불과하다

이 책에서 우리는 테크 분야부터 교육과 정부 기관까지 여러 영역에서 실행되는 실험들을 살펴보았다. 비교적 짧은 기간에, 행동과학 통찰을 활용하는 수백 개의 팀이 공공 분야와 민간 분야에서 우후죽순으로 생겨났다. 그들 중 다수가 의사결정에 앞서 실험을 활용했다. 실험 혁명의 시작에는 3가지 핵심 특징이 큰 역할을 했다. 첫째, 기록의 디지털화와 온라인 플랫폼의 지속적인 확대로 예전보다 훨씬 많은 데이터를 이용할 수 있게 되었다. 둘째, 온라인 플랫폼 덕분에 무작위 추출이 더 쉬워졌고 비용도 줄었다. 테크 기업은 대조군을 두는 게 표준적인 운행 방식이다. 무작위 추출에 어떤 단추를 클릭하는 것보다 시간이 더 걸리지도 않는다. 셋째, 행동과학적 연구의 결과로, 지극히 작은 변화가 의사결정에 큰 영향을 미칠 수 있고, 인간의 직관에는 많은 결함이 있다는 게 밝혀졌다. 따라서 실험을 통해, 직관이 증거로 보완될 수 있다.

교훈 2: 지금까지는 많은 실험이 좋았다.

개략적으로 말하면, 더 나은 결정을 위한 증거의 활용은 긍정적인 변화이다. 이런 결론에는 논란의 여지가 없다. 1장에서 언급된 영국 정부의 세금 독촉 편지는 체납자에게 보내졌다. 그 편지를 수정하는 실험을 거듭하는 과정에서 관리들은 어떤 형태의 편지가 가장 효과적인지 알아낼 수 있었다. 정책 입안자들이나 기업들이 이런저런 상황에서 부족한 자원을 효과적으로 분배하는 방법들에 대해 고민할 때, 실험은 각 방법의 효율성을 예측하는 데 도움을 줄 수 있다.

교훈 3: 실험을 통해 조직은 더 효율적인 조직으로 성장할 수 있지만, 고객이나 조직원에게는 부정적인 영향도 미칠 수 있다

실험을 통해 조직은 새로운 것을 배우고, 목표에 더 효과적으로 다가갈 수 있다. 그러나 당신이 그 목표에 동의하지 않으면 어떻게 될까? 그런 경우에 조직은 실험을 통해 당신이 원하지 않는 것을 더 능란하게 해내는 조직으로 변하게 된다. 이런 의미에서 실험은 한낱 도구, 다시 말하면 여느 도구처럼 좋은 용도만이 아니라 나쁜 용도에도 사용되는 도구가 된다. 예컨대 실험이 수수료를 감추는 데 사용되면 회사는 더욱더 효과적으로 수수료를 은폐할 수 있겠지만, 고객에게는 궁극적으로 나쁜 짓을 하는 셈이다.

교훈 4: 실험은 테크 분야 너머에서도 중요하다

앞에서 보았듯이, 테크 분야와 정부 기관은 실험을 일찌감치 받아들인 얼리 어댑터였지만, 유일한 어댑터는 아니었다. 실험은 테크 분야와 정부 기관 이외에서도 그 가치를 발휘할 수 있다. 영리 조직과 비영리 조직의 리더들과 정책 입안자들은 자신의 조직에 실험이 언제 어디에서 가치를 더해 줄 수 있을지 항상 생각해야 한다.

교훈 5: 아직도 해야 할 일이 많다

아직도 실험의 초기 시대에 불과하다. 앞에서도 언급했듯이, 실험이 어떤 영역에서는 상식이 되었지만, 실험을 꿈도 꾸지 못하는 영역도 많다. 그 이유는 실험하기가 상대적으로 적합한 환경이 있기 때문이다. 하지만 많은 조직이 실험을 언제 어떻게 사용해야 하는지 제대로 모르는 것도 사실이다. 예컨대 우버에서는 실험이 의사결정에 중대한 역할을 하지만, 우리가 알기에 전혀 실험하지 않는 대형 승차 공유 기업도 하나 있다. 그 기업이 우버와 다른 점이 있다면, 미국 밖에서 영업한다는 것이다. 또한 많은 실험을 실시하는 조직에서도 실험은 여전히 까다롭고 균일하게 적용되지 않는다. 우버에서도 실험을 최적으로 실시하고, 실험으로부터 유의미한 통찰을 끌어내는 걸 방해하는 장애를 극복하는 방법을 알아내는 데 여전히 많은 시간과 자원을 투자하고 있는 실정이다. 이제야 실험 혁명이 시작되었다. 따라서 연구와 실전 모두에서 실험을 설계하고 평가하며, 실험에 기초한 의사결정에 한층 더 체계적으로 접근하기 위해 아직도 해야 할 것이 많다.

조직의 의사결정과 실험의 유용성

지금까지 우리는 실험이 다양한 목적과 맥락에서 사용되는 것을 보았다. 정리해 보면, 실험은 조직의 의사결정을 네 방향에서 돕는 듯하다.

1. 실험은 기존의 상품이나 정책을 객관적으로 평가하는 데 도움을 줄 수 있다

때때로 조직은 어떤 상품이나 정책을 내놓아야 하는가를 정확히 알고 있다. 이런 경우에 실험은 새로운 정책이나 상품의 영향을 측정하는 데 도움을 주고, 어떤 결과가 의도한 것이고 어떤 결과가 의도하지 않은 것인가를 명확히 구분하는 데도 도움을 줄 수 있다. 예컨대 우버는 익스프레스 풀이란 신상품을 평가하기 위해 일련의 실험을 실시했다. 실험 결과에 따르면, 우버 사용자는 가장 가까운 익스프레스 승차 지점까지 걸어가고, 다른 사용자와 차량을 공유함으로써 비용을 줄일 수 있었다. 많은 점에서, 이런 실험 결과는 정책 평가였다. 익스프레스 풀이란 신상품을 출시하려는 정책이 개량인가 아닌가? 우버는 익스프레스 풀이 사용자에게 더 큰 편익을 제공하지만, 우버의 입장에서는 다른 상품을 익스프레스 풀로 대체하는 것에 불과할 수도 있다는 걸 알게 되었다. 그러나 이런 변화가 사용자에게 이익이라면, 우버에게도 전체적으로는 이익이 되는가를 알고 싶었던 것이다.

2. 실험은 이론이나 가설을 테스트할 수 있다

만약 당신이 어떤 특별한 상품이나 정책을 계획하고 있다면, 그 상품이나 정책이 어떤 이유에서 어떤 효과를 갖는지 파악하는 데 실험이 도움을 줄 수 있다. 이런 경우, 실험은 특정한 가설을 테스트하는 데도 도움이 된다. 예컨대 에어비앤비는 "집주인의 편견을 바로잡거나 인종 표시를 덜 드러내는 방식으로 정책에 변화를 주면 차별이 줄어드는지 플랫폼에서도 확인할 수 있을까?"라는 의문에 답을 구하고 싶었다. 이렇게 설계되는 실험은 향후의 상품 개선에도 도움을 주지만, 차별이 플랫폼에 만연한 이유를 이해하고, 차별을 줄이는 방법을 고안하는 데도 도움을 줄 수 있다. 변화가 영향을 미친다는 결과를 단순히 확인하는 데 그치지 않고, 어떤 이유에서 영향을 미치는지 이해하는 데도 도움을 주도록 설계되는 메커니즘 실험은 가설을 테스트하는 데 도움을 줄 수 있다.

3. 실험은 기준틀을 개발하거나 개선하는 걸 도울 수 있다

실험의 도움을 받아, 조직은 어떤 결정에나 적용되는 기준틀을 개발할 수 있다. 조직이 어떤 유형의 결정을 마주하는 빈도가 높아지면, 단순한 상품 평가에 만족하는 것보다 기준틀을 마련하는 게 무엇보다 중요해진다. 앤절라 더크워스와 케이티 밀크먼이 '항구적인 행동 변화'를 위해 24시간 피트니스 등 여러 조직과 함께 실시한 실험에서 보았듯이, 기존의 이론으로 불충분한 영역에서 새로운 학문적 이론을 세우는 데도 실험이 도움을 줄 수 있다. 그러면 여러 환경에 적용되는 일반 이론을 정립하겠다는 목표도 가능해진다. (앤절라와 케이티의 목표는 장기적인 행동 변화 —그들의 정의에 따르면 1년 이상 동안 지속되는 행동 변화— 를 유도할 수 있는 심리학 이론을 정립하는 것이었다.) 한편 토드 로저스는 교육 분야의 실험을 통해 즉각적인 효과를 기대할 수 있는 이론을 정립하며, 학교에서 출석률을 높이는 데 그 이론을 사용할 수 있는지, 사용한다면 어떻게 사용해야 하는지 실험으로 다듬어 갔다. 행동과학 통찰 팀이 사회 규범을 조금씩 수정하며 시도한 실험도 단기적인 효과를 기대한 것이었다. 이런 경우에 조직은 실험을 통해, 기존 이론을 특정한 상황에 정밀하게 맞추어 갈 수 있다.

4. 실험은 가설이 아직 존재하지 않은 영역에서 사실 확인을 위해 사용될 수 있다

당신에게 아직 어떤 가설도 없는 경우가 있을 수 있다. 이런 경우에도 실험은 사실 확인을 통해, 기존 기준들에서 빠진 것이 무엇인지 파악하는 데 도움을 줄 수 있다. 앞에서 언급했듯이, 이베이는 광고에서 글자체, 배우의 성별이 상품의 용도에 영향을 미치는지에 관해 어떤 가설도 없었던 듯하다. 그러나 이베이 경영진은 그 문제에 관심을 두었고, 그 결과로 실험을 통해 그 답을 찾아낼 수 있었다.

많은 정보를 지닌 사람은 실험을 반대해야 하는가?

당신은 현재 상황을 개선할 여지가 많은 듯한 새로운 아이디어를 시험하는 걸 찬성하는가? 그럼 새로운 아이디어를 시험할 때 그 아이디어가 정말 개선을 가져오는지 아닌지 체계적으로 생각하려고 하는가? 그 과정과 결과를 최대한 객관적으로 평가하려고 하는가? 새로운 아이디어에서 아무런 효과를 거두지 못하면, 그 아이디어를 시험한 비용을 최소화하려고 하는가?

위의 질문에 당신이 모두 '그렇다'라고 대답하더라도 놀라울 것은 없다. 그렇게 대답했다면 당신은 실험 자체를 찬성하는 사람일 가능성이 크다. 간단히 말하면, 실험은 새로운 아이디어를 체계적이고 객관적으로 시험하는 한 방법에 불과하다. 실험이 정교하게 진행되면, 새로운 아이디어는 긍정적이라는 증거가 더욱 분명해진다. 따라서 많은 정보를 지닌 사람은 결국 실험의 지지자가 되기 마련이다.

그러나 실험의 진정한 지지자가 되려면 불확실성도 인정할 수 있어야 한다. 우리가 노력을 기울이더라도 새로운 아이디어가 효과적이지 않다는 것으로 결론지어질 수 있다는 걸 인정해야 한다는 뜻이다. 실험이 정교하게 설계되면, 상대적으로 낮은 비용으로 그런 결론에 이를 수 있다. 따라서 어떤 정책 질문의 답을 모르면 모른다는 것을 인정하고 실험을 통해 그 답을 찾도록 정부 관리를 독려할 수 있어야 훌륭한 시민일 것이다. 또 훌륭한 시민이라면 '넛지 유닛'이 무엇인지 아는 정치인을 후원하고, 세계 어디에서나 그런 정치인이 더 효율적인 정부를 만들어 갈 수 있다고 믿어야 할 것이다.

달리 말하면, 실험은 대체로 긍정적인 힘을 갖는다. 그러나 모든 증거 수집이 그렇듯이, 증거의 가치는 실험을 실시한 사람에게 전적으로 달려 있다. 예컨대 어떤 기업이 실험을 통해 소비자를 속이는 방법을 알아내려고 한다면, 그 실험은 기업에게 좋지만, 소비자에게는 좋을 게 없다. 이런 부정적 가능성을 무시할 수는 없겠지만, 조직에 충분한 투명성과 분계선을 둔다면 실험의 가치를 지키면서 최악의 남용을 피할 수 있을 것이라 확신한다.

1933년, 작곡가이자 작사가인 콜 포터Cole Porter(1891~1964)는 뮤지컬 『방황하는 요정』에 삽입되는 노래 「실험」을 작곡하고 작사했다. 그 뮤지컬은 다른 유형의 실험을 염두에 두고 쓴 것이지만, 그 결론에서는 선견지명이 느껴진다.

"모든 훌륭한 과학자가 하는 것을 하자. 실험하자!"

이 책은 어느덧 끝내야 하지만, 실험의 시대는 이제야 시작이다.

주석

감사의 글

1   이 책의 1장에서는 Michael Luca and Oliver Hauser, "Good
     Communication Requires Experimenting with Your Language,"
     Harvard Business Review, 2016년 2월 4일, https://hbr.org/2016/02/
     good-communication-requires-experimenting-withyour-language,
     15장에서는 Oliver Hauser and Michael Luca, "Your Company Is Full
     of Good Experiments (You Just Have to Recognize Them)," Harvard
     Business Review, 2015년 11월 23일, https://hbr.org/2015/11/your-
     company-is-full-of-good-experimentsyou-just-have-to-recognize-
     them이 참조되었다. 일반적으로 말하면, 우버와 교통 기관의 공동 실
     험은 Jeff Fossett, Duncan Gilchrist, and Michael Luca, "Using
     Experiments to Launch New Products," Harvard Business
     Review, 2018년 11월 5일, https://hbr.org/2018/11/using-
     experiments-to-launch-new-products에서 다루어졌고, 페이스북 실
     험은 Michael Luca, "Were OkCupid's and Facebook's Experiments
     Unethical?," Harvard Business Review, 2014년 7월 29일, https://hbr.
     org/2014/07/were-okcupids-and-facebooks-experiments-unethical
     에서 다루어졌다.

실험의 힘

1   Michael Hallsworth, John A. List, Robert D. Metcalfe, and Ivo Vlaev, "The Behavioralist as Tax Collector: Using Natural Field Experiments to Enhance Tax Compliance," Journal of Public Economics 148 (2017): 14–31.

2   Behavioural Insights Team, "EAST: Four Simple Ways to Apply Behavioural Insights," http://www.behaviouralinsights.co.uk/wp-content/uploads/2015/07/BIT-Publication-EAST_FA_WEB.pdf

3   일부 실험이 Hallsworth et al., "The Behavioralist as Tax Collector." 에서 소개되었다.

4   Holy Bible, Good News Translation, 2nd ed. (New York: American Bible Society, 1992), Daniel 1:8

5   앞의 책, Daniel 1:13

6   앞의 책, Daniel 1:17

7   앞의 책, Daniel 1:20

8   T. Ostbye and J. Rochon, "An Early 'Clinical Trial' as a Teaching Exercise: The Book of Daniel 1.1–15 (1.1–20)," Medical Education 27 (1993): 97–101.

9   John P. Bull, "A Study of the History and Principles of Clinical Therapeutic Trials," MD thesis, University of Cambridge, 1951.

10 Arun Bhatt, "Evolution of Clinical Research: A History before and beyond James Lind," Perspectives in Clinical Research 1, no. 1 (2010): 6–10.

11 James Lind, Treatise on Scurvy (Edinburgh, 1753).

12 Steven D. Levitt and John A. List, "Field Experiments in Economics: The Past, the Present, and the Future," European Economic Review

53, no. 1 (2009): 1–18.

13 앞의 책.

14 National Institutes of Health, "Estimates of Funding for Various Research, Condition, and Disease Categories (RCDC)," Research Portfolio Online Reporting Tools, 2011년 3월 15일, https://web. archive.org/web/20110813065343/http:/report.nih.gov/rcdc/ categories/Default.aspx

심리학과 경제학에서의 실험

1 Ludy T. Benjamin Jr., A Brief History of Modern Psychology (Malden, MA: Blackwell Publishing, 2007).

2 Thomas H. Leahey, A History of Modern Psychology (Englewood Cliffs, NJ: Prentice-Hall, 1991).

3 Benjamin, A Brief History of Modern Psychology.

4 John B. Watson, "Psychology as the Behaviorist Views It," Psychological Review 20 (1913): 158–177.

5 Stanley Milgram, Obedience to Authority: An Experimental View (New York: Harper Collins, 1974).

6 Gina Perry, Behind the Shock Machine: The Untold Story of the Notorious Milgram Psychology Experiments (New York: New Press, 2013); Joseph Dimow, "Resisting Authority: A Personal Account of the Milgram Obedience Experiments," Jewish Currents 15 (2004): 1–5.

7 스탠퍼드 감옥 실험에 대해 더 많이 알고 싶으면, http://www.prisonexp .org/를 참조하기 바란다.

8   Kenneth B. Clark and Mamie P. Clark, "Racial Identification and Preference among Negro Children," in Eugene L. Hartley, ed., Readings in Social Psychology (New York: Holt, Rinehart, and Winston, 1947).

9   Anthony G. Greenwald, Debbie E. McGhee, and Jordan L. K. Schwartz, "Measuring Individual Differences in Implicit Cognition: The Implicit Association Test," Journal of Personality and Social Psychology 74, no. 6 (1998): 1464–1480.

10 Brian A. Nosek, Mahzarin R. Banaji, and Anthony G. Greenwald, "Harvesting Implicit Group Attitudes and Beliefs from a Demonstration Web Site," Group Dynamics: Theory, Research, and Practice 6, no. 1 (2002): 101–115.

11 Mahzarin R. Banaji, "Ordinary Prejudice," Psychological Science Agenda, American Psychological Association 14 (2001): 8–11.

12 Edward E. Leamer, "Let's Take the Con out of Econometrics," American Economic Review 73, no. 1 (1983): 31–43.

13 Heather Ross, "An Experimental Study of the Negative Income Tax," thesis, Massachusetts Institute of Technology, Department of Economics, 1970.

14 E. H. Chamberlin, "An Experimental Imperfect Market," Journal of Political Economy 56 (1948): 95–108.

15 Heinz Sauermann and Reinhard Selten, "Ein oligopolexperiment," Zeitschrift für die gesamte Staatswissenschaft / Journal of Institutional and Theoretical Economics 3 (1959): 427–471.

16 Merrill M. Flood, "Some Experimental Games," Management Science 5 (1959): 5–26; Lawrence E. Fouraker and Sidney Siegel, Bargaining Behavior (New York: McGraw Hill, 1963); G. K. Kalish,

J. W. Milnor, J. Nash, and E. D. Nehrig, "Some Experimental n-Person Games," in R. M. Thrall, C. H. Coombs, and R. L. Davis, eds., Decision Processes (New York: Wiley, 1954); Sidney Siegel and Lawrence E. Fouraker, Bargaining and Group Decision Making (New York: McGraw Hill, 1960).

17 Vernon L. Smith, "Experimental Economics: Induced Value Theory," American Economic Review 66, no. 2 (1976): 274–279; Vernon L. Smith, "Microeconomic Systems as an Experimental Science," American Economic Review 72, no. 5 (1982): 923–955.

18 George Loewenstein, "Experimental Economics from the Vantage-Point of Behavioral Economics," Economic Journal 109, no. 453 (1999): S25–S34.

19 Colin Camerer, "Rules for Experimenting in Psychology and Economics, and Why They Differ," in W. Guth and E. Van Damme, eds., Understanding Strategic Interaction: Essays in Honor of Reinhard Selten (New York: Springer-Verlag, 1996).

20 Nobel Media AB 2018, "Alvin E. Roth—Biographical," NobelPrize. org (2018), https://www.nobelprize.org/prizes/economics/2012/roth/auto-biography/

21 앞의 책.

22 Amos Tversky and Daniel Kahneman, "The Framing of Decisions and the Psychology of Choice," Science 211 (January 30, 1981): 453–458.

23 Devin G. Pope and Maurice E. Schweitzer, "Is Tiger Woods Loss Averse? Persistent Bias in the Face of Experience, Competition, and High Stakes," American Economic Review 101, no. 1 (2011): 129–157.

24 Roland G. Fryer, Steven D. Levitt, John List, and Sally Sadoff, "Enhancing the Efficacy of Teacher Incentives through Loss Aversion: A Field Experiment," National Bureau of Economic Research Working Paper No. 18237, 2012.

25 Richard Thaler, "Toward a Positive Theory of Consumer Choice," Journal of Economic Behavior and Organization 1 (1980): 39–80.

26 Glenn W. Harrison and John A. List, "Field Experiments," Journal of Economic Literature 42, no. 4 (2004): 1009–1055.

27 Abhijit Banerjee, Esther Duflo, and Michael Kremer, "The Influence of Randomized Controlled Trials on Development Economics Research and on Development Policy," https://scholar.harvard.edu/files/kremer/files/the-influence-of-rcts-on-developmental-economics-research-and-development-policy.pdf

28 Paul Glewwe, Michael Kremer, and Sylvie Moulin, "Many Children Left Behind? Textbooks and Test Scores in Kenya," American Economic Journal: Applied Economics 1, no. 1 (2009): 112–135.

29 Michael Kremer, "Randomized Evaluations of Educational Programs in Developing Countries: Some Lessons," American Economic Review 93, no. 2 (2003): 102–106.

행동 실험과 정책 결정

1 Eric J. Johnson and Daniel G. Goldstein, "Do Defaults Save Lives?," Science 302 (2003): 1338–1339.

2 U.S. Department of Health and Human Services, Health Resources and Services Administration, "2012 National Survey of Organ

Donation Attitudes and Behaviors," 2013년 9월, www.organdonor.
gov/sites/default/files/about-dot/files/nationalsurveyorgandonation.
pdf

3 Richard H. Thaler, "Opting In vs. Opting Out," New York Times,
2009년 9월 26일.

4 Judd Kessler and Alvin Roth, "Don't Take No for an Answer: An
Experiment with Actual Donor Registrations," working paper.

5 Julian J. Zlatev, David P. Daniels, Hajin Kim, and Margaret A. Neale,
"Default Neglect in Attempts at Social Influence," PNAS 114, no. 52
(2017): 13643–13648, https://doi.org/10.1073/pnas.1712757114

6 Al Roth와의 인터뷰, 2019년 5월 30일.

7 Richard H. Thaler and Cass R. Sunstein, Nudge: Improving
Decisions about Health, Wealth, and Happiness (New Haven: Yale
University Press, 2008).

8 Cass R. Sunstein and Richard H. Thaler, "Libertarian Paternalism,"
American Economic Review 93, no. 2 (2003): 175–179.

9 Keith E. Stanovich and Richard F. West, "Individual Differences in
Reasoning: Implications for the Rationality Debate," Behavioral and
Brain Sciences 23 (2000): 645–665; Daniel Kahneman, "Mapping
Bounded Rationality: A Perspective on Intuitive Judgment and
Choice," Nobel Lecture, Stockholm, Sweden, December 8, 2002;
Daniel Kahneman, Thinking, Fast and Slow (New York: Farrar,
Strauss, Giroux, 2011).

10 William Samuelson and Richard J. Zeckhauser, "Status Quo Bias in
Decision Making," Journal of Risk and Uncertainty 1 (1988): 7–59.

11 Steven D. Levitt and John A. List, "Viewpoint: On the
Generalizability of Lab Behaviour to the Field," Canadian Journal

of Economics 40, no. 2 (2007): 347–370; Steven D. Levitt and John A. List, "What Do Laboratory Experiments Measuring Social Preferences Reveal about the Real World?," Journal of Economic Perspectives 21, no. 2 (2007): 153–174.

행동과학 통찰 팀부터 부킹닷컴까지

1   Joseph O. Eastlack Jr. and Ambar G. Rao, "Advertising Experiments at the Campbell Soup Company," Marketing Science 8, no. 1 (1989): 57–71.

2   Haniya Rae, "How Consumer Reports Tests Vacuums," August 8, 2018, https://www.consumerreports.org/vacuum-cleaners/how-consumer-reports-tests-vacuums/

3   Raphael Lopez Kaufman, Jegar Pitchforth, and Lukas Vermeer, "Democratizing Online Controlled Experiments at Booking.com," 2017, presented at the 2017 Conference on Digital Experimentation (CODE@MIT), https://arxiv.org/abs/1710.08217

4   Ron Kohavi와의 인터뷰

5   Michael Ostrovsky and Michael Schwarz, "Reserve Prices in Internet Advertising Auctions: A Field Experiment," working paper, 2016.

6   Ron Kohavi and Stefan Thomke, "The Surprising Power of Online Experiments," Harvard Business Review, September-October 2017.

7   앞의 책.

해시태그 #에어비앤비흑인차별

1   Fiona Scott Morton, Florian Zettelmeyer, and Jorge Silva-Russo, "Customer Information and Discrimination: Does the Internet Affect the Pricing of New Cars to Women and Minorities?," Quantitative Marketing and Economics 1, no. 1 (2003): 65–92.

2   Reed Kennedy와의 인터뷰

3   Benjamin Edelman and Michael Luca, "Digital Discrimination: The Case of Airbnb.com," 2014, working paper.

4   Marianne Bertrand and Sendhil Mullainathan, "Are Emily and Greg More Employable Than Lakisha and Jamal? A Field Experiment on Labor Market Discrimination," American Economic Review 94, no. 4 (2004): 991–1013.

5   Raymond Fisman and Michael Luca, "Fixing Discrimination in Online Marketplaces," Harvard Business Review, December 2016.

6   Laura W. Murphy, "Airbnb's Work to Fight Discrimination and Build Inclusion: A Report Submitted to Airbnb," 2016년 9월 8일, https://blog.atairbnb.com/wp-content/uploads/2016/09/REPORT_Airbnbs-Work-to-Fight-Discrimination-and-Build-Inclusion.pdf

이베이 광고비, 5,000만 달러

1   Daisy Dai and Michael Luca, "Effectiveness of Paid Search Advertising: Experimental Evidence," Harvard Business School NOM Unit Working Paper No. 17-025, 2016.

알리바바의 초특가 할인

1   Dennis Zhang, Hengchen Dai, Lingxiu Dong, Fangfang Qi, Nannan
    Zhang, Xiaofei Liu, and Jiang Yang, "How Do Price Promotions
    Affect Customer Behavior on Retailing Platforms? Evidence from a
    Large Randomized Experiment on Alibaba," Management Science,
    forthcoming.

스텁허브의 비밀에 가려진 수수료

1   N. Gregory Mankiw, "I Paid $2,500 for a 'Hamilton' Ticket. I'm
    Happy About It," New York Times, 2016년 10월 21일, https://www.
    nytimes.com/2016/10/23/upshot/i-paid-2500-for-a-hamilton-ticket-
    im-happy-about-it.html
2   Thomas Blake, Sarah Moshary, Kane Sweeney, and Steve Tadelis,
    "Price Salience and Product Choice," working paper, 2017, https://
    www.dropbox.com/s/ikrtnk5nvcrryc2/BMST.pdf?dl=0
3   Xavier Gabaix and David Laibson, "Shrouded Attributes, Consumer
    Myopia, and Information Suppression in Competitive Markets,"
    Quarterly Journal of Economics 121, no. 2 (2006): 505–540.

페이스북 블루스

1   US Office of the Director of National Intelligence, "Assessing
    Russian Activities and Intentions in Recent U.S. Elections,"

CreateSpace Independent Publishing Platform, 2017.

2 Alex Peysakovich and Seth Stephens-Davidowitz, "How Not to Drown in Numbers," New York Times, 2015년 5월 2일.

3 http://www.nbc.com/saturday-night-live/video/debbie-downer/3505987

4 Adam D. I. Kramer, Jamie E. Guillory, and Jeffrey T. Hancock, "Experimental Evidence of Massive-Scale Emotional Contagion through Social Networks," PNAS 111, no. 24 (2014): 8788–8790.

5 Vindo Goel, "Facebook Tinkers With Users' Emotions in News Feed Experiment, Stirring Outcry," New York Times, 2014년 6월 29일, https://www.nytimes.com/2014/06/30/technology facebook-tinkers-with-users-emotions-in-news-feed-experiment-stirring-outcry.html

6 https://en.wikipedia.org/wiki/Doge_(meme).

7 Aleecia M. McDonald and Lorrie Faith Cranor, "The Cost of Reading Privacy Policies," I/S: A Journal of Law and Policy for the Information Society, 2008 "Privacy Year in Review" issue, http://www.is-journal.org/

8 https://research.fb.com/

공동선을 위한 행동과학적 실험

1 Harold Gosnell, Getting Out the Vote: An Experiment in the Stimulation of Voting (Chicago: University of Chicago Press, 1927).

2 Donald P. Green and Alan S. Gerber, "Introduction to Social Pressure and Voting: New Experimental Evidence," Political

Behavior 32, no. 3 (2010): 331–336.

3   Todd Rogers, Donald Green, John Ternovski, and Carolina Young, "Social Pressure and Voting: A Field Experiment Conducted in a High-Salience Election," Electoral Studies 46 (2017): 87–100.

건강하고 부유하고 현명하게

1   Robert Balfanz and Vaughan Byrnes, "The Importance of Being in School: A Report on Absenteeism in the Nation's Public Schools," Johns Hopkins University Center for Social Organization of Schools, 2012; Michael A. Gottfried, "Excused versus Unexcused: How Student Absences in Elementary School Affect Academic Achievement," Educational Evaluation and Policy Analysis 31, no. 4 (2009): 392–415.

2   Todd Rogers and Avi Feller, "Reducing Student Absences at Scale by Targeting Parents' Misbeliefs," Nature Human Behaviour 2, no. 5 (2018): 335–342.

3   Robert Balfanz and Vaughan Byrnes, "Meeting the Challenge of Combating Chronic Absenteeism: Impact of the NYC Mayor's Interagency Task Force on Chronic Absenteeism and School Attendance and its Implications for Other Cities," Johns Hopkins School of Education, 2013; Jonathan Guryan, Sandra Christenson, Amy Claessens, Mimi Engel, Ijun Lai, Jens Ludwig, Ashley Cureton Turner, and Mary Clair Turner, "The Effect of Mentoring on School Attendance and Academic Outcomes: A Randomized Evaluation of the Check & Connect Program,"Northwestern Institute for Policy

Research Working Paper WP16-18, 2017.

4 Rogers and Feller, "Reducing Student Absences at Scale by Targeting Parents' Misbeliefs."

5 Carly D. Robinson, Monica G. Lee, Eric Dearing, and Todd Rogers, "Reducing Student Absenteeism in the Early Grades by Targeting Parental Beliefs," American Educational Research Journal (2017), https://doi.org/10.3102/0002831218772274

6 Peter Bergman and Eric Chan, "Leveraging Technology to Engage Parents at Scale: Evidence from a Randomized Controlled Trial," CESifo Working Paper Series No. 6493, 2017.

7 Peter Bergman and Todd Rogers, "Is This Technology Useless? How Seemingly Irrelevant Factors Affect Adoption and Efficacy," HKS Working Paper No. RWP17-021, 2017.

8 Angela L. Duckworth, Christopher Peterson, Michael D. Matthews, and Dennis R. Kelly, "Grit: Perseverance and Passion for Long-Term Goals," Journal of Personality and Social Psychology 92, no. 6 (2007): 1087.

9 David S. Yeager, Carissa Romero, Dave Paunesku, Christopher S. Hulleman, Barbara Schneider, Cintia Hinojosa, Hae Yeon Lee, et al., "Using Design Thinking to Improve Psychological Interventions: The Case of the Growth Mindset during the Transition to High School," Journal of Educational Psychology 108, no. 3 (2016): 374.

10 Lauren Eskreis-Winkler, Elizabeth P. Shulman, Victoria Young, Eli Tsukayama, Steven M. Brunwasser, and Angela L. Duckworth, "Using Wise Interventions to Motivate Deliberate Practice," Journal of Personality and Social Psychology 111, no. 5 (2016): 728.

11 James J. Choi, "Contributions to Defined Contribution Pension

Plans," NBER Working Paper No. w21467, 2015.

12 앞의 책.

13 John Beshears, James J. Choi, David Laibson, and Brigitte C. Madrian, "Behavioral Household Finance," in B. Douglas Bernheim, Stefano DellaVigna, and David Laibson, eds., Handbook of Behavioral Economics: Foundations and Applications (Amsterdam: Elsevier, forthcoming).

14 Esther Duflo and Emmanuel Saez, "The Role of Information and Social Interactions in Retirement Plan Decisions: Evidence from a Randomized Experiment," Quarterly Journal of Economics 118, no. 3 (2003): 815–842.

15 Annamaria Lusardi, Punam Keller, and Adam Keller, "New Ways to Make People Save," in Annamaria Lusardi, ed., Overcoming the Saving Slump: How to Increase the Effectiveness of Financial Education and Saving Programs (Chicago: University of Chicago Press, 2009).

16 James J. Choi, David Laibson, and Brigitte C. Madrian, "Plan Design and 401(k) Savings Outcomes," National Tax Journal 57 (2004): 275–298.

17 Richard H. Thaler and Shlomo Benartzi, "Save More Tomorrow™: Using Behavioral Economics to Increase Employee Saving," Journal of Political Economy 112, no. S1 (2004): S164–S187.

18 Shlomo Benartzi, Ehud Peleg, and Richard H. Thaler, "Choice Architecture and Retirement Saving Plans," in Eldar Shafir, ed., The Behavioral Foundations of Public Policy (Princeton, NJ: Princeton University Press, 2012).

19 Marianne Bertrand and Adair Morse, "Information Disclosure,

Cognitive Biases, and Payday Borrowing," Journal of Finance 66, no. 6 (2011): 1865–1893.

20 Miriam Bruhn, Luciana de Souza Leão, Arianna Legovini, Rogelio Marchetti, and Bilal Zia, "The Impact of High School Financial Education: Experimental Evidence from Brazil," World Bank Policy Research Working Paper No. 6723, 2013.

21 Gunhild Berg and Bilal Zia, "Harnessing Emotional Connections to Improve Financial Decisions: Evaluating the Impact of Financial Education in Mainstream Media," Journal of the European Economic Association 15, no. 5 (2017), https://doi.org/10.1093/jeea/jvw021

22 Regina M. Benjamin, "Medication Adherence: Helping Patients Take Their Medicines As Directed," Public Health Reports 127, no. 1 (2012): 2–3, doi: 10.1177/003335491212700102

23 Marcia Vervloet, Annemiek J. Linn, Julia C. M. van Weert, Dinny H. De Bakker, Marcel L. Bouvy, and Liset Van Dijk, "The Effectiveness of Interventions Using Electronic Reminders to Improve Adherence to Chronic Medication: A Systematic Review of the Literature," Journal of the American Medical Informatics Association 19, no. 5 (2012): 696–704.

24 Kevin G. Volpp, George Loewenstein, Andrea B. Troxel, Jalpa Doshi, Maureen Price, Mitchell Laskin, and Stephen E. Kimmel, "A Test of Financial Incentives to Improve Warfarin Adherence," BMC Health Services Research 8, no. 1 (2008): 272.

25 Kevin G. Volpp, Leslie K. John, Andrea B. Troxel, Laurie Norton, Jennifer Fassbender, and George Loewenstein, "Financial Incentive–Based Approaches for Weight Loss: A Randomized Trial," JAMA

300, no. 22 (2008): 2631–2637.

26 Katherine L. Milkman, Julia A. Minson, and Kevin G. M. Volpp, "Holding the Hunger Games Hostage at the Gym: An Evaluation of Temptation Bundling," Management Science 60, no. 2 (2013): 283–299.

27 Katherine L. Milkman, John Beshears, James J. Choi, David Laibson, and Brigitte C. Madrian, "Using Implementation Intentions Prompts to Enhance Influenza Vaccination Rates," Proceedings of the National Academy of Sciences of the United States of America 108, no. 26 (2011): 10415–10420.

28 John Beshears, James Choi, David Laibson, and Brigitte Madrian, "Active Choice and Health Care Costs: Evidence from Prescription Drug Home Delivery," working paper, 2012.

좋은 계획을 위한 행동 변화

1 이 장은 조만간 Harvard Business School에 실릴 예정인 case, "Behavioral Change For Good—A Case"를 다시 쓴 것이다. 이 논문은 Marie Lawrence와 함께 쓴 것이며, 그녀는 이 장에 전달하려는 내용에서 큰 몫을 해냈다. Max Bazerman은 '좋은 계획을 위한 행동 변화'(Behavior Change For Good Initiative) 연구소의 선임 연구원이다.

2 Katherine Milkman, Todd Rogers, and Max H. Bazerman, "Highbrow Films Gather Dust: Time-Inconsistent Preferences and Online DVD Rentals," Management Science 55, no. 6 (2009): 1047–1059.

3 Katherine Milkman and John Beshears, "Mental Accounting and

Small Windfalls: Evidence from an Online Grocer," Journal of Economic Behavior and Organization 71 (2009): 384–394.

4   Katherine Milkman, John Beshears, James J. Choi, David Laibson, and Brigitte C. Madrian, "Using Implementation Intentions Prompts to Enhance Influenza Vaccination Rates," Proceedings of the National Academy of Sciences 108, no. 26 (2011): 10415–10420.

5   Brett Tomlinson, "Behave!," Princeton Alumni Weekly, October 26, 2016.

6   Kevin Hartnett, "Character's Content," Pennsylvania Gazette Magazine, May/June 2012, 64, http://www.upenn.edu/gazette/0512/feature4_1.html

7   University of Pennsylvania, "Behavior Change for Good," YouTube video, 1:30, October 4, 2016, https://youtu.be/7dUUqtRQG_Y

8   "Could Solving This One Problem Solve All the Others?," by Stephen Dubner, produced by Eliza Lambert, Freakonomics Radio, 2017년 4월 5일, http://freakonomics.com/podcast/solving-one-problem-solve-others/

9   Dan Acland and Matthew Levy, "Naivete, Project Bias, and Habit Formation in Gym Attendance," Management Science 61, no. 1 (2015): 146–160; Gary Charness and Uri Gneezy, "Incentives to Exercise," Econometrica 77, no. 3 (2009): 909–931; Heather Royer, Mark F. Stehr, and Justin R. Sydnor, "Incentives, Commitments, and Habit Formation in Exercise: Evidence from a Field Experiment with Workers at a Fortune-500 Company," American Economic Journal: Applied Economics 7, no. 3 (2014): 51–84. 2017년, 케이티는 포춘 500대 기업에서 무작위로 추출한 직원들에게 4주 동안 운동하라고 알리는 쪽지를 보내고, 그에 대한 보상을 제공하는 실험에서 위의 연

구를 재현해 냈다. 그런 처치가 끝난 후에도 40주 동안, 쪽지와 보상을 받은 사람들은 대조군보다 체육관을 찾는 비율이 주당 33퍼센트나 더 높았다(처치 집단, 즉 실험군이 0.38주 운동했다면, 대조군의 운동 기간은 0.27주였다). 더 자세한 내용을 알고 싶으면 John Beshears, Katherine Milkman, Hae Nim Lee, and Rob Mislavsky, "Creating Exercise Habits Using Incentives: The Tradeoff between Flexibility and Routinization," working paper, last modified August 11, 2017을 참조하기 바란다.

10 Tainya C. Clarke, Tina Norris, and Jeannine S. Schiller, "Early Release of Selected Estimates Based on Data from 2016 National Health Interview Survey," National Center for Health Statistics, 2017, 43.

11 FMCG and Retail, "Healthy Aspirations: The Disconnect between Americans' Desire for a Healthy Lifestyle and Actual Behavior," Nielsen Newswire, August 4, 2014, http://www.nielsen.com/us/en/insights/news/2014/healthy-aspirations-the-disconnect-between-americans-desire-for-a-healthy-lifestyle-and-actual-behavior.html

12 I-Min Lee, Eric J. Shiroma, Felipe Lobelo, Pekka Puska, Steven N. Blair, Peter T. Katzmarzyk, and Lancet Physical Activity Series Working Group, "Effect of Physical Inactivity on Major Non-communicable Diseases Worldwide: An Analysis of Burden of Disease and Life Expectancy,"Lancet 380, no. 9838 (2012): 219–229.

13 Earl S. Ford, Umed A. Ajani, Janet B. Croft, Julia A. Critchley, Darwin R. Labarthe, Thomas E. Kottke, Wayne H. Giles, and Simon Capewell, "Explaining the Decrease in U.S. Deaths from Coronary Disease, 1980–2000," New England Journal of Medicine 356 (2007): 2388–2398.

14 Frank Napolitano, 인터뷰, 2017년 12월 4일.

15 Blink Fitness, "70+ Locations," 2018년 8월 3일 접속, https://www.blinkfitness.com/locations?icmp=hdr_module_locations

16 Ellen Roggemann과의 인터뷰,

17 "How to Launch a Behavior-Change Revolution," by Stephen Dubner, produced by Greg Rosalsky, Freakonomics Radio, October 25, 2017년 10월 25일, http://freakonomics.com/podcast/launch-behavior-change-revolution/

실험 윤리

1 Harry M. Marks, The Progress of Experiment: Science and Therapeutic Reform in the United States, 1900–1990 (Cambridge: Cambridge University Press, 1997).

실험과 관련해 반드시 기억해야 할 교훈들

1 Bruce Sacerdote, "Peer Effects with Random Assignment: Results for Dartmouth Roommates," Quarterly Journal of Economics 116, no. 2 (2001): 681–704.

2 Jonathan Smith, "Peers, Pressure, and Performance at the National Spelling Bee," Journal of Human Resources 48, no. 2 (2013): 265–285.

3 David Clingingsmith, Asim Ijaz Khwaja, and Michael Kremer, "Estimating the Impact of the Hajj: Religion and Tolerance in

Islam's Global Gathering," Quarterly Journal of Economics 124 (2009): 1133–1170, https://doi.org/10.1162/qjec.2009.124.3.1133

4   Julie Berry Cullen, Brian A. Jacob, and Steven Levitt, "The Effect of School Choice on Participants: Evidence from Randomized Lotteries," Econometrica 74, no. 5 (2006): 1191–1230. https://www.jstor.org/stable/3805923

실험, 저비용으로 최대의 효과를

주차 위반이나 과속으로 이른바 '딱지'를 받으면 기분이 썩 좋지는 않다. 물론 내가 잘못한 벌을 돈으로 대신하라는 공문이지만, 벌금을 내야 하기 때문에 기분이 유쾌하지 않은 게 아니라 협박조에 가까운 문투 때문이다. 당신이 잘못했으니까 벌금을 내는 것은 당연하고, 기한 내에 벌금을 내지 않으면 과태료까지 더해질 것이고, 자동차를 압류할 것이란 위협까지 가하는 고압적인 문장은 우리 기분을 상하게 한다. 언젠가부터 우리말에는 '공복'公僕(국가나 사회의 심부름꾼이라는 뜻으로 '공무원'을 달리 이르는 말_편집자)이란 단어가 사라졌다. 국민 위에 군림하는 공무원과 법집행자만이 있는 듯하다. 영어에서 public servant에 가장 가까운 번역이 우리말에서는 사라졌다.

영국 국세청은 체납자에게 보내던 기계적인 세금 독촉 편지를 약간 수정해 가며 통계적으로 유의미할 정도로 많은 세금을 거두었다. 그런 수정 자체가 실험이다. 수정을 거듭하며 최선의 독촉 편지를 찾아내는 실험이 거듭되었다. 실험이 마침내 실험실에서 벗어나 현실 세계로 나왔다. 우리 경찰청도 딱지를 받는 사람의 기분을 조금이나마 달래 주는 실험을 시도하면 안 될까?

실험은 오프라인에서만 진행되는 것이 아니다. 오히려 온라인 세계에서 실험은 더욱 활발히 진행된다. 그래서 저자들은 '최근에 페이스북에 로그인한 적이 있는가?', '구글에서 무엇인가를 검색한 적이 있는가?'라고 묻는다. 페이스북과 구글을 무료로 사용하는 대가로 우리는 부지불식간에 많은 실험에 피험자로 참가하고 있다. 실험을 대단한 것이라 생각할 필요는 없다. 개념적으로 무척 간단하다. 새로운 아이디어를 체계적으로 테스트하는 한 방법에 불과하다.

이 책에서는 온라인과 오프라인 모두에서 실행된 모범적인 실험들을 예로 들어 실험의 강점과 한계를 구체적으로 설명한다. 특히 인용되는 기업들은 거의 모두가 우리 독자에게도 친숙한 기업들이다. 기업계를 넘어, 공익을 위한 실험, 예컨대 투표율과 출석률을 높이기 위한 실험들도 소개된다. 사례 연구는 항상 흥미롭지만, 이 책에서 인용되는 사례들도 흥미진진해 책을 읽는 재미를 더해 준다.

그러나 실험실 실험에서도 그랬지만, 현장 실험에서도 윤리 문제는 항상 염두에 두어야 한다. 저자들은 이 문제도 가볍게 넘기지 않았다. 특히 실험이 21세기의 리더에게 반드시 필요한 도구라고 역설하는 주장도 흥미롭게 들린다. 정교한 실험을 위해서는 무작위 대조 시험이 필요하겠지만, 이 책을 읽고 얻은 교훈을 적절히 이용하면, 개인도 어떤 아이디어가 있을 때 온라인을 이용해 실험하는 방법을 상상해 볼 수 있을 듯하다.

충주에서
강주헌